本书是江西省高校人文社会科学研究一般项目"公共信任培育的伦理基础研究"(ZX1509)、江西省教育科学"十三五"规划项目"高校青年教师认同与践行社会主义核心价值观研究"(16YB149)、江西省高校党建研究一般项目"依规治党与以德治党相结合研究——基于'党员公共精神培育'视角"(16DJYB028)及"江西省普通本科高校中青年教师发展计划访问学者专项资金"(2016—04)阶段性成果。

人——品质——行为的伦理价值生态

卞桂平 著

中国社会科学出版社

图书在版编目（CIP）数据

人—品质—行为的伦理价值生态 / 卞桂平著 .—北京：
中国社会科学出版社，2017.6
ISBN 978 - 7 - 5203 - 1298 - 1

Ⅰ.①人… Ⅱ.①卞… Ⅲ.①人学—研究 Ⅳ.①C912.1

中国版本图书馆 CIP 数据核字（2017）第 267164 号

出 版 人	赵剑英
责任编辑	朱华彬
责任校对	胡新芳
责任印制	张雪娇

出　　版	中国社会科学出版社
社　　址	北京鼓楼西大街甲 158 号
邮　　编	100720
网　　址	http://www.csspw.cn
发 行 部	010 - 84083685
门 市 部	010 - 84029450
经　　销	新华书店及其他书店

印　　刷	北京君升印刷有限公司
装　　订	廊坊市广阳区广增装订厂
版　　次	2017 年 6 月第 1 版
印　　次	2017 年 6 月第 1 次印刷

开　　本	710×1000 1/16
印　　张	17.5
插　　页	2
字　　数	274 千字
定　　价	78.00 元

凡购买中国社会科学出版社图书，如有质量问题请与本社营销中心联系调换
电话：010 - 84083683
版权所有　侵权必究

序　言

品质与品德、品性及品行等概念既相互关联，又彼此区别。对品质含义的注解，不同学科因所持立场的差异会有所不同。一般认为，品质是指"人在心理和行为方面带有稳定性倾向的个性特征，个人在其行为整体中所展示的素质、人品和价值意义"[①]。与"物品的质量"[②]所标识的"自然属性"不同，唯物史观语境中的人的品质，更多地指向人的"社会属性"。是指人在"实践活动中"所表征的心理、行为上的个性特质，所凸显的是"人以何种方式存在"的问题。因而，也就呈现出显而易见的"意义"论域。人具有何种品质，不仅仅体现为人的"好"与"坏"，或是"善"与"恶"，而更为深层次的意义在于：人具有何种品质，既关系到"人之为人"的本质力量实现，乃至关系到社会能否进步以及取得何种程度的进步。也正如无政府主义思想家麦克斯·施蒂纳在《唯一者及其所有物》中说："只要组成和构建一个社会的那些人依然是旧人，这个社会就不能更新。"[③] 所言说的就是人的品质之于社会发展的重要意义。当前，作为社会实践主体的人面临着二重伦理困境：一方面，是人的主体性有如冉冉升起的朝阳，催生现代人的雄心与壮志；另一面，却是市场经济的"追名逐利"所诱发的拜金主义与享乐主义，导致"每个人都以自身为目的，其他一切在他看来都是虚无"[④]。人的品质的极度

[①] 罗国杰：《中国伦理学百科全书·伦理学原理卷》，吉林人民出版社1993年版，第303页。
[②] 徐秀澎：《新课标小学生实用词典》，世界图书出版西安公司2004年版，第484页。
[③] ［德］马克思、［德］恩格斯：《德意志意识形态》（节选本），人民出版社2003年版，第90页。
[④] ［德］黑格尔：《法哲学原理》，范扬、张企泰译，商务印书馆1979年版，第197页。

异化，也不断催生"小悦悦事件"①"中国式过马路"②等诸多"反现代性"的社会伦理行为。因此，剥离纷繁复杂的行为表象，透析人的品质生成、实现以及评价的内在机理，对进一步规范现代人的行为，激发人的最大潜能，促进社会和谐与进步，就具有重要的理论意义与现实意义。

"人的品质生成"涉及的根本与核心问题是：人的品质是一种先验存在，还是后天养成？对如上问题之探讨，古今中外的哲学家从未间断。

在中国先秦哲学中，儒家对这个话题探讨尤为充分。孔子提出"性相近也，习相远也"（《论语·阳货》）的哲学命题。在他看来，人的品质生来应该是相近或者说是趋同的，但是，由于后天因素，人的品质就呈现彼此不同的内在特质。当然，人性究竟是什么？孔子并没有进一步地细致澄明，在一定意义上，只是留下了一个悬置的、有待进一步阐发的哲学命题。针对如上命题的注解，孟子与荀子呈现出不同的理论进路。孟子提出："人之初，性本善。性相近，习相远。"（《孟子·告子上》）对人的品质问题上，明确提出："善"的品质与生俱来。即，"恻隐之心，仁之端也；羞恶之心，义之端也；辞让之心，礼之端也；是非之心，智之端也。人之有是四端也，犹其有四体也。有是四端而自谓不能者，自贼者也"（《孟子·公孙丑章句上》）。个体之间之所以出现差异，是源于后天因素。孟子同时也指出："仁，人心也；义，人路也。舍其路而弗由，放其心而不知求，哀哉！人有鸡犬放，则知求之；有放心而不知求。学问之道无他，求其放心而已矣。"（《孟子·告子上》）强调人要想成就"善"的品质，必须"尽性知天""反身而诚"（《孟子·尽心上》）。针

---

① 2011年10月13日，2岁的小悦悦（本名王悦）在佛山南海黄岐广佛五金城相继被两车碾压，7分钟内，18名路人路过但都视而不见，最后一名拾荒阿姨陈贤妹上前施以援手，引发网友广泛热议。2011年10月21日，小悦悦经医院全力抢救无效，在零时32分离世。2011年10月23日，广东佛山280名市民聚集在事发地点悼念小悦悦，宣誓"不做冷漠佛山人"。2011年10月29日，设有追悼会和告别仪式，小悦悦遗体在广州市殡仪馆火化，骨灰将被带回山东老家。2012年9月5日，肇事司机胡军被判犯过失致人死亡罪，判处有期徒刑三年六个月。

② 网友对部分中国人集体闯红灯现象的一种调侃，即"凑够一撮人就可以走，和红绿灯无关"。出现这种现象是大家受法不责众的"从众"心理影响，从而不顾及交通安全。"中国式过马路"一经网络传播，立刻引发网友对交通、国民素质和安全的讨论。北京市公安局2012年12月6日宣布，从即日起至2013年3月份，将会同相关部门，在全市范围内发起交通、治安、环境三大秩序突出问题集中管理整治专项工作。

对如上问题,与孟子侧重有所不同,荀子则认为"人性本恶"(《荀子·性恶》)。强调人要达到"善"之品质,必须"化性起伪"。即,"故圣人化性而起伪,伪起而生礼义,礼义生而制法度"(《荀子·性恶》)。因此,在人的品质生成问题上,儒家代表人物提供了不同的思维解释进路,虽然在一定程度上都凸显后天因素对品质形成的影响,而就总体逻辑进路而言,二者都没有摆脱在"人的品质如何生成"上的"先验性"假设。

在古希腊哲学中,有关人的品质生成问题的探讨也精彩纷呈。苏格拉底提出"德性即知识"的著名命题。在他看来,德性是人的本性,就是节制、正义、虔诚与勇敢,等等。这些品质是每个人都"潜在地"拥有,是神平均分配给每一个人。一个人只有首先"认识你自己"①,才能实现自己的本性,完成自己的使命,成为有德性的人。柏拉图则认为人是由有形的肉体和无形的灵魂组成。没有灵魂,肉体只是火、水、土、气元素的混合体,是死的东西,肉体必须服从灵魂的支配。灵魂是由神造的,是不朽的,它先于世间万物、先于人的肉体而存在。因此,人的本性就在于人的灵魂。亚里士多德基本上继承了柏拉图的人性学说,指出实现德性的三个途径:天赋、习惯和理性。"人类对此三端必须求其相互间的和谐,方可乐生遂性。而理性尤应是三者中的基调。人们既知理性的重要,所以三者之间要是不相和谐,宁可违背天赋和习惯,而依从理性,把理性作为行为的准则。"② 然而,亚里士多德又说:"人是政治动物,天生要过共同的生活。这也正是一个幸福的人所不可缺少的。"③ 他认为,就国家和个人而言,最高目的都是追求至善和普遍幸福,但个人无法达到此目的,只有在国家中来实现,因而政治目的乃是社会实践的最高目的,人只有在社会政治中才能实现自己的本质和使命,过上有德性、有幸福的生活。由此可见,在人的品质生成问题上,古希腊哲学虽带有"先验"元素,但是问题探讨日臻成熟,呈现合理性的致思取向。

---

① 相传是刻在德尔斐的阿波罗神庙的三句箴言之一,也是其中最有名的一句。另外两句是"你是"(ει)和"毋过"(μηδεν αγαν)。或说这句话出自古希腊七贤之一、斯巴达的喀隆(Χλων),或说出自泰勒斯,或说出自苏格拉底。传统上对这句话的阐释,是劝人要有自知,明白人只是人,并非诸神。
② [古希腊]亚里士多德:《政治学》,吴寿彭译,商务印书馆1983年版,第385页。
③ 《亚里士多德全集》第8卷,苗力田译,中国人民大学出版社1997年版,第205页。

马克思主义创始人立足实践，对人的品质生成提出了独特注解。突出强调，人的品质作为人在心理与行为方面的重要表征，绝对不是离开现实、高高悬置的抽象概念。品质所依附的重要载体——人，具有社会客观性、历史性以及主观能动性特质。在历史唯物主义视域中，人是客观的人。即"全部人类历史的第一个前提无疑是有生命的个人的存在"[①]。"社会结构和国家总是从一定的个人的生活过程中产生的。但是，这里所说的个人不是他们自己或别人想象中的那个人，而是现实中的个人，也就是说，这些个人是从事活动的，进行物质生产的，因而是在一定的物质的、不受他们任意支配的界限、前提和条件下活动着的。"[②] 正是人的如上客观性制约着人的品质的客观现实性。同时，人还是历史的人。"他们是以原来的身份相互交往的，他们是从原来的'自己'出发的，至于他们抱有什么样的'人生观'，则是无所谓的。这种'人生观'——即使是被哲学家所曲解的——当然总是由他们的现实生活所决定的。……总之，我们可以看到，发展不断地进行着，单个人的历史绝不能脱离他以前的或同时代的个人的历史，而是由这种历史决定的。"[③] 最后，人还是能动的人。"蜜蜂建筑蜂房的本领使人间的许多建筑师感到惭愧。但是，最蹩脚的建筑师从一开始就比最灵巧的蜜蜂高明的地方，是他在用蜂蜡建筑蜂房以前，已经在自己的头脑中把它建成了。"[④] 客观性表明人的品质不是一种抽象的先验存在，在其现实性上，也是一切社会关系的产物；历史性表明，人的品质生成也不是一成不变的，随着历史条件的嬗变，也呈现出相应的时代特色；能动性表明，人之为人，不是机械、自然的，在其现实性上，是具有能动品质的实践主体。总之，人的品质不是一种先验存在，从其生成的维度考察，呈现出客观性、历史性以及能动性特质。只有基于马克思辩证唯物主义与历史唯物主义的微观考察出发，才能真正基于内在意义洞悉人的品质生成的实践本质。

亚里士多德在论及"善"的品质时说："认为最高善在于具有德性还

---

① [德]马克思、[德]恩格斯：《德意志意识形态》（节选本），人民出版社2003年版，第11页。

② 同上书，第16页。

③ 同上书，第99页。

④ [德]马克思：《资本论》第1卷，人民出版社2004年版，第208页。

是认为在于实现活动,认为善在于拥有它的状态还是认为在于行动,这两者是很不同的。"① 这种看法显然注意到了人的品质与现实活动的某种分野。然而,矛盾对立面所蕴含的正是二者的统一性。诚如黑格尔在论及"志向与实行"的伦理关系时所言:"从人们应该立志做伟大事业这个意义上来说,这话是对的。但是人们还要能成大事,否则这种志向就等于零。单纯志向的桂冠就等于从不发绿的枯叶。"② "立志做大事"诚然是可贵的精神品质,如果只限于"夸夸其谈",这种品质实际上就等于"虚无"。黑格尔在这里所阐明的道理,就在于人的品质只能是实践过程中的品质。离开实践谈论人的品质,无异于空中楼阁。具体而言,人的品质的这种实践性指向,一方面是指人的品质作为"为人"的向度,所表征的正是"人之为人"的本质力量,要依靠现实活动来确证。即,"我们称赞一个公正的人、勇敢的人,总之一个有德性的人,以及称赞德性本身,是因那种行为及其结果之故"③。"一个人若不喜欢做公正的事情就没有人称他是公正的人;一个人若不喜欢做慷慨的事情就没有人称他慷慨,其他德性亦可类推。"④ 即德性需要德行来确证。正因为如此,只有实践才能确证品质。

人的品质的实践性指向之另一重维度是,人的品质必须在实践过程中才能得以提升。实践过程中的"伦理"规范,包括各种制度、法律法规以及社会舆论等。人们通过对各种规章制度的认知、选择、认同,最后形成内在德性,从而有助于人在实践过程中品质的整体提升。这种过程实际上也就是亚里士多德所言说的"理智德性"和"道德德性"⑤。也就是说,"我们通过造房子而成为建筑师,通过弹奏竖琴而成为竖琴手。同样,我们通过做公正的事成为公正的人,通过节制而成为节制的人,通过做事勇敢而成为勇敢的人"⑥。当然,这里也必然涉及另一种情况,即实践造就何种品质的问题。在现实生活中,人的品质总是呈现出"好"

---

① [古希腊]亚里士多德:《尼各马可伦理学》,廖申白译,商务印书馆2003年版,第23页。
② [德]黑格尔:《法哲学原理》,范扬、张企泰译,商务印书馆1979年版,第128页。
③ [古希腊]亚里士多德:《尼各马可伦理学》,廖申白译,商务印书馆2003年版,第31页。
④ 同上书,第23页。
⑤ 同上书,第35页。
⑥ 同上书,第36页。

与"坏"的二重向度。如果抛却这种分辨的价值性与社会历史性不论，单纯就造成"好"与"坏"的原因而论，就是实践生活的不同。也就是"德性因何原因和手段而养成，也因何原因和手段而丧失"。"优秀的建筑师出于好的建筑活动，蹩脚的建筑师则出于坏的建筑活动。""正是由于在环境中的行为的不同和所形成的习惯的不同，有人成为勇敢的人，有人成为懦夫。"① 亚里士多德从德性作为一种品质生成的视角，比较丰富、准确地言说出了人的品质实现对实践的如上依赖。总而言之，人的品质既要靠人的现实活动进行确证，也要依赖现实活动而生成。

作为人的心理与行为的重要表征，人的品质更多地指向"为人"的意义与价值，是"人之为人"的重要标尺。因此，人的品质的实现，也必须遵循"人"的诸种属性。在《1844年经济学哲学手稿》中，马克思说："人的第一个对象——人——就是自然界、感性；而那些特殊的、人的、感性的本质力量，正如他们只有在自然对象中才能得到客观的实现一样，只有在关于一般自然界的科学中才能获得它们的自我认识。"② 经典作家如上所要指明的，就是人所具有的客观现实性。人的这种客观性也就意味着人的品质只有在实践过程中才能获得相应的意义与价值。即，"一方面，为了使人的感觉成为人的，另一方面为了创造同人的本质和自然界的本质的全部丰富性相适应的人的感觉，无论从理论方面还是从实践方面来说，人的本质的对象化都是必要的"③。也就是说，"品质"与"现实"的解决，"只有通过实践的方式，只有借助于人的实践力量，才是可能的；因此，这种对立的解决绝对不只是认识的任务，而是现实生活的任务，……"④ 当然，在唯物史观的意义上，人不仅仅是客观的、现实的人，同时也是历史的人。"可见，全部历史是为了使'人'成为感性意识的对象和使'人作为人'的需要成为需要而作准备的历史（发展的历史）。历史本身是自然史的即自然界生成为人这一过程的一个现实部分。"⑤ 人的历史性也就决定了人的品质生成与实现的历史性。即，在不

---

① [古希腊] 亚里士多德：《尼各马可伦理学》，廖申白译，商务印书馆2003年版，第36页。
② [德] 马克思：《1844年经济学哲学手稿》，人民出版社2008年版，第90页。
③ 同上书，第88页。
④ 同上。
⑤ 同上书，第90页。

同的历史条件中生成不同的人的品质，而且也依靠不同的方式达到品质与现实的有机统一。当然，马克思主义中的人还是"能动的"人。诚如黑格尔所言："人实质上不同于主体，因为主体只是人格的可能性，所有的生物一般说来都是主体。所以人是意识到这种主体性的主体，……"①人的这种能动性也就意味着与动物那种消极、被动的适应性不同，人的品质应该是具有自主性、积极性等属"为人"的特质。这种能动品质不仅意味着人对大自然的对象化力量，也意味着人确证自身本质的力量。当然，人还是主体性与客观性、能动性与受动性相统一的人。因此，品质的实践，必须遵循客观规律为前提，"而不应当仅仅被理解为占有、拥有。人以一种全面的方式，就是说，作为一个总体的人，占有自己的全面的本质。""因为按人的方式来理解的受动，是人的一种自我享受"②。要力求遵循主观能动性与客观规律性的辩证统一。

人的存在与发展，并不是个人"自由自在"的、抽象的发展，作为一种社会存在物，人总是一种社会的存在。也就是说，人的自由只是"相对的"自由。"各个人的出发点总是他们自己，不过当然是处于既有的历史条件和关系范围之内的自己，而不是意识形态家们所理解的'纯粹的'个人。"③经典作家所阐发的正是人的"局限性"。这种"局限性"不仅是体现为自然规律、社会规律等客观条件的制约。对于"人之为人"的维度而言，社会伦理、风俗习惯对人的"自由"也具有很强的制约作用。黑格尔在论及"习俗"的时候就说："人们必须接受，因为在这些事情上，用不着白费力气坚持表示自己的见解；最聪明的办法就是按着别人那样的去做。"④正如其他事物一样，一个人以什么样态存在，或者说，成为一个什么人，这绝对不是人的"为所欲为"，社会的评价对人具有至关重要的作用和影响。因此，以什么标准、什么方式对人的品质进行评价，不仅仅影响着人的发展问题，又因为人与社会的"水乳交融"，人的品质评价也就必然牵涉到社会发展的问题。在中国哲学史上，儒家主张

---

① ［德］黑格尔：《法哲学原理》，范扬、张企泰译，商务印书馆1979年版，第46页。
② 马克思：《1844年经济学哲学手稿》，人民出版社2008年版，第85页。
③ ［德］马克思、［德］恩格斯：《德意志意识形态》（节选本），人民出版社2003年版，第63页。
④ ［德］黑格尔：《法哲学原理》，范扬、张企泰译，商务印书馆1979年版，第207页。

"穷则独善其身，达则兼济天下"（《孟子·尽心上》）；道家宣扬"涤除玄览"（《老子》）；而佛家则主张"明心见性、自识本心"①（《坛经》）。也正是儒、释、道三家对人的品质的应然形态持有彼此不同的评价标准，因此在"成人""为人"乃至社会发展理路的设计上都凸显不同的伦理思维进路，进而在一定程度上影响着人的行为取向乃至中国社会发展的进程。由此可见，人的品质评价不只是关乎人的价值问题，在客观实际上，它更是一个有关社会发展的伦理道德问题。

人的品质绝对不是"非对象性"的存在物。所谓"非对象性存在物，是一种非现实的、非感性的、只是思想上的即只是想象出来的存在物，是抽象的东西"。相反，"说一个东西是感性的即现实的，这是说，它是感觉的对象，是感性的对象，从而在自身之外有感性的对象，有自己的感性的对象"②。从经典作家对"非对象性"与"对象性"的细致区分可以看出，人的品质作为人在心理与行为上的个性特质，是一种具有实践指向性的存在，而绝不是"非对象性"的抽象存在。这也就必然意味着，人的品质的评价离不开实践。品质评价对实践的"依赖"，哲学家亚里士多德表述得十分明确："一个人被称为公正的人或节制的人，却不是仅仅因为做了这样的行为，而是因为他像公正的人或节制的人那样地做了这样的行为。所以的确可以说，在行为上公正便称为公正的人，在行为上节制便称为节制的人。"③ 当然，对人的品质评价的"实践性"指向，也更多地依赖于实践活动（或行为）中的主体动机与效果。

人的品质怎么样，可以从其行动的目的与动机中有所察觉。即，"主体作为自身中反思的、从而是与客观特殊性相关的特殊物，在它的目的中具有它所具有的特殊内容，而这种内容是构成行为的灵魂并给行为以规定的。行为人的这种特殊性的环节之包含于行为中，并在其中得到现实，构成更具体意义上的主观自由，也就是在行为中找到他的满足的主

---

① 《坛经》中的原文为"识心见性"，如说："识心见性，自成佛道。""识心见性"说得具体一点，就是《坛经》作为五祖弘忍所说的："识自本心，见自本性。"也就是六祖慧能所说的："自识本心，自见本性。"
② [德]马克思：《1844年经济学哲学手稿》，人民出版社2008年版，第107页。
③ [古希腊]亚里士多德：《尼各马可伦理学》，廖申白译，商务印书馆2003年版，第42页。

体的法"①。"因为目的属于具体现实行为所预谋的。"② 当然，纯粹考察行为主体的目的、意图及动机，并不能由此判断实践活动主体的品质如何，只有把行为目的与结果进行科学、辩证的比较分析，才能进一步判断行为主体所具有的内在品质。即，"我们称赞一个事物，似乎是因为它具有某种性质并同某个其他事物有某种关系。我们称赞一个公正的人、勇敢的人，总之一个有德性的人，以及称赞德性本身，是因那种行为及其结果之故"③。那种"论行为而不问其后果这样一个原则以及另一个原则，即应按其后果来论行为并把后果当作什么是正义的和善的一种标准，两者都属于抽象理智"④。如上显然观察到了二者的一致。

人的品质评价也并非一成不变，具有相对性和历史性。从人的品质生成考察，不同的人对同一品质，因所持立场的差异，会有所不同。同一个人在不同时期，其品质也呈现不同的特质。如果把人大致分为少年、青年、壮年、老年等几个时期，少年期是懵懂无知、青年期是奋发进取、壮年是成熟稳重、老年是淡然恬静。当然，这里所揭示出的，还是在不同时期的典型品质而已。就算同一个人在同一个时期，因环境的变迁，也会导致品质的不同。在西汉刘向《列女传·卷一·母仪》中记载了"孟母三迁"的故事。从"居住之所近于墓，孟子学为丧葬，躄踊痛哭之事"到"遂迁居市旁，孟子又嬉为贾人炫卖之事"再到"舍市，近于屠，学为买卖屠杀之事"，最后到"继而迁于学宫之旁。每月朔望，官员入文庙，行礼跪拜，揖让进退，孟子见了，一一习记"。从中，我们不难看出，环境对孟子的品质的影响。也同时折射出，人的品质并非一成不变，就算在同一个时期，人的品质也会因客观因素的影响而产生这样或者那样的变化。当然，人的品质评价的这种相对性与历史性，还不仅仅体现为横向比较上，更体现在历史的纵向流变中。从人的品质的评价来看，必然要指向实践，而实践是历史的实践，在不同的历史时期，因历史境

---

① ［德］黑格尔：《法哲学原理》，范扬、张企泰译，商务印书馆1979年版，第124页。
② 同上书，第146页。
③ ［古希腊］亚里士多德：《尼各马可伦理学》，廖申白译，商务印书馆2003年版，第31页。
④ ［德］黑格尔：《法哲学原理》，范扬、张企泰译，商务印书馆1979年版，第120页。

遇的变迁，对同一种品质，人们也会产生不同的评价结果。"三从四德"①于封建社会的人们而言，是一种家喻户晓的"美德"。当历史跨入现代社会，"三从四德"反而被看作一种历史糟粕，成为人们必须扬起的对象。因此，无论从横向还是纵向，人的品质评价有不确定性。

如上观之，作为多学科的研究对象，人们可以从不同视角揭示出人的品质的固有特质。然而，不论是心理学、伦理学或者社会学的品质注解，各种探讨实际上都难以逃脱一个基本事实，那就是品质的"为人"性。因此，多学科的研究，只是对"现实的人"的品质的不同表征。马克思主义唯物史观中的"人"，不是抽象的、纯粹的"理念人"，在一定程度上，是实践的人，具有客观性、社会历史性以及主观能动性的人。当然，这种"人"，既是能动的人，也是受动的人，也只有在主体性与客观性、能动性与受动性的有机统一中，才能真正认清楚人所特有的本质。因此，科学界定与理解"人"的品质的生成、实现以及评价，就必须放在现实生活中理解，放在历史语境中理解，更要放在未来发展趋势中去理解。唯有如此，才能真正洞察人的品质的真正内涵与特质。

宏观地看，"人是一个特殊的个体，并且正是他的特殊性使他成为一个个体，成为一个现实的、单个的社会存在物，同样，他也是总体，观念的总体，被思考和被感知的社会的自为的主体存在，正如他在现实中既作为对社会存在的直观和现实享受而存在，又作为人的生命表现的总体而存在一样"②。马克思在这里所阐明的，就是人作为个体是"特殊物"，然而，人又是"普遍物"。换一种说法，就是人既是作为"个体"存在，又是作为"类"存在。也就是说，"人不仅仅是自然存在物，而且是人的自然存在物，就是说，是自为地存在着的存在物，因而是类存在物"③。当前，面对"私利战场"（黑格尔）中的各种品质—行为失范，马克思"个体"与"类"的二重辩证无疑地对当下人的品质建构提供了

---

① "三从四德"是一种中国古代女性的道德规范，是为适应家庭稳定、维护父权—夫权家庭（族）利益需要，根据"内外有别""男尊女卑"的原则，由儒家礼教对妇女的一生在道德、行为、修养进行的规范要求。具体而言，"三从"是指未嫁从父、出嫁从夫、夫死从子，而"四德"则是指妇德、妇言、妇容、妇功。

② [德] 马克思：《1844年经济学哲学手稿》，人民出版社2008年版，第84页。

③ 同上书，第107页。

可供借鉴的资源意义。也就是说，回归"类本质"与"类意识"、确立普遍性的公共精神，无疑是现代人所应具有的内在品质之价值诉求。这既是当前个体至善的道德诉求，也必然是推动社会至善的伦理方法。

2017 年春修订于美国罗格斯大学

目 录

导 论 …………………………………………………………（1）

第一章 人、品质、行为 ……………………………………（19）
第一节 人的品质内涵及其伦理特质 ………………………（19）
第二节 人的行为内涵及其伦理特质 ………………………（24）
第三节 人的品质与行为的伦理辩证 ………………………（28）
第四节 知行合一的实践难题 ………………………………（31）

第二章 意愿、被迫、无知 …………………………………（45）
第一节 伦理行为的三重维度 ………………………………（45）
第二节 行为冷漠的伦理形态及实质 ………………………（49）
第三节 行为冷漠与伦理调适 ………………………………（52）

第三章 人、目的、行为 ……………………………………（56）
第一节 行为的目的性 ………………………………………（57）
第二节 目的与行为实现 ……………………………………（59）
第三节 现实的目的与行为 …………………………………（63）

第四章 人、利益、行为选择 ………………………………（66）
第一节 认知、情感、意志 …………………………………（66）
第二节 个体利益与社会利益 ………………………………（69）
第三节 行为选择的伦理—道德生态 ………………………（71）

第五章　评价、品质、行为 (76)
　　第一节　道德自我评价与道德社会评价 (76)
　　第二节　道德评价的二维形态 (79)
　　第三节　道德评价的价值动因 (81)
　　第四节　道德评价的伦理基础 (83)

第六章　文化、价值、行为 (87)
　　第一节　人的品质的文化生成 (87)
　　第二节　人、品质、行为的伦理生态 (90)
　　第三节　文化、品质、行为的逻辑演进 (92)
　　第四节　文化品行：中方与西方 (99)

第七章　品质、行为、实践主体性 (108)
　　第一节　人的品质与实践主体性 (109)
　　第二节　人的行为与实践主体性 (111)
　　第三节　品质、行为与实践主体性的价值生态 (113)

第八章　群体、品质、行为 (118)
　　第一节　群体、品质、行为的伦理生态 (119)
　　第二节　伦理形态一：农民群体 (127)
　　第三节　伦理形态二：农民工群体 (134)
　　第四节　伦理形态三：留守儿童群体 (146)
　　第五节　伦理形态四：青年群体 (163)
　　第六节　伦理形态五：党员群体 (185)
　　第七节　伦理形态六：教师群体 (204)

第九章　主体、价值、行动 (218)
　　第一节　前主体性、主体性、公共性 (219)
　　第二节　规律、受动性、能动性 (224)
　　第三节　主体诉求的伦理生态 (232)

结语 …………………………………………………（241）

参考文献 ……………………………………………（251）

后记 …………………………………………………（258）

导　　论

"人—品质—行为的伦理价值生态"这一论题实际上所关切的，是实践活动中的人、人的品质、人的行为诸范畴以及诸要素之间的伦理价值期待问题，本书论题尤其考察在主体行动过程中，何种因素既关系到人的品质生成，又关切到人的行为实现？诸因素又在何种意义上与人的品质及人的行为形成互动的伦理价值生态？诸因素互动中，又会产生何种问题以及如何解决？因而，论题本身虽讨论的是"人的品质""人的行为"以及"人的品质与行为"，而关键与实质则在于：对"人"做何种意义上的理解、对人的品质与行为互动逻辑进行何种程度的阐释。

借助当前最完备的学术论文搜索引擎"中国知网"查阅，对这一论题的当前研究，多是基于伦理学、心理学、法学或者社会学进行。而本书论题之立足点恰恰在于"实践活动中的人"，突出"客观实在"在人活动中的优先地位，是基于马克思辩证唯物主义与历史唯物主义视角的形而上学阐发。从查询结果审视，从马克思主义唯物史观的视角出发，直接以人的品质或者人的行为来进行阐发的相关研究基本上没有。问题的关键则在于，虽然没有直接出现本书论题之研究，而实际上有关马克思主义人学的相关讨论，都间接地涉及本书论题的若干内容。这样而言，基于马克思辩证唯物主义与历史唯物主义视角，以诸要素之间"伦理价值期待"为逻辑始点，对现实问题进行形而上学关切，就具有重要意义。

从国内相关研究看。国内有关人的品质与行为研究，主要集中在以下领域：伦理学、马克思主义哲学、心理学以及社会学等学科。研究主要集中在如下几个领域：一是人的品质与行为的内涵及特征研究。复旦大学高国希教授探讨了个人品德的定位、特征以及构成要素，认为品德是人之为人、人之区别于动物的品质；品德是倾向、性情（disposition），表征稳定的个性状态；品德拥有实践智效，追求生活的意义；品德拥有特定的情感，体验到人的尊严；品德包括理智能力和价值认知，尊德性与道问学；品德体现一种意志，体现人格的力量；品德需要持存修养；等等。并由此认为"品德的塑造不只是个人的事情，由于它会影响到他人，所以也是社会的事情"①。湖北大学江畅教授从伦理学出发，认为人的品质是个人基于禀赋特别是气质形成的、体现在心理和行为活动中并对其有定势作用的比较稳定的独特心理特性。品质与观念、知识、能力一起构成个性心理特征和内在人格，但通常只对其中的品质做道德评价。判断个人品质善恶的直接标准是社会在品质方面的道德原则或德性原则，最终根据在于人类谋求更好生存的本性、全人类更好共同生活的需要以及由此派生的人类的普适性的基本道德原则。②南昌航空航天大学刘继勇对道德品质形成的系统过程进行了分析，认为：长期以来，学术界探讨个体道德品质形成过程的出发点主要是基于道德品质结构"三因素说""四因素说"或"五因素说"。但无论从哪一种道德品质结构观点出发，其所得出的道德品质形成过程都是直线性的简单递进过程。原因在于这些道德品质结构观点本身有失偏颇或不尽合理，主要体现为：一是把道德品质的构成要素视为直线性的简单递进关系；二是忽略了道德品质产生的根源因素即道德需要及其引发的道德动机；三是忽略了由道德认知向道德行为转化的重要环节——道德接受。道德品质的形成实际上是一个多因素非线性复杂系统的生成发展过程。③而其他很多马克思主义研究者理解人的品质与行为，主要嵌入在"人性""人的本质"等问题的探讨中。吉林大学高清海教授则认为："向来为抽象化的观点所支配。人们可以很具体地去理解和把握一件'物'事，一当人们面对'人'这个对象，就往往自觉不自觉地陷入了抽象性的观点。"④ 人是一种以实践为本性的存在。华中师范大学王坤庆教授指出，人性不仅包含自然性、社会性，还应该包含精神性，认为："无论在历史还是在现实中，人们的教育观总

---

① 高国希：《论个人品德》，《探索与争鸣》2009年第11期。
② 江畅：《论品质及其德性质》，《社会科学战线》2011年第4期。
③ 刘继勇：《道德品质形成的系统过程分析》，《学校党建与思想教育》2011年第24期。
④ 高清海：《转变认识"人"的通常观念和方法》，《人文杂志》1996年第5期。

是与一定的人性观相联系，或者说，人性观制约着人们选择教育观。在此基础上，笔者提出了人性的精神性维度这一人性观的新构想，并在这一构想的前提下，对新型的教育观进行了探讨。"① 中共中央党校韩庆祥教授则认为，人的存在的多样性概况为：自然存在、类存在、社会存在和个性存在。指出："人是社会历史活动的主体和承担者，社会中的一切包括社会建设都要通过人的活动来表现和实现。在这个意义上可以说，人是什么样的，社会建设就是什么样的；换言之，人的状况和素质如何即好坏优劣，可以对社会的发展起到积极促进或消极阻碍的作用。"② 复旦大学俞吾金教授认为，人性指人先天、自然的属性，是人与其他动物所共有之属性。并由此认为："人性是人的自然属性，善恶则是文化概念，所以人性不可以言善恶。如果把人性与善恶联系起来，或者会导致对人性的盲目崇拜，或者会导致对人性的彻底失望。只有人的社会本质可以言善恶。应当确立新的人性理论来超越传统的人性理论。"③ 中国人民大学哲学院郭湛教授分别以人的主体性、公共性以及文化存在阐释人的品质与行为。指出"人在社会的联系和交往中，在意识到自己的主体性的基础上，必然也会意识到弥漫于人们之间的社会的公共性。在社会生活中公共性无处不在，我们从公共性呈现的各种样态，可以更全面和深入地理解社会公共性的内涵"④。"人在本质上是一种文化存在。文化是内含为人取向的人为程序，首先呈现为技术—经济、政治—法律、社会生活和意识形态中的基本程序。文化的程序需要不断更新和优化。文化的描述性程序与规范性取向内在地统一在一起，人类的行为、感觉和思想通过符号的中介，在文化上形成层层表里的关系。文化的主体性是在个体主体性基础上的群体主体性、民族主体性、人类主体性。文化的普遍性存在于特殊性之中，文化的普遍性也就是文化的公共性。唯物史观对自然、人类、社会、文化的系统动态关系及其发展趋向的揭示，具有

---

① 王坤庆：《关于人性与教育关系的探讨》，《教育研究与实验》2007 年第 3 期。
② 韩庆祥：《关于社会主义建设和改革中如何调动人的因素问题》，《科学社会主义》1991 年第 2 期。
③ 俞吾金：《关于人性问题的新探索——儒家人性理论与基督教人性理论的比较研究》，《复旦学报》1999 年第 1 期。
④ 郭湛：《公共性的样态与内涵》，《哲学研究》2009 年第 8 期。

恒久的价值。"① 北京师范大学张曙光教授指出，人具有自在的自然属性和自为的类属性这两重性，等等。认为："依据'实践'的观点重新探讨和建构人性论，就要充分意识到，实践之于人性，既是'发现'，又是'发明'，因而，'人性'本身也是先天的生理本能和后天的社会习性的统一，是一个不无矛盾的复杂的'生理—心理（或精神）'系统。"② 二是有关人的品质与行为的互动关系研究。曲阜师范大学杜豫依据对《论语》中"德"的概念考察，指出："'德'是《论语》中的重要概念，有着丰富的内涵和重要意义；'德'是人的内在品质和这种品质所外化的实践行为的总概括和总抽象；'德'被孔子视为赖以实现其社会理想的根据；'德'的形成要靠主体的修养；'德'对中国社会政治思想产生了积极而深远的影响。"③ 北京联合大学王滨有则指出："道德品质的形成发展是内在心理要素和外在激励要素的统一、知与行的统一、道德意识和道德实践的统一。它需要经过两个飞跃：一是外在的社会意识内化为个体的道德意识，从而实现从社会意识到个体意识的飞跃；二是实现从个体意识到道德行为实践的飞跃。实现这两个飞跃的桥梁和纽带是道德品质形成发展内化和外化的运行机制，只有在该运行机制的作用下经过上述两个飞跃，才能够形成个体人道德行为的相对稳定的特质和倾向。"④ 北京大学哲学系魏英敏教授认为："道德行为与道德品质有不可分割的内在联系，道德品质是道德行为的积累，也是道德行为的原因。道德行为是道德品质形成的原因，也是道德品质的外在表现，道德品质与道德行为一体两面。'品质'与'品行'是相通的，前者侧重内在方面、后者侧重外在方面。行为总是依据一定的原则而行动，所以道德行为与道德品质的关系就是道德原则与道德品质的关系。道德原则与道德品质是对应的。有什么样的道德原则，就有什么样的道德品质。"⑤ 西南大学邱竹、李文峰则认为，德行与德性具有决定与被决定、作用与反作用、内在与外在、

---

① 郭湛：《作为人之程序和取向的文化》，《哲学研究》2016 年第 9 期。
② 张曙光：《聚焦"人性"论》，《哲学分析》2013 年第 1 期。
③ 杜豫：《品质行为的总抽象——释〈论语〉中的"德"》，《齐鲁学刊》2001 年第 2 期。
④ 王滨有：《道德品质形成发展的内化与外化运行机制》，《北京化工大学学报》2004 年第 1 期。
⑤ 魏英敏：《试论道德行为与道德品质》，《湖南师范大学学报》2009 年第 5 期。

静态与动态、相容与相离之关系。指出："'德性'一词的涵义是一个逐步演化、深化、扩大的过程，主要在于具体历史条件的道德要求。'德行'是一种人的社会意识形式的外在表现，是指以善恶评价的方式调整人与人之间的行为。德性是内在的，德行是外在的。"① 华中科技大学张秋颖、于全磊、陈建文认为"性格品质对个体的主观幸福感有预测作用，培养个体良好的性格品质能够有效提高人的幸福感并且预防心理疾病的发生。学校心理学也应开展以性格品质为基础的积极教育，积极教育不仅能够促进青少年的积极发展并形成良好的人格，也起到了积极预防的作用，进而减少了'问题学生'的出现"②。三是立足实践的人的品质与行为研究。如四川师范大学教育学院曹正善对学习品质的提出、学习品质的概念、学习品质的维度、学习品质的结构等方面进行了系统归纳，认为："学习品质是学习研究的一个新问题，它是在主体性教育思想指导下学习者在学习上的发展，是学习者主体特性的系统化、具体化和个性化，培养学生的学习品质是学习指导领域发展的必然趋势，是主体性教育的必然需求。本文从学习品质的提出、学习品质的概念、学习品质的维度、学习品质的结构等方面进行论述，这些论述反映了学习品质问题的复杂性和现实性，其基本意图是引出学习研究的新问题，引起人们对这一问题的关注。"③ 研究员苗坤从共产党员的先进性出发，探讨了人的品质、能力与行为的统一，指出："共产党员的先进性，是共产党员这一特定身份的人所应当具有的、为共产党这一先进政党所要求的一种重要特征，是共产党员不同于普通群众并对普通群众发挥模范带动作用的一种基本的性质、性能、性状。由此，笔者认为，共产党员应当具有的先进性，既是一种品质，又是一种能力，还是一种行为，是品质、能力、行为。"④ 北京体育大学李佑发、王婷婷运用行为事件访谈法，对运动员以及在意志品质方面具有超凡表现的特质型运动代表克服困难的行为进行现象学访谈，通过质性分析，运用 NVivo 编码软件逐级编码，建构了意

---

① 邱竹等：《"德性"与"德行"之关系辨析》，《四川省社会主义学院学报》2010 年第 3 期。
② 张秋颖等：《积极心理学下性格品质研究概述》，《三门峡职业技术学院学报》2010 年第 1 期。
③ 曹正善等：《论学习品质》，《集美大学学报》（教育科学版）2001 年第 4 期。
④ 苗坤：《共产党员的先进性应当是品质、能力、行为的统一》，《理论界》2005 年第 10 期。

志品质模型。① 陕西师范大学袁祖社教授从文化的伦理本质与现代德性生活的价值真理出发，探讨了公共生活中"诚"与"真"品质的回归问题，指出："浸淫于现代性文化中的'市场社会'，历来存在一种将'私性欲望'合理化、正当化甚至神圣化的疏离性机制。道德自我持续的任性放逐和自甘边缘化，导致'意义'和'价值'的深度分离，造成一种愈来愈严重的'匿名化'和'非人格化'生存现实。其结果，使得原本为'德性之母'的'文化'本身亦难以逃脱逐渐被分化的命运，丧失了其本有、应有的整体性优良伦理的秩序功能。广幅面的社会内在性道德质素的严重贫困，普通民众基本德性品质的缺失，使一种'道德无根性生存'成为道德个体不得不面对的窘境现实。为着一种体面、尊严、优雅进而高贵的属人生活之理想境遇，我们需要以文化价值信仰的名义，澄净我们的心性追求，澄明现代德性生活之价值真理。其宗旨在于，回归文化的伦理本质，重铸一种奠基于'诚'与'真'为道德本体支撑的实质性意义的'德性的生活'，从而为当代世界'美德伦理'的复兴，贡献有益于时代的智识和智慧。"② 等等，不一而足。

国外相关研究则主要是嵌入"德性与德行"的讨论。从英国哲学家安斯库莫（G. F. M. Anscombe）发表《当代道德哲学》（1967）开始，国外当代德性伦理研究已经有半个世纪的历史。安斯库莫试图把人的道德行动和道德心理学联系起来。同时，她也认为当代伦理学的前途必须重新回归亚里士多德传统。麦金泰尔的《德性之后》（1981）正式宣告现代德性伦理学的全面发展。麦金泰尔立足古典德性伦理学，尤其是亚里士多德传统立场，激烈地批判了启蒙运动以来以功利和权利概念为基础的现代西方规范伦理学的重大缺陷，并以此宣布重建德性伦理，重新恢复品德和德性在现代社会道德生活和伦理学理论中的主导地位；麦金泰尔的追随者迈伦德尔（Gilbert C. Meilaender）在《德性的理论与实践》（1984）中指明了德性伦理在品德教育和养成中的重要地位。美国学者克

---

① 李佑发、王婷婷：《意志品质的质性分析及模型建构》，《北京体育大学学报》2011 年第 3 期。

② 袁祖社：《文化的伦理本质与现代德性生活的价值真理——公共生活中"诚"与"真"品质的回归》，《北京大学学报》（哲学社会科学版）2011 年第 4 期。

拉克与辛普森合著出版的《伦理学中的反理论与道德保守主义》（1989）提出伦理学中的"反理论"问题，反对道德的抽象化、机械化和技术化，要求恢复道德的完整的和统一的美德意义。斯泰曼的《德性伦理学》（1999）延续了以上讨论，主要涉及以下观点：一是德性的当代意义。麦金泰尔与郝斯特豪斯都认为，美德是一种使人将其自然本性发挥到最佳而达到最佳生存状态（幸福）的东西，使德性与社会传统所给予的人生目的建立联系。二是实践智慧与德性的涵养。德性虽是一种内在品质，但它是通过外在行为逐渐输入道德主体的道德心理层面，并通过道德心理机制涵养成为道德习惯。迈克尔·斯洛特认为，德性源于道德主体的内在力量。本纳德·威廉姆斯认为，德性是一种关乎行动、意向和感受的内在脾性，它包括行为主体对判断或者实践理性的运用。罗莎琳德·郝斯特豪斯（Rosalind Hurst house）认为，德性体现为一种使我们能够正确地把对象看作善，看作某种我们有理由去从事的事情的方式。三是德性理论与人的品质教育的联结。德性作为一种个体品质，强调道德主体的自主性。杜威就认为灌输不利于儿童的道德品质发展，强调道德教育的根本目的是培养出学生获得学习道德知识的方法，获得进行道德判断和道德选择的方法，获得如何独立进行道德行为的方法，而不是接受特定社会的道德规范，等等。

纵观国内外学者对人的品质及行为的相关理论探讨，虽形式多样，但凸显共同的理论旨趣：解放人、发展人，实现人的自由与全面发展。呈现出"潜在—自在—自为"的人学发展轨迹。如上相关主题研究的纵横扩展无疑为本书论题进一步研究提供了丰富的理论资源，奠定了坚实的理论基础。但基于以往研究看，人的品质与行为虽在各流派中有所关切，然而对二者关系的系统梳理及理论提升却较为匮乏，尤其重要的是，学界各种研究基本分布在心理学、伦理学等分学科领域，仅仅对人的品质与行为进行"抽象"的理论探讨，而立足中国问题，从马克思辩证唯物主义与历史唯物主义视角出发，对"现实的人"的品质与行为以及二者关系研究尤其缺乏。开放、发展中的现代中国人学，如何回应时代所赋予的诸种难题，科学认识人、界定人以及发展人，厘清现实生活中的人的品质与行为及其关系，实现人的自由与全面发展，必然成为当前以及今后一段时期内，学界必须致力解决的重大时代课题。

如上分析可见，无论基于理论还是中国的实践需要，构建人的健全品质、规范人的行为，已构成当前迫切需要解决的现实伦理难题。本书将依托马克思主义唯物史观，立足人的品质、行为内涵、特征阐发，对关切人的品质、行为的价值因子以及诸要素之间伦理互动关系进行深入细致的学术考察，进一步明确诸要素之间的内在伦理价值关联，力求突破其他学科对该领域的"抽象"研究，丰富与拓展马克思主义人学研究的新视域，对当下和谐社会构建以及小康社会的建成均具有重大的理论及现实意义。从本书论题考察的研究对象、范围界定，则主要有如下几点：

一是"实践活动中"的人。与以往哲学研究不同，马克思辩证唯物主义与历史唯物主义所讲的"人"决不是抽象的、直观的人，而是"现实的、从事感性活动的、有生命的个人"，这种思想在《德意志意识形态》中就有充分表达。首先，马克思所讲的"人"不是以意识为基础，而是以物质生产活动为基础。因此，不是意识产生了人，而是生产活动造就了人及人的意识。"在马克思看来，意识形式都是受制于生产的物质活动的感性因素，而感性的活动则是人的现实活动组成的，人的生产活动对于人的意识产生具有根源性意义，而实践在思想意识形成中具有决定性作用，意识形态作为人的物质活动的感性要素，归根结底是人的实践的结果。"① 同时，正是人的物质生产活动构成了人与动物的本质区分。其次，从事物质资料生产的人具有相互交往的属性。因而，"现实的个人"是处于一定关系中的人。"正像没有离开社会而存在的个人一样，也没有离开个人而存在的社会（关系），因为'关系'总是因人、为人而存在的，'凡是有某种关系存在的地方，这种关系都是为我而存在的'，而正是这些现实的'关系'规定着'现实的个人'及其'本质'。"② 再次，"现实的个人"既是自然的，又是社会的，同时还是意识的。现实的人首先必须是有生命的个人；另外，人还是精神性存在物，或意识的存在物。

---

① 杨立英：《全球化、网络化境遇与社会主义意识形态建设研究》，人民出版社2007年版，第4页。

② 周世兴：《个人的历史与历史的个人——马克思个人理论研究》，人民出版社2013年版，第477页。

"人在活动过程中必然与外部世界（自然界和社会）发生这样那样的关系，处在这些众多关系中的现实的人，就是一个自然存在物、社会存在物和精神存在物（或者说是有意识的存在物）的统一体。"[1] 最后，现实的个人是具有"世界历史性的""经验上普遍的"个人。随着社会生产力的高度发展，人们之间逐渐建立起普遍的社会交往联系，这样地域性的限制就被打破，个人由此成为历史性的"人"。从此，"地域性的个人为世界历史性的、经验上普遍的个人所代替"便成为一种普遍的经验事实，世界历史性的个人的自由而全面发展也便逐渐成为现实——所谓"各个人的世界历史性的存在，也就是与世界历史直接相联系的各个人的存在"[2]。

二是品质与人的品质。从一定意义看，品质是与品德、品性、品格等诸范畴既有联系又相区别的概念。相对而言，人的品质是指"人在心理和行为方面带有稳定性倾向的个性特征，个人在其行为整体中所展示的素质、人品和价值意义"[3]。从对人的品质本质规定中，不难窥见，人的品质是人在"行为、作风上所表现的思想、认识、品性等的本质"[4]。因此，人的品质在一定程度上也就显而易见地与"物品的质量"[5] 存在天然的、本质上的区分。实践活动中的人的品质具有多重特性。人的品质的社会性强调的是人的品质是先天的、自然的固有本性还是形成于后天的社会环境；人的品质的稳定性指人的品质一旦生成就一般不会因为外部条件而发生相应改变，具有恒常性；人的品质的实践性强调人的品质绝不是高高在上的、脱离现实生活的、纯粹的"逻辑自洽"，而是与人的实践活动紧密相关的概念；人的品质的价值性所呈现的就是实践活动中的人，因所处的立场和动机的不同，而对同一品质所给出的不同答案。总而言之，实践活动中的人的品质，总是作为实践主体的人的品质，这种品质的日常表征就是在实践活动中的实践主体性。"人的道德品质操

---

[1] 万光侠：《思想政治教育的人学基础》，人民出版社2006年版，第152页。
[2] 周世兴：《个人的历史与历史的个人——马克思个人理论研究》，人民出版社2013年版，第463页。
[3] 周辅成：《西方伦理学名著选辑》下卷，商务印书馆1987年版，第377页。
[4] 任超奇：《新华汉语词典》，崇文书局2006年版，第682页。
[5] 谢纪锋：《小学生词典》，语文出版社2002年版，第459页。

守、彼此间的道德关系状况、社会的伦理秩序状况等，均不能离开各种具体日常生活领域而独立自存，它只存在于人的各种具体日常生活有形活动之中。"① 即实践主体的人所具有的自主性、能动性以及创造性。

三是行为与人的行为。对人的行为的理解，存在不同学科的注解，有生物学、心理学、伦理学、社会学，等等。不同学科基于不同理论视角分别阐释了对人的行为特质的各种不同规定。比如，在《中国大百科全书·生物学卷》中，生物学意义中的人的行为是指"生物进行的从外部可察觉到的有适应意义的活动"。同样，在《中国大百科全书·心理学卷》中，人的行为被理解为"完整有机体的外显活动"。诸如此类，不一而足。而从实践活动看，人的行为是指"人类自觉的有目的的活动"②。人的行为也具有诸种特质。人的行为的目的性在日常实践活动中就表现为人在行为之前的计划性，这种计划性起初是行为主体在意识中的一种预设，具有一定的价值指向；人的行为的社会性是指行为主体的人不是一种孤立的存在，而是活生生的社会性存在；人的行为的对立性是指人的行为蕴含着人与自然、人与社会以及人与人之间的认识与被认识、改造与被改造之间的对象性关系，以及主体性与客观性之间的矛盾；人的行为的价值性是指对人的行为的判定的价值取向问题。当然，这里所指的"人"既不是心理学意义上的人，也不是伦理学意义上的人，而是马克思辩证唯物主义与历史唯物主义视野中的人，是实践活动的主体。诚如学者认为的那样："马克思以前的论人的学说，认为人对自己的认识，依赖于社会经济条件的成熟程度，而自然科学乃至一定历史阶段上占统治地位的社会意识，都在一定程度上给哲学对人的认识以深刻影响。虽总体来说，都是以唯心史观为基础的，但是，以往的研究毕竟日益趋于真理。马克思科学地解决人的问题的方法论原则在于从劳动出发，劳动发展史既是理解全部社会史的钥匙，又是理解人的历史发展的钥匙。"③

四是人的品质与人的行为。人的品质与人的行为在实践活动的层面并不是对立的二元存在。人的品质是人的行为的品质，人的行为是人的

---

① 高兆明：《伦理学理论与方法》，人民出版社 2005 年版，第 38 页。
② 宋希仁、陈劳志、赵仁光：《伦理学大辞典》，吉林人民出版社 1989 年版，第 441—442 页。
③ 李超杰、边立新：《20 世纪中国哲学著作大辞典》，警官教育出版社 1994 年版，第 151 页。

品质中的行为。在一定程度上，二者存在彼此依存关系。孟子在论述君子的人格时曾言："君子所性，仁义礼智根于心。"（《孟子·尽心上》）即是说，君子的特点，在于具有仁、义、礼、智等品性。在日常生活中，君子的一言一行、举手投足之间就体现出"善"的品质。因此，实践中人的品质与行为，只有在彼此关联中才能得以确证。既没有人的品质的行为，也不存在没有行为的品质。孤立、片面、静止地看待人的品质与行为的做法，根本上无法真正理解实践活动中人的品质与行为本质。人的品质与行为既有对立性又有同一性，对立性就体现在二者内涵、特质等区别；同一性就是二者所存在的相互包含与相互渗透以及相互转换的关系。由此可见，"善观念是品质善和行为善的必要条件，没有善观念就没有真正的品质善和行为善；品质善又是行为善的前提，没有品质善，即使行为善也不一定具有真正的道德价值；行为善和品质善在道德环境的作用（如社会舆论的影响）下又促进善观念的形成和强化"[1]。

基于如上理论假设，本书研究力图呈现三大领域创新：一是视角创新：从实践活动的主体视角去探讨人的品质与行为，强调人的品质及其行为与实践主体性的密切关联；二是内容创新：科学揭示诸要素与人的品质及行为的互动逻辑，客观描述"人—品质—行为"的伦理价值生态，突出呈现作为活动主体的人对人的现代品质与行为的影响、制约与建构功能；三是研究方法创新：采用学科综合研究的方法，包括生态学、社会学、哲学伦理学等，在多学科交叉融合中寻找新的理论生长点。

核心观点与概念框架：一是真正的人是在生理因素基础上由心理品质、科学文化品质和思想道德品质等构成的完整的人，是在历史中行动的人，是作为活动主体的人。二是人的道德品质、心理品质以及文化品质等实际上不过是对活动主体品质的伦理学、心理学或文化哲学等学科的表征或评价。二是人的品质存在于实践活动主体，却外显于人和活动之中，构成人的行为。这种作为人的品质的投射、外化的活动状态，哲学称之为"自由"。四是文化给人提供价值观念、知识体系和行为规范，塑造着人的品质，文化的变革，必然带来人的品质的重建。人的品质影响文化变迁的方向，决定着文化变迁的速度、广度和深度，制约着社会

---

[1] 江畅：《德性论》，人民出版社2011年版，第51页。

的发展与进步。五是主体品质的残缺正日渐成为当代中国社会现代化持续推进的内隐阻力，基于公共存在的公共品质必然成为当下人们的价值诉求。六是传统文化与市场经济中的"私"在当代中国社会的重叠与交融，构成当代中国社会化人的品质偏向的主导因素。七是培育与现代社会发展相适应的主体品质，要实现政治、经济、文化、社会以及教育诸种生态的伦理整合，尤其要发挥作为主流意识形态的社会主义核心价值观对人的实践品质的引领功能，在日常伦理生活中塑造人的健全品质。

  本书各章节安排与逻辑结构主要基于如下考察：第一部分主要阐述本书研究的理论意义与现实价值、研究背景与现状、研究的技术路线以及研究方法。第二部分主要对人的品质、人的行为，以及人的品质与行为中的多层面伦理价值生态的互动关系进行形上考察，从一般性意义对人的品质与行为进行系统化、理论化的归纳与演绎。第三部分是依据理论逻辑对实践活动中的人的品质与行为进行实践反思。安排如下：

  导论。本部分首先从国内外出发，对本领域研究的历史与现状进行系统归纳与梳理，进一步阐明本书所面临的研究任务及其理论价值与现实意义，对本书研究的技术路线与研究方法做进一步的科学澄明。第一章，人、品质、行为。本章从人的品质与行为内涵与概念出发，归纳出实践中人的品质的社会性、稳定性、实践性以及价值性特质。人的行为的目的性、社会性、对立性以及相对性特质。人的品质的生成、实现与评价以及人的行为的意图、行动与效果。阐明二者对立、统一的伦理互动机制。立足如上理论阐发，本书从政治领域、经济领域、文化领域以及社会生活领域出发，对当代市场经济语境中的人的品质异化、行为失范诸形态进行科学的归纳与演绎。并基于文化对人的品质与行为的制约功能出发，考察儒家文化所内含的私有性对现代人的品质与行为的消极影响。从"伦理—道德"生态进路，提供解决市场经济中人的品质与行为"知行合一难题"的伦理价值方案。第二章，意愿、被迫、无知。本章充分借鉴亚里士多德的伦理学理论，把人的行为分为意愿、被迫及无知三种伦理样态，并指出人的行为发生与发展总是一定意愿的结果。强调在一定意义上，行为的意愿又分作自觉的意愿与强迫的意愿。因强迫的意愿而实施的行为及其后果并不能成为评价行为主体品质的科学标尺，而更要追溯意愿所遭受强迫的外界诱因。强迫意愿的消除，不仅要依赖社会伦理建设，更要加强个体道德感的培育。唯有如此，才能最终消解品质与行为的对立、个体与社会的对立，最终达到个体至善与社会至善的统一。第三章，人、目的、行为。人的行为受到实践活动中人的目的、意图以及动机支配。人的行为动机如何，既关乎人的本质力量的实现，也影响着社会历史发展的进程。人的日常行为的规范离不开人的目的的科学预制。只有遵循历史与现实、主观与客观、能动与受动等逻辑统一，人的目的也最终才能在实践活动中得以展现，从而达到个体至善与社会至善的有机统一。第四章，人、利益、行为选择。人的行为总是要依赖一定手段而进行的行为，对行为手段的不同选择，体现行为主体的目的与意图，从而反映出行为主体的内在品质。塑造人的品质，规范人的行为就要使行为主体进行适当的行为选择，在选择的过程中实现行为主体与社会发展的有机统一。第五章，评价、品质、行为。道德评价具有两种基本方式：道德自我评价与道德社会评价，二者既对立又统一。道德评价标准的媚俗化与评价功能的弱化已构成当前中国社会的道德难题之一。根本原因在于社会生活中"德—得"生态链的断裂。基于当前中国的伦理文化语境，唯有修复"德—得"生态、更新道德评价标准以及培育个体道德品质，才能最终弥合各种价值的分裂，实现个体与社会的和谐发展。第六章，文化、价值、行为。依托历史与现实统一的逻辑方法，对人的品质与行为进行历史与文化考察。从文化—品质、品质—行为以及文化—品质—行为三个层面，演绎出文化与人的品质、行为的内在逻辑。从"潜在—自在—自为"的思维进路，为实践中的人的品质与行为发生与发展，找到合理的历史文化理据。本章立足如上价值预设，从文化对人的品质与行为的制约功能出发，对柏拉图"善的理念"与孔子的"仁爱"进行内容与方法论比较，透析二者存有的实质性差异，进而为当代中国语境中的人的品质与行为健全构建提供现实的思维进路。第七章，品质、行为、实践主体性。本章将依托马克思主义有关人的主体性理论，进一步探讨人的品质、行为以及人的主体性之间的内在关联。指出人的主体性是指人在实践活动中所展现的自觉性、能动性以及创造性。人的主体性的实现程度既关系到人的本质力量的确证，也关系到社会能否进步以及进步的程度。主体性是属人的概念，人在何种程度上发挥主体性受到人的品质及其行为的制约。社会现代化进程的持续推进，有赖于人的健全的品质与合理的行为。唯有如此，才能在实践过程中实现主体性。第八章，群体、品质、行为。立足如上理论，本章首先对作为人的个体、群体以及类的概念内涵与外延进行细致区分，科学阐明三者之间的内在关联及其辩证关系；进而从人的品质的生成、实现与评价，人的行为的意图、行动与效果，以及"品质—行为"的辩证关系出发，对个体、群体及类的品质与行为进行集中比较分析，提出规范群体（类）的品质与行为的有效举措。第九章，主体、价值、行动。本章指出，当代中国社会，人的品质塑造，行为规范，不是纯粹的形而上学禅思，必须回归现实的"伦理—道德"生态。即，政治生态、经济生态、文化生态以及社会生态，只有在多元的伦理互动中，才能生成健全的人及健全的社会。而马克思以其富有前瞻性的思维，科学地揭示了人类社会发展的"三形态"秘密。"三形态"理论所揭示的不仅是人类社会发展的一般性规律，更是作为主体的人"潜在—自在—自为"发展路径的科学揭示，即人的主体性发展依次经历了"前主体性—主体性—公共性"的发展历程。马克思人的发展"三形态"的诠释对当下和谐社会构建以及现代化的持续推进无疑具有重要的资源性意义。即积极扬弃因市场经济"逐利性"所引发的人品质、人的行为以及实践主体性的困境，确立普遍性的公共意识，在从主体性到公共性的现实转换中，促进人的品质、行为完善，实现人的自由而全面发展。

  选择本书论题并非偶然，而是基于笔者学术历程的"自然而然"。

  1997—2001年笔者在安徽师范大学思想政治教育论专业学习，获法学学士学位。学位论文"农村宗族文化及其影响"基于马克思辩证唯物主义与历史唯物主义，对中国农村宗族文化形成、发展及其对社会发展的制约进行了科学探讨，开始围绕中国社会发展中的重大问题思考。

  2004—2007年笔者在天津师范大学马克思主义学院马克思主义哲学专业学习，获哲学硕士学位。硕士论文"当代中国现代化进程中的人的主体性构建研究"立足人的主体性形而上学理论，对中国社会尤其是改革开放以后的中国人的主体性样态、成因及相关对策进行了思考。论文认为：马克思立足于实践，通过对主体性的历史和现实考察，认为人的主体性是人作为活动主体的质的规定性，是在与客体相互作用中得到发展的人的自觉能动性和创造性的特性。主体性的最低表现形态是：主体人作为自在的存在，独立自主地从事实践活动；主体性的一般表现形态是：人在自由自觉的实践活动中表现出来的能动性；主体性的最高表现形态是：人在自由自觉的实践活动中表现出来的创造性。从根本上说，人的主体性具有以下几个方面的特点：自为性、自主性、自觉性、主动性、创造性及自由性。其本质是能动性与受动性的统一，核心在于主体的能动创造性。从主体性的生成与实现机制来考察，主体需要是人的主体性生成—实现的动力环节，主体的价值观是人的主体性生成—实现的导向环节，主体能力是人的主体性生成—实现的保障环节。正是三者之间的有机结合，才引发、促成了现实的认识和实践活动的产生和完成，主体的能动性也由此实现了从意识形态到现实形态的转换，从而使人的主体性得以生成和实现。新中国成立60多年来，尤其是改革开放30多年来，我国在政治、经济以及文化等方面都取得了举世瞩目的成就，社会生产力迅速发展，人们生活水平不断提高，主体性得到极大张扬。与此同时，在社会主义现代化进程中，政治、经济、文化以及教育等方面存在许多不足，严重影响了人的主体性的发挥。一方面，人们的依附性意识、保守性意识很浓厚，权利意识以及社会责任感意识不强。另一方面，片面夸大人的主体性，催生了个人主义、拜金主义以及享乐主义等不良现象，也在一定程度上导致了人与自然关系恶化、人与社会关系异化以及人与自身关系的二重化，人们在永无止境的物质利益追逐中丧失了主体性。人的现代化是构成社会进步的动力和发展的最终目的。社会的现代化需要人的现代化，需要人的主体性得到充分发挥。当前，我们要把唤醒人的主体意识、培养人的主体能力以及塑造人的健全人格作为目标，在对人的塑造中实现三个方面的转变：由机械人向自由人的转变；由传统人向现代人的转变；由"片面人"向"全面人"的转变。在不断完善自我本质的过程中，逐步走向更高的发展水平。具体而言，第一，要不断提升主体自身素质；第二，要不断加强制度建设；第三，实施主体性教育；第四，构建和谐社会环境，实现人的自由与全面发展。

2011—2014年笔者在中国人民大学哲学院马克思主义哲学专业攻读哲学博士学位。博士学位论文"论人的品质及其优化"紧密围绕马克思历史唯物主义基本原理，综合与借鉴伦理学、心理学等多学科知识，并在此基础上对社会生活中人的品质内涵、特征、结构、功能、生成、评价、实践以及优化等多重维度进行全新阐释，力图为人的品质理论提供一种符合马克思辩证唯物主义与历史唯物主义的解释模式，为人的自由与全面发展提供学理上的支撑，深化与拓展当代马克思主义人学的研究视野。论文指出：一部人类史实质也是一部人的品质不断生成、实践并持续优化的历史。在中国哲学历史演变中，它经历了先秦单一道德价值论、汉唐多重道德价值论以及宋明单一道德价值二元论的分期发展。在西方哲学演变中，它经历了古希腊德性主义、近代西方二重论及现代西方人本主义等几个阶段。两种哲学演变体现出对人的品质先验性的徘徊与纠结。马克思主义基于现实的人理念，在内涵界定以及价值取向等多重维度上奠定了人的品质理论阐释的基础。认为人的品质是指人在心理和行为方面带有稳定性倾向的个性特征，个人在其行为整体中所展示的素质、人品和价值意义，它具有社会性、稳定性、实践性以及价值性等多重特性。从结构看，人的品质具有知、情、意、行四种维度。其中，认知是求真、情感是求美、意志是求善，行为则意味着人的品质实现。从功能看，人的品质具有内部功能与外部功能。内部功能就是人的品质作为一个整体系统对实践主体的认知、情感、意志以及行为的协调与优化；外部功能是指人的品质作为实践活动主体的内在属性，在与外部环境相互作用过程中所表征的作用、能力与功效。相对来看，人的品质功能更多地体现为对外部要素的作用、能力与功效。人的品质生成是行为主体在实践进程中品质不断形成的过程，具有实践性、阶级性、历史性以及可变性特点，主要由内化与外化两种机制构成。其中，内化着重是指外在社会伦理规范不断被个体所接受并衍化为自我内在精神的过程，也是指占主导地位的社会意识向个体内在意识的转换过程；外化则是客体主体化的过程，也就是人的品质转换为行为的过程。除此以外，人的品质生成还包括评价响应与信息反馈环节。评价响应是指人们在实践过程中，依据一定的准则对行为所做的善恶价值判断。信息反馈是人的品质通过不断实践而进一步优化的过程。正是无数个人的品质的内化与外化构成了人的品质生成的动态演进历程，并呈现出由低级到高级、由无限到有限以及由量变到质变的发展趋势。马克思主义视域下人的品质是基于社会生活实践，也由此具有价值评价的维度。人的品质评价就是指根据一定社会或阶级的伦理规范准则体系，对社会中的个体或群体的行为做出善或恶、正或邪、道德或不道德的价值判断，以达到褒善贬恶、扬善抑恶的目的。其中，自我评价是个体或群体对自己行为所做的一种善恶上的自我认识，是依据自身的价值取向，对自身行为所做的价值判断。社会评价是调解人们之间关系的一种力量，是通过社会舆论来完成的一种他律，二者相辅相成。人的品质评价具有具体性与历史性、相对性与绝对性、阶级性以及实践性特征，也有认知催化功能、情感共振功能、行为制约功能，遵循阶级标准与历史标准统一的原则、生产力标准与社会进步标准相统一的原则、行为动机与行为效果相统一的原则以及评价的层次性原则。从一定意义上看，人的品质的意义与价值在于实践，即知与行的统一。从孔子到王守仁、从苏格拉底到黑格尔、从皮亚杰到艾森伯格都有经典阐述。马克思主义认为，人的品质实践是指作为现实的人的内在品质通过行为不断得以展现的过程，具有客观性、辩证性、历史性、评价性、自主自律性、内在超越性以及过程复杂性等多重特征。它是主体认知、情感以及规范产生的根据，是人的品质得以确证与优化的前提，也是衡量社会品德状况的准绳。人的品质实践过程包含心理结构、能力结构以及行为结构，各结构之间彼此包含、相互渗透。它受到自我需要、自我效能以及从众心理等主观因素以及社会风气、文化环境、道德情境等客观因素制约。人的品质实践的机制有意识、欲望、动机、目的、情感以及意志等，而实践过程则包括动机与效果、目的与手段、理智与情欲、选择与责任、自由与必然等。人的品质之根本在于优化。马克思主义认为，人的品质优化就是作为现实活动主体的人的内在道德品质在日常实践过程中不断得以提升的过程。它具有个体性与社会性、互动性与单向性、能动性与受动性、历史性与阶级性等特征。人的品质优化是基于社会实践的。实践对主体的认知、情感催化以及意志培育都具有促进功能。同时，实践也对人的品质优化形成制约，包括作为客观因素的伦理、作为中介因素的教育以及作为主观因素的修养。除了人的品质的一般性规定以外，在社会发展变迁中也生成了人的品质的虚拟化。这种虚拟化突出体现在人的品质的随意性与隐蔽性特征。重塑虚拟主体品质，规范虚拟主体行为，规避虚拟世界风险，必然要从现实的人出发，既要进行虚拟世界的伦理建构，又要进行现实主体的道德教化。当前，除了实施网络实名制的调适手段之外，还有赖于现实主体的"慎独"品质的培育。最后，人的品质是一个历史生成的概念，经历了前主体性、主体性到公共性的发展演变历程。人的品质只有回归公共性界面，才能最终实现自由与全面发展，趋向个体至善与社会至善的统一。

谨以说明的是：《人—品质—行为的伦理价值生态》堪称《论人的品质》（江西人民出版社2015年版）的姊妹篇。两书的理论体系虽相互承续，却"各表一家"。《人—品质—行为的伦理价值生态》聚焦于人、品质、行为三大伦理要素互动、互证的伦理横向生态，而《论人的品质》则从纵向展示人的品质何以在实践中生成、发展与优化的历程。前者趋求于外在伦理条件，后者着重于主体内在道德建构，二者构成"人的品质"总话题的价值生态。正如人世间的血亲姊妹，虽相互独立却殊途同归，血缘的自然亲情无法也不可能绝对隔离。因而，作为姊妹篇的这两本书虽"各表一家"，但在若干基础理论建构与阐述方法方面，也就不可避免地存在相互依存与借鉴问题，这既是二者理论阐发的需要，也是两书的"自然亲情"！

综上所述，笔者的学术研究历程呈现如下演变轨迹：一是人的主体性概念梳理与现实应用研究阶段，着眼于推进现代化进程中人的主体性构建。二是人的主体意识概念梳理与现实应用研究阶段，着眼于从人的精神构建层面推进人的主体性构建。三是生态价值观概念梳理与现实应用研究阶段，着眼点在于从生态视角探讨人的主体性构建。四是人的主体性到公共性的转向研究阶段，着眼点在于从公共存在与公共意识中探讨人的主体性构建。五是实践活动中的人的品质与行为研究以及当代中国社会公共精神培育研究。由此可见，笔者学术思考具有如下特色：第一是立足时代问题，并力图基于形而上学理论获取时代问题的发展轨迹。第二是学术分析始终围绕问题的核心要素"人"开展，凸显丰富的人学意蕴。第三，问题域虽然多样，但都是以人的品质与行为为基本探讨范畴。由此可见，笔者已具有可观的学术积累，在驾驭、分析问题能力的培养方面具有一定的理论功底。"人—品质—行为的伦理价值生态"理论设想是笔者长期以来基于社会重大问题反思的必然结果，是学术研究的继续与进一步推进，对当前社会重大问题的分析与解决具有重要价值。

第 一 章

人、品质、行为[*]

社会发展的根本在于人的发展,社会现代化的实质也在于人的现代化。现代化大师英格尔斯就曾言:"在整个国家向现代化发展的进程中,人是一个基本的因素。一个国家,只有当它的人民是现代人,它的国民从心理和行为上都转变为现代的人格,它的现代政治、经济和文化管理机构中的工作人员都获得了某种与现代化发展相适应的现代性,这样的国家才可能真正称为现代化的国家。"[①] 因此,人以何种方式存在,不仅折射出其所处时代的基本境况,而且也预示该时代所能发展的未来前景。在人的众多属性中,人的品质及其行为因其固有的基点地位而对社会发展具有重要意义。处于转型中的中国社会,人的品质与行为凸显出两种典型特征:人的品质与行为的异化以及二者所呈现的日渐疏离态势。因此,透过纷繁复杂的表象,对人的品质与人的行为的内涵、特征及其互动关系进行哲学形而上学之思,对中国当下社会发展以及现代化的持续推进,不仅具有重要理论意义而且也具有重大现实价值。

第一节 人的品质内涵及其伦理特质

品质是与品德、品性、品格等既有联系又有区别的概念。相对而言,人的品质是指"人在心理和行为方面带有稳定性倾向的个性特征,个人

---

[*] 卞桂平:《人的品质与行为刍议》,《贵州师范大学学报》(社会科学版)2013年第1期。
[①] [美]英格尔斯:《人的现代化》,台北:水牛出版社1971年版,第38页。

在其行为整体中所展示的素质、人品和价值意义"①。从对人的品质本质规定中，我们不难窥见，人的品质是人在"行为、作风上所表现的思想、认识、品性等的本质"②。因此，人的品质在一定程度上也就显而易见地与"物品的质量"③存在着天然的、本质上的区分。同时，人的品质的多重规定，也理所当然地折射出其内在所蕴含的"多样性"的本质特性。

人的品质的社会性。"社会性"是与"自然性"相对的概念。人的品质的社会性与自然性所标识的是人的品质"如何生成"的问题。即人的品质是先天的、自然的固有本性还是形成于后天的社会环境。对这个问题的探讨，从柏拉图到亚里士多德、从孔子到荀子等都曾有过大量论述。孔子就曾提出"性相近，习相远"（《论语·阳货》）的哲学命题。当然，在这里他尚没有十分明确提出人的品性到底是自然生成还是后天养成，在一定意义上，还只是提出了一个有待发展的命题。孟子明确提出"人性本善"（《孟子·告子上》）、"四端说"（《孟子·公孙丑上》），虽然他强调了"求其放心"（《孟子·告子上》）的后天因素，但总体上凸显的仍然是人性的自然、先验品质。荀子则认为"人性本恶"（《荀子·性恶》），强调要"化性起伪"（《荀子·性恶》）才能达到"善"的品质，突出的人的品质的后天养成。借鉴以往哲学的论争，再反观人的品质内涵界定，就不难发现其所含蕴的社会历史性。不同的人之所以呈现出不同的品质特性，根本原因在于其所依赖的社会环境的差异。针对这一点，国内不少知名学者就提出："创造性的品质是在反复的创造性思维和实践中逐步形成的，人的现代化素质只有在实现现代化的社会环境中才能形成和发展起来。"④ 因而，先秦孔子在强调"性相近"的同时，又强调"习相远"，后者显然已经暗示，尽管有相近之性为达到理想人格的境界提供了可能，但究竟能否实现这种可能，则取决于后天不同的习行。孔子所提出的"绘事后素"（《论语·八佾》）、"里仁为美。择不处仁，焉得知？"（《论语·里仁》）说的也正是这个意思。总而言之，后天的社会

---

① 周辅成：《西方伦理学名著选辑》下卷，商务印书馆1987年版，第377页。
② 任超奇：《新华汉语词典》，崇文书局2006年版，第682页。
③ 谢纪锋：《小学生词典》，语文出版社2002年版，第459页。
④ 李秀林等：《中国现代化之哲学探讨》，人民出版社1990年版，第372页。

环境为人的品质生成提供了必不可少的外在伦理条件，乃至在一定意义上成为人的品质生成的前提与保证。

人的品质的稳定性。相比而言，人的品质作为人之为人的重要表征，具有稳定性。"道德品质具有稳定性和一贯性，表现为一种行为习惯或习性，但习惯和习性并不都具有道德意义。"[①] 即，人的品质一旦生成就一般不会因为外部条件而发生改变，具有恒常性。人的品质的这种特性在孟子那里的表现就是"富贵不能淫，贫贱不能移，威武不能屈"（《孟子·滕文公下》）的人格特质。也正因为人的品质的恒常性造成了人们日常生活中的千奇百态、各色各样的个体，也由此构成人们彼此评价的重要标尺。当然，人的品质的这种稳定性也是人们在日常生活中构建社会人伦关系的重要依托，即"人以类聚，物以群分"。这里的"类"指的就是相同品质的同一类人。正是在这种意义上，人的品质就成为人们进行相互交往的重要纽带。当然，人的品质的稳定性特质所指向的是特定的时空，即是说，这种稳定性也具有一定的存在限度，具有某种相对性。人的品质往往在不同的时空语境转换中呈现出不同的样态，表现出某种可变性。以作为个体的人为例，人在婴儿、少年、青年、中年以及老年时期的个体品质往往因所处时间的不同而有所不同。婴儿期的天真活泼、青年期的无所顾忌、中年期的沉着冷静以及老年期的恬淡平静，等等，人的品质发展呈现出日趋完善的态势。与此同时，在同一时期，处在不同的环境中的个体品质的稳定性也会因所处环境的变化而发生相应的改变。所谓"近朱者赤，近墨者黑"（《孟子》）说的就是这个道理。尤其是当外部环境的变化造成人的心理突变时，人的内在品质也会相应地发生某种改变，从而呈现出与之不同的个性特质以及相应表征。

人的品质的实践性。实践活动中的人的品质具有其自身的结构要素、逻辑特性等形而上学的理论特质。然而，人的品质绝不是高高在上的、脱离现实生活的、形而上的"逻辑自洽"，而是与人的实践活动紧密相关的概念。这种相关性在人的品质与环境的相互制约中就可见一斑（上文已论及）。即，人的品质具有实践性。人的品质的实践性在一定程度上体

[①] 罗国杰：《马克思主义伦理学》，人民出版社1982年版，第471页。

现为人的行为。《周礼·地官·师氏》中说："敏德以为行本。"① 东汉经学大师郑玄把这句话比较经典地注释为："德行，内外之称，在心为德，施之为行。"② 这里的"德"指的是人的一种道德品质，而"行"则指人的行为，强调的就是德性作为一种人的内在的品质只有体现为行为才在一定程度上得到确证。正如有学者所指出的那样："善观念是品质善和行为善的必要条件，没有善观念就没有真正的品质善和行为善；品质善又是行为善的前提，没有品质善，即使行为善也不一定具有真正的道德价值；行为善和品质善在道德环境的作用（如社会舆论的影响）下又促进善观念的形成和强化。"③ 人的品质的这种实践性在儒家理论中的表达就是："见父自然知孝，见兄自然知悌，见孺子入井自然知恻隐"④，突出的就是人的品质的"良知"境界。当然，"形而上"与"形而下"，"理论"与"实践"绝不是彼此悬隔的存在。在强调人的品质的实践性时，绝不能由此得出对人的品质形塑的次要性，二者的存在是"生态"的存在，缺一不可。"实践是主客观、主客体相统一的过程，实践具有主观性与客观性、主体性与客体性、创造性与对象性双重特性，而单纯的思维活动只具有主观性、主体性和创造性，而不同时具有客观性、客体性和对象性。"⑤ 基于实践性的人的品质建构，就必然充分注意到人的主体性与客观性、能动性与受动性的内在辩证关联。也就是说，在发挥人的自主性、能动性以及创造性品质的同时，一定要以尊重事物发展的客观规律为基本前提。唯有如此，才能在实践活动中积极、有效地确证人的内在品质。

人的品质的价值性。人的品质的相对性除了时空变换（上文有所提及）所带来的变化之外，尤其指向人的品质的价值性。所谓价值是指"一切事物、现象、行为对人的需要的趋向、可能和结果，是主客体关系中客体趋向主体、物为人而存在的实质内容"⑥。因此，"价值"与"需要"所呈现的始终是"孪生"关系。实践活动中的主体因"需要"的不

---

① 杨天宇：《周礼译注》，上海古籍出版社 2004 年版，第 198 页。
② 郑玄、贾公彦：《周礼注疏》，李学勤编，北京大学出版社 1999 年版，第 348 页。
③ 江畅：《德性论》，人民出版社 2011 年版，第 51 页。
④ 《王阳明全集》，上海古籍出版社 1992 年版，第 6 页。
⑤ 王江松：《劳动哲学》，人民出版社 2012 年版，第 251 页。
⑥ 李淮春：《马克思主义哲学全书》，中国人民大学出版社 1996 年版，第 270—271 页。

同，必然会呈现出不同的价值取向。正如一则流行故事所演绎的那样：有个皇帝下去体察民情。一天天降大雪，皇帝和一名官员、一个地主在酒楼吃饭，酒足饭饱之际，看着飘飘大雪，皇帝感慨万千，一时诗兴大发，即兴吟出："大雪纷纷落地"；随行官员一看皇帝如此雅兴，连忙拍马屁跟上："乃是皇家瑞气"；地主也不甘示弱，得意扬扬地附和道："下它三年何妨"；不料，他们之间的谈话却被门口一个破衣烂衫、饥渴难耐、冻得浑身发抖的乞丐听见，他气愤难耐进而破口大骂："放你娘的狗屁！"这则故事虽是时人所演绎的一则笑话，然而从中我们也不难发现因个体所处境遇差异，价值偏向的有所不同。深刻折射出人的价值相对性特性。因而，人的品质的价值性所呈现的就是实践活动中的人因所处的立场和动机的不同，而对同一品质所给出的不同答案。也就是说，"不同的时代、社会或阶级总是以其特定的利益需求和价值标准来衡量并评价一个人的品质。优良品质和不良品质的判断和界定，在于一个人的某类行为整体是否符合他所属的时代、社会或阶级的要求，而个人品质的自我培养，则取决于他对这种要求的自觉意识、正确把握及在社会生活中的积极践履"[①]。因此，价值取向的不同会导致实践活动中人的品质的这种相对性。这也是人们在日常生活中对同一人（包括群体和类）的行为的品质做出决然不同的评价的根源。当然，在看到人的品质的相对性的同时，我们也应该看到人的品质所具有的绝对性。人的品质的这种绝对性更多地体现在人的活动的评价标准上。当人们不是出于自身、群体或者阶级等局部利益，而是从人民群众的利益与立场出发去理解和评价人的品质和行为，切实贯彻"为绝大多数人谋利益"[②]，这样就会避免对人的品质评价过程中的相对性"过度"，在"绝对"与"相对"的有机统一中理性地看待与科学把握实践活动中的人的品质，进而有效地指导人的行为。

总之，不同的人在实践活动中会呈现不同的品质，同一人在不同的时空语境也会呈现出不同的内在品质。这些品质诸如心理品质、道德品质、文化品质，等等。然而，实践活动中人的品质总是作为主体的人的

[①] 罗国杰：《中国伦理学百科全书·伦理学原理卷》，吉林人民出版社1993年版，第303页。

[②] 《马克思恩格斯选集》第1卷，人民出版社1995年版，第283页。

品质，这种品质的体现就在实践活动中的实践主体性。也即是说，人的品质的多重样态只不过是作为主体的品质的多重表现。当然，这里的"人"，包括个体、群体以及类，构成个体—群体—类的结构表征。正是这些"人"的品质的不断生成与实践，推动着社会不断进步与发展。

第二节 人的行为内涵及其伦理特质

对人的行为的理解，在不同的学科中具有不同的内涵，有生物学、心理学、伦理学、社会学，等等。不同学科从不同视角分别阐释了对人的行为的特质的不同规定。比如，在《中国大百科全书·生物学卷》中，生物学意义中的人的行为是指"生物进行的从外部可察觉到的有适应意义的活动"。同样，在《中国大百科全书·心理学卷》中，人的行为被理解为"完整有机体的外显活动"。诸如此类，不一而足。一般认为，人的行为是指"人类自觉的有目的的活动"[①]。这种以"实践活动"为基点，界定人的行为的本质具有一定合理性，揭示了人的行为的诸种特质。

人的行为的目的性。"动物的行为不是真正的道德行为，原因即在于动物无法觉解自己的行为，故其行为只能是一种本能的自然的行为。"[②] 与动物自然、盲目的行动相比而言，作为主体的人的实践活动具有一定程度的自觉性、能动性，即有目的性。人的行为的这种目的性在日常实践活动中就表现为人在行为之前的计划性，这种计划性起初是行为主体在意识中的一种预设，具有一定的指向。马克思在论述这一点时说："蜜蜂建筑蜂房的本领使人间的许多建筑师感到惭愧。但是，最蹩脚的建筑师从一开始就比最灵巧的蜜蜂高明的地方，是他在用蜂蜡建筑蜂房以前，已经在自己的头脑中把它建成了。"[③] 这就表明，人们在行为开始之前，行为的结果就已经以某种形态在人的意识中存在，人的意志的实施必须以一定的目的为指向。人的行为的目的性另一重表现在于人在行为实施过程中具有能动性与自主性，诚如黑格尔在论及人的行为时所说："出自

[①] 宋希仁、陈劳志、赵仁光：《伦理学大辞典》，吉林人民出版社1989年版，第441—442页。
[②] 田文军：《冯友兰传》，人民出版社2003年版，第487页。
[③] 《资本论》第1卷，人民出版社2004年版，第208页。

一个能思维的人的故意,不仅含有单一性,而且实质上含有上述行为的普遍方面,即意图。"① 这种"故意"与"意图"就意味着实践活动的主体会主动、积极地需求达到行为目的的各种条件,认识行为背后所隐藏的客观规律,最大限度地提高行为的效率。在行为之后,行为主体会根据行为的结果评估行为实施之前的预见,从而在对行为结果的评估中做出对实践活动的总结、归纳以及提升。所有这些,体现的正是行为主体在客观性以及规律性面前所具有的主体性意识。相比较而言,动物总是在周而复始的行动过程中体现出某种机械性,凸显的正是动物所具有的本能。"动物只是按照它所属的那个种的尺度和需要来建造,而人懂得按照任何一个种的尺度来进行生产,并且懂得处处都把内在的尺度运用于对象,因此,人也按照美的规律来构造。"② 马克思这句话形象描绘出人在行为过程中与动物的本能所具有的最为本质性的内在差异。

人的行为的社会性。从构成要素看,人的行为牵涉行为的主体、行为的中介、行为的客体等,主体—中介—客体构成完整的行为要素。从行为主体而言,绝不是一种孤立的存在,而是活生生的社会性存在。马克思在论述人的本质的时候就说:"人的本质不是单个人所固有的抽象物,在其现实性上,它是一切社会关系的总和。"③ 因此,作为行为主体的人绝不是抽象的、孤立的人,而是处在一定社会关系中的人。从行为的中介来看,行为的中介在一定程度上主要指向行为主体在行为过程中所依赖的行为手段,这种行为手段并非是天然的存在,更多地体现在一定时空中的社会历史性。行为手段的这种社会历史性要么体现在行为手段本身随着社会发展而不断发展,要么体现在行为过程中的各种手段的相互依赖性,依赖性的根本前提在于社会分工的进行以及进一步地细化,尤其在科技发展一日千里的现时代,随着社会发展的日益提速,以及互联网等先进科技的普及,行为手段的社会历史性对整个行为过程的实施就显得更为至关重要,在一定程度上甚至会影响到整个行为的成败。诚如有学者所论述的那样:"实践的历史性一方面是说人的实践活动,总是

---

① [德]黑格尔:《法哲学原理》,范扬、张企泰译,商务印书馆1979年版,第122页。
② 《马克思恩格斯全集》第42卷,人民出版社1995年版,第97页。
③ 《马克思恩格斯选集》第1卷,人民出版社1995年版,第60页。

在一定历史阶段上进行，无论是实践主体，对象、手段，还是实践的目的、方式、结果，都要以一定的具体历史条件为前提，并受其限制；另一方面，人的实践活动又改变着原有的历史条件。"① 当然，作为行为对象的客体也并非孤立地存在，也是整个社会历史中的产物。从深度与广度二重向度来考察，行为客体也会随着时空语境的转换而不断发生历史性的改变。总之，对行为主体、中介以及客体所做的孤立性、静止性理解都呈现出某种相对意义。因此，"人是最名副其实的政治动物，不仅是一种合群的动物，而且是只有在社会中才能独立的动物。孤立的个人在社会之外进行生产——这是罕见的事……就像许多个人不在**一起**生活和彼此交谈而竟有语言发展一样，是不可思议的"②。

人的行为的矛盾性。在人的行为实施过程中，自始至终都充满着矛盾的对立与统一。从构成要素考察，行为的主体是人，而行为的客体是物。因此，主体—客体、人—物的矛盾从实质上看，是作为主体的人如何改造客体（物）的过程。当然，这里必然地包含着人与自然、人与社会以及人与人之间的认识与被认识、改造与被改造之间的对象性关系。人的行为的矛盾性还体现为主体性与客观性之间的矛盾。作为一种自主性、能动性以及创造性的客观物质性活动，人的行为能否取得预定效果以及在何种程度上取得预定效果，并不是作为主体的人随便臆想的结果，必然要受到客观物质的发展水平以及实践活动所必须遵循的客观规律的制约。即"在主体性原则和客观性原则的关系问题上，强调在尊重客观性原则的同时，坚持从主体出发，按主体能力、方式、需要和尺度，理解、认识和改造客体"③。与此同时，人的行为的矛盾性还体现在人的行为的动机与行为的效果之间的对立。人的行为总是具有一定的主观动机并总是在人的意识中预设了一种理想效果，然而，实际情况却往往出现人的行为动机与行为的效果之间的背离。一方面是"好"的行为动机导致"坏"的行为效果，另一方面是"坏"的行为动机却带来"好"的行

---

① 杜利英：《马克思主义哲学原理与方法：以实践为基础》，人民出版社2013年版，第289页。
② 《马克思恩格斯选集》第2卷，人民出版社1995年版，第2页。
③ 孙正聿：《辩证法研究》，吉林人民出版社1993年版，第403页。

为效果，等等。"关于动机和效果的是否一致，一般可以区分为四种情况：好动机产生好效果，坏动机产生坏效果，好动机产生坏效果，坏动机产生好效果。"① 当然，在看到人的行为所具有的矛盾性的同时，也一定要看到行为所具有的同一性。在主体—客体关系上，主体在认识与改造客体的同时，通过对人的行为的反思、总结以及归纳等思维活动，在一定程度上又会促进主体品质的完善与提升。在主体性与客观性的关系上，就要坚持"能动"与"受动"的辩证统一。即，既要发挥主观能动性又要遵循客观规律性。在动机与效果的关系上，只有坚持科学认识、合理决策，才能最大限度地达到行为的理想动机与实际效果之间有机统一。总之，看到人的行为"矛盾性"的同时，又要看到其所具有的"同一性"，在对立与统一中达到各行为要素的合理预制，最终达到人的行为的目的。

人的行为的相对性。在人对人的行为的多重规定中，还要涉及人的行为的相对性问题。人的行为的这种相对性尤其体现为人们对行为结果所做的价值判断，即人的行为的价值性问题。人的行为的价值性是指对人的行为的判定的价值取向问题，不同的人（或阶级、阶层等）对同一行为的评价往往总是立足于自身利益，从自身所处的位置以及需要而对他者的行为进行评价。正因为如此，不同的人所牵涉的利益有别，所以对同一行为往往会得出不同的结论。孔子在对人的行为规定时，从他的出发点提出人的行为的准则是："非礼勿视，非礼勿听，非礼勿言，非礼勿动。"（《论语·颜渊》）孔子对行为的标准是"礼"，凡是符合"礼"的行为就值得提倡，凡是与"礼"相违背的，就应该禁止。在这里，人的一切言行举止，几乎全部纳入"礼"的框架中。换言之，"礼"作为道德原则而构成了那个时代人的行为的无条件的绝对命令。当然，在看到相对性的同时，也应注意到人的行为评价所具有的绝对性。绝对性的体现之一是，对人的行为的评价并非起源于作为主体的人的随意性的主观判断，根本标准在于实践。毛泽东就曾言："政策必须在人民实践中，也就是经验中，才能证明其正确与否，才能确定其正确和错误的程度。"②

---

① 罗国杰：《伦理学》，人民出版社1989年版，第145页。
② 《毛泽东选集》第4卷，人民出版社1991年版，第1286页。

即，人的行为只有用实践才能得以检验。其次，人的行为评价的绝对性还在于立足人民群众的利益，这一点也是绝对的。"共产党人的一切言论行动，必须以合乎最广大人民群众的最大利益，为最广大人民群众所拥护为最高标准"这样的"最高目的"，"因此，一切符合人民利益的实践是成功的实践，一切损害人民利益的实践就是失败的实践，我们就要用这个标准来衡量我们的实践的成败得失，并从而检验我们的认识的是非"①。即只有以人民利益为价值选择标准，才能对人的行为做出科学的价值判断。

在对人的行为属性的多重设定中，问题的实质在于对"人"进行何种意义上的理解。如上文所述，这里所指的"人"，既不是心理学意义上的人，也不是伦理学意义上的人，而是实践活动中的、现实的人。因为，"马克思考察人，总是从现实的历史出发，强调人的现实历史前提，其出发点是'现实的人'"②。也只有从现实的人出发，深入洞悉主体行为所具有的诸种属性，也才能从根本上透视人的行为之内在本质。

第三节 人的品质与行为的伦理辩证

人的品质与人的行为在实践活动的层面并不是彼此对立的、二元性存在。人的品质是人的行为的品质，而人的行为也是人的品质中的行为。在一定程度上，二者存在彼此依存的关系。孟子在论述君子的人格时曾言："君子所性，仁义礼智根于心。"（《孟子·尽心上》）即是说，君子的特点，在于具有仁义礼智等品性。在日常生活中，君子的一言一行、举手投足之间就体现出"善"的品质。因此，实践活动中的人的品质与行为，只有在彼此关联中才能得以确证。既没有人的品质的行为，也不存在没有行为的品质。那种孤立、片面、静止地看待人的品质与人的行为的做法，从根本无法真正理解实践活动中人的品质与行为的本质。

人的品质与行为的同一性。人的品质与人的行为的同一性，首先体现在二者所存在的相互包含与相互渗透的关系。人的品质是人的行为的

---

① 王若水：《为人道主义辩护》，生活·读书·新知三联书店1986年版，第74—76页。
② 徐春：《人的发展论》，中国人民公安大学出版社2007年版，第281页。

前提和基础，是静态的存在形态，带有自然的性质，这种"自然"就是"见父自然知孝，见兄自然知悌，见孺子入井自然知恻隐"（《传习录上》）的"良知"境界。这种形态可以看作人的行为的潜隐状态，即人的行为的引而未发。人的行为也包含着人的品质因素在内。这时的人的行为只不过是从潜在的、自然的形态凸显为自为的、现实性的形态，它脱离了人的品质的那种静止状态，挣脱了那种自然状态的藩篱，在实践活动中得以显现。这个阶段的人的品质反而呈现出弱化态势，所凸显的是实践活动中的行为。可以借用黑格尔的一句话来描述从人的品质到人的行为的过渡："事实上已摆脱它的内在性而成了现实。"[①] 人的品质与人的行为的同一性还体现为二者的相互转换。一般而言，有什么样的品质，就会有什么样的行为。诚如孔子所说："苟志于仁矣，无恶也。"（《论语·里仁》）就是说，只要能具有"志于仁"的品质，就会有"无恶"的行为，体现出品质是行为的先导，行为是品质的确证的特点。当然，行为不仅是对人的品质的某种确证，在另一种维度上，对人的行为的适当规范，也会提升人的整体品质。对行为的这种规范和引导包含有适合的舆论环境、社会风气、道德谴责以及法律惩处等多种途径。通过对行为的一系列规范，实践活动的主体就会明确人的品质应然维度，不断提升自身品质。总之，人的品质与行为是辩证的，二者呈现"互构"的伦理生态。可见，"道德品质是道德行为的内聚，是一种自觉自主的道德行为过程；道德行为又是道德品质的外显，从整体上表现为、也受制于一种稳定的道德品质"[②]。

　　人的品质与行为的对立性。在实践活动中，人的品质与人的行为往往呈现多种面向，除了同一性之外，二者还呈现对立性。伦理学考察人的道德品质时，就会遇到如下几种情况：一是具有"善"的品质的人做出"恶"的事情。譬如，如今经常呈现在各大媒体中的"见死不救"事件，或者如亚里士多德所说，一个善良的人在受到强制或者蒙蔽而一无所知的情况下，也会做出一些不道德的行为。因为做可耻的事情并非出

[①] ［德］黑格尔：《精神现象学》，贺麟、王玖兴译，商务印书馆1979年版，第38页。
[②] 丁瑞莲：《现代金融的伦理维度》，人民出版社2009年版，第72页。

于他的意愿，而是由于"受到超过了人性的限度、为人所不可忍受的压力"①。二是体现为具有"恶"的品性的人在特定情境中也会做出"善"的举动。譬如，出现在具有不良品质个体身上的所谓"次道德"② 现象。③ 因此，在这样一种实践语境中，人的品质与人的行为就呈现二元对峙的局面。一方面是人的品质无法引领人的行为，另一方面是人的行为也无法确证人的品质，最终的结果必然是人在实践过程中"说一套，做一套"，即黑格尔所说的"外表上也十分虔敬，但是另一方面，他们为所欲为"的伪善。④ 人的品质与人的行为二元对峙的形成，必然是特定时空语境中的产物，我们在进行价值评估的时候，就不能仅仅依据某种结果而对人的品质进行某种界定，一定要考察行为与人的内在品质是否一致。然而，人的品质与人的行为在实践活动中的长期疏离，必然导致人们对个体品质的追求仅仅停留于"内圣"境界，或者是使人的品质陷入形而上的、抽象的"玄谈"，人之为人的本质力量在二者疏离中最终也无法确证。

总之，人以何种方式存在，必然关切到对人自身力量的确证程度。当然，人在其现实性上并不是抽象的人，而是活生生的实践活动中的人，作为存在主体，人不仅仅指向个体，更有群体和类的意蕴。因此，人以何种方式存在也就有了群体、民族、国家乃至世界的意义。当前，无论是个体的人，还是民族、国家等在实践活动中，往往难以以一种理性的方式去面对人"以何种方式存在"的问题，品质堕落，行为异化初现端倪，在某种程度上正成为当代人无法消解的生存困境。即"在人的这种精神本质物化和既定化中，道德的形而上的价值基础就被抽空了，品质的道德不复存在，道德演变成了在获取实在享乐的物质资料中互不侵犯

---

① ［古希腊］亚里士多德：《尼各马科伦理学》，苗力田译，中国人民大学出版社2003年版，第43页。

② 所谓次道德（又称亚道德），通俗地说就是"盗亦有道"，指违法者在实施不正当行为过程中遵守"行业道德"，尽量给社会和他人减少损失。"次道德"的提出曾受到很多人的反对。家住济南的一位女士被一小偷偷了钱包，这位女士虽然气愤却也无计可施，可她第二天却在自家的邮箱里看到了自己的钱包，除包里的几百块钱没了以外，里面的证件、银行卡，以及别的东西却一件不少，更让人意外的是小偷附留言："对不起，进城数日，未找到工作，不得已而为之，除钱之外的东西对你重要对我却无用，悉数奉还。"

③ 孟兰芬：《"次道德"问题讨论综述》，《道德与文明》2005年第5期。

④ ［德］黑格尔：《法哲学原理》，范扬、张企泰译，商务印书馆1979年版，第159页。

的生存原则，伦理道德成为满足个体欲望的有用性价值"①。当作为时代主体的人不能确证自己、超越自己的时候，也就预示着社会发展的某种困境的到来。然而，"总的说来，品质是来自相同的现实活动。所以，一定要十分重视现实活动的性质，品质正是以现实活动而区别。从小养成这样或那样的习惯不是件小事情，相反，非常重要，比一切都重要"②。因而，对人的品质及行为进行理性思考就成为时下必须解决的课题。

第四节 知行合一的实践难题

2011年的广东佛山"小悦悦事件"因"情节离奇"而被大众高度关注，一时成为人们街头巷尾、茶余饭后的谈资。随后，中国式过马路、幼儿园虐童……相继曝出，引爆国人眼球。"世风日下、人心不古"③ 成为高频词汇。一系列伦理事例的频发足以表明："知善而不行、知恶而为之"正日渐趋向社会常态化，人的品质与行为冲突正演变为当前中国社会的时代难题之一。胡锦涛在《十八大报告》中强调：当前，推进公民道德建设，就要"弘扬真善美、贬斥假恶丑，引导人们自觉履行法定义务、社会责任、家庭责任……，培育知荣辱、讲正气、作奉献、促和谐的良好风尚"④。这无疑是对当前中国社会所面临的"人的发展困境"最为精准与深刻的把握，是对人的品质、行为所赋予的全新注解与时代要求，也是当前必须予以解决的一项重要理论与实践课题。

诚如上文所论，与表征为"物品的质量"⑤ 不同，人的品质是指

---

① 黑晓佛：《回归生命 走向生活——当代道德教育的精神品格与价值自觉》，人民出版社2012年版，第64页。
② ［古希腊］亚里士多德：《尼各马科伦理学》，苗力田译，中国人民大学出版社2003年版，第27页。
③ 世：指社会。风：指风尚。日下：逐日变坏。古：指古代的社会风尚。旧时指人心奸诈、刻薄，没有古人淳厚。这里的古，是指古代的风尚，一般是指周代重视社会礼节的风尚，孔子曾大力提倡的礼仪风尚就是指周代的礼仪。古，也可解释为原来的，以前的。"世风日下"与"人心不古"连用，慨叹社会人的气质变坏，有失淳朴善良而流于谲诈虚伪、心地不再像古人那么淳朴。是对当前社会伦理道德状况的一种描述。
④ 胡锦涛：《十八大报告》（http://www.xj.xinhuanet.com/2012-11/19/c_113722546_2.htm）。
⑤ 谢纪锋：《小学生词典》，语文出版社2002年版，第459页。

"人在心理和行为方面带有稳定性倾向的个性特征，个人在其行为整体中所展示的素质、人品和价值意义"①。实践活动中人的品质具有社会性、稳定性、实践性以及价值性等特质。从实践活动出发，人的行为则是指"人自觉的有目的的活动"②。实践过程中人的行为呈现目的性、历史性、矛盾性以及相对性特质。一般而言，人的品质与行为在日常生活中呈现出一致性趋向。即"我们通过造房子而成为建筑师，通过弹奏竖琴而成为竖琴手。同样，我们通过做公正的事成为公正的人，通过节制而成为节制的人，通过做事勇敢而成为勇敢的人"③。除一致性以外，二者之间也存在一定的冲突。这种冲突往往表现为"外表上也十分虔敬，但是另一方面，他们为所欲为"④。大致情形具有如下几种（见图1—1）：

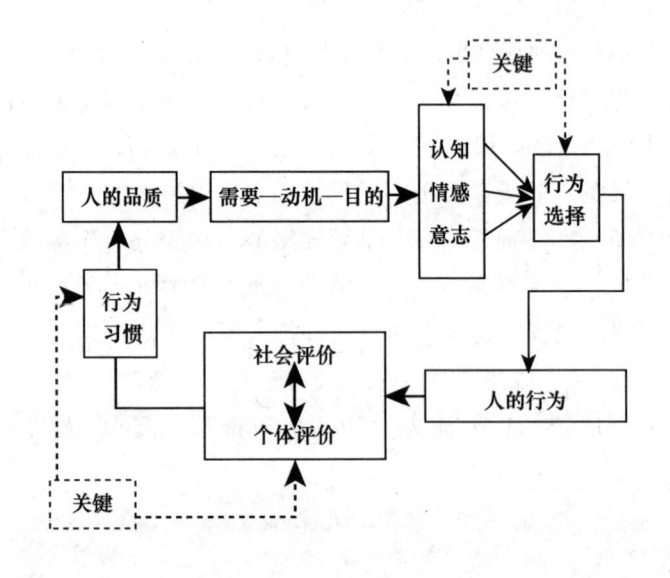

图1—1　人—品质—行为动态生成

伦理冲突之一：从人的品质到人的行为。

---

① 周辅成：《西方伦理学名著选辑》下卷，商务印书馆1987年版，第377页。
② 宋希仁、陈劳志、赵仁光：《伦理学大辞典》，吉林人民出版社1989年版，第441—442页。
③ [古希腊]亚里士多德：《尼各马可伦理学》，廖申白译，商务印书馆2003年版，第36页。
④ [德]黑格尔：《法哲学原理》，范扬、张企泰译，商务印书馆1979年版，第159页。

从行为过程整体考察，人的行为是由一系列相互关联的伦理环节构成。其中，最基本的环节包括人的行为活动的需要动机、意志抉择、行动和行为结果。简化的伦理形式是：动机→行动→结果。行为动机是人的意识对外部和内部需要的反映，它同需要一起构成行为的动因。由此动因而意识到要达到的结果就形成一定的目的。对目的做出抉择，并付诸行动，达到目的，就是一个行为过程的完成。"行为效果不是行为的效果，而是动机的效果，是相对动机来说的，与动机是对应的：动机是行为之观念，效果是行为之实际；前者是行为的主观因素，后者是行为的客观因素，二者是构成行为自身的两个部分。"[1] 从行动开展所涉及的构成要素来看，能够引发人的品质与人的行为冲突的，主要是行为的选择。当然，人的选择不仅涉及认识论问题，而且涉及责任感、审美价值观以及人的意志、品格、情绪、情感等多方面的问题。哲学家黑格尔就曾说："凡是人对某事物作为自己的东西感觉兴趣或应感觉兴趣，他就愿意为他进行活动。"[2] 表明：行为主体进行行为选择的前提具有主观意愿性。当然，"是否意愿"也不仅是一个纯粹主观问题，实际上行为实施也会受到一定客观环境的制约与影响，即还有"能否意愿"问题。

承接上文，在佛山"小悦悦事件"中，被社会舆论广为诟病的"十几位冷血过路人"并非不"知善"，即他们并非不知道"应当"怎么做，导致"行为选择错位"的原因不仅仅在于主观"是否愿意"，更在于客观"能否愿意"。也就是说，正是因为各种客观因素的制约与影响，导致行为主体虽具有"想做"某事的冲动或情感，但最终却是"不能做"的结果。这种动机与后果的"错位"所表征的就是人的品质与行为的冲突，这种冲突往往体现为"好人没有办法做好事"。"'知善者必行善，知恶者必行恶'固然符合知行本体；反之，'知善者能行恶，知恶者能行善'也是符合知行本体的。"[3] 当然，冲突还存在另一种情况，就是行为主体虽具有某种行为动机，但是，由于在行动过程中，因受各种"不可控制"因素干扰，导致结果并不如愿，甚至是起到截然相反的作用，最终导致

---

[1] 吴然：《优良道德论》，人民出版社2007年版，第237页。
[2] ［德］黑格尔：《法哲学原理》，范扬、张企泰译，商务印书馆1979年版，第125页。
[3] 侯外庐：《宋明理学史》下，人民出版社1997年版，第215页。

行为动机与结果的不一致，这种品质与行为冲突往往表征为"好心没有办成好事"。当然，"好人没有办法做好事"与"好心没有办成好事"属于两种具有不同侧重的伦理情况。前一种情况是外界因素强力胁迫导致行为主体在选择过程中的主观性意愿的改变，这种情况最有可能导致人的品质变异。后一种情况，侧重点在于外界干扰的"意外性"与"随机性"，一般不会因此改变行为主体的主观意愿与内在品质。基于社会发展来观察，社会应强化伦理建设，着力避免第一种情况发生。

从人的品质到人的行为，除"由好到坏"，还包含的另一种情况是"由坏到好"。一种情况是，具有"恶"品质的行为主体在行为中，由于某些外界因素的强势介入，使行为最初的目的、动机被"矫正"，导致行为主体在行为选择过程中走向"正轨"，进而出现行为动机与结果的不一致。这种情况可以称之为"坏人被做好事"，日常生活中屡见不鲜。另一种情况则是，行为主体实施相关行为以后，附加一些"好"的行为，从而出现动机与结果的冲突。2003年3月，全国政协委员陈凌孚曾提交了一份关于对卖淫嫖娼行为中使用安全套者减轻处罚的提案。① 就是基于行为者在事中或事后附加了与行为动机不一致的行为表现。严格而论，这种情况并不能列入人的品质与人的行为冲突表现之列。因为，从行为发生过程看，行为主体已经达到了最初的行为目的，至于"好的行为手段或者结果"只不过是行为主体在完成主观意志过程中或者以后的额外补充，并没有改变行为者的主观意志的性质。黑格尔说过："后果也包含着外边侵入的东西和偶然附加的东西，这却与行为本身的本性无关。"② 因此，这种表面存在的"善的结果"，并不能作为评价行为主体品质的根本价值标准。

伦理冲突之二：从人的行为到人的品质。

在《尼各马可伦理学》中，古希腊哲学家亚里士多德曾论述过这样一段话："正是通过我们同邦人的交往，有人成为公正的人，有人成为不公正的人。正是由于在危境中的行为的不同和所形成的习惯不同，有人

---

① 《陈凌孚委员建议：性交易中使用安全套应减轻处罚》（http://news.sina.com.cn/c/2003-03-09/122567767s.shtml）。

② [德] 黑格尔：《法哲学原理》，范扬、张企泰译，商务印书馆1979年版，第120页。

成为勇敢的人,有人成为懦夫。欲望与怒气也是这样。正是由于具体情境中以这种或那种方式行动,有人变得节制而温和,有人变得放纵而愠怒。简言之,一个人的现实活动怎样,他的品质也就怎样。"① 由此可见,亚里士多德尤其看重"行为的不同和所形成的习惯不同"对人的品质生成的影响。人的行为既确证人的品质,同时也生成人的品质。因此,"从小养成这样的习惯还是那样的习惯决不是小事。正相反,它非常重要,或宁可说,它最重要"②。在人的行为导向人的品质生成的过程中,制约与影响人的行为习惯养成的重要因素之一是道德评价,包括道德社会评价与道德个体评价(见图1—1)。如果某种道德社会评价的标准符合社会发展趋势、体现广大人民的根本利益并被大多数人所接纳并认同,那么就对人的行为具有积极的引领功能,从而促成人的积极品质的生成。相反,则会导致整个社会道德风气败坏,人的品质日渐堕落。正所谓"道心惟微、人心惟危"(《尚书》)。当然,这里的好与坏是以社会正常发展为参照系。

以当前情况来审视,社会主义核心价值体系,源于实践,又高于实践,是时代的结晶与升华,是立足于当前中国国情所提出来的科学世界观与方法论。因此,社会主义核心价值体系就是当前社会科学的道德评价标准,是规范人们的行为、提升人的品质的"指南针"。"社会主义核心价值体系通常还具有这样一种内涵,即把社会主义核心价值体系看作是一种思想观念性的判断事物客观价值的评价标准,或评价标准体系。"③然而,由于多重因素的制约与影响,在社会生活中却存在居多与此相悖的情况。很多人总是以"媚俗"的标准作为评价彼此之间道德行为的准则。即只观察行为的结果,而不追究行为开始的动机与手段。用现在人们很流行的一句话就是"白猫、黑猫,只要捉住老鼠就是好猫"。毋庸置疑,这是基于时代背景与问题,对邓小平同志当年睿智比喻的曲解与乱用。不过,在一定程度上也能反映出现代人道德评价标准的心理表征以

---

① [古希腊] 亚里士多德:《尼各马可伦理学》,廖申白译,商务印书馆2003年版,第37页。
② 同上。
③ 清华大学马克思主义学院:《高校马克思主义理论研究》第一辑,人民出版社2014年版,第336页。

及所存在的问题。这种评价标准的"媚俗化"正日益使很多与时代精神背道而驰的行为获得社会的广泛认可与接受,"坏人坏事"日益猖獗,而"好人好事"却反倒成为很多人嘲弄的对象。正所谓"低俗化的文化垃圾会扭曲青年学生的道德价值观念,腐蚀人的灵魂,把人引向美丑不分、是非不辨、善恶颠倒的深渊,对学生正确的世界观、人生观、价值观的形成和确立产生了十分不利的影响"①。总之,社会评价功能弱化或者异化的后果就是:"好"的行为生成了"坏"的品质,而"坏"的行为却造就了"好"的品质。当然,这里的"好"与"坏"都是相对而言。人的品质与行为的持续冲突必然导致社会品质的整体倒退,这是当前社会必须予以解决的重要课题。总之,深入理解人的品质与行为冲突,既不能仅仅从品质出发,也不能只依赖于行为;既不能仅仅看主观,也不能只看客观。而是必须坚持辩证、历史思维,才能准确、全面把握事物所固有的本质,也才能进一步在日常伦理实践中确证人的品行。

对人的品质与人的行为冲突的几种可能形态进行"现象"澄明,还只能让我们获知"是什么",然而,必须有待进一步追问的是"为什么"。即,是何种因素导致人的品质与人的行为的现实冲突?在理论层面又呈现为什么表征?解答如上问题就必须进行理论与现实的多层面审视。

首先,从人的品质到行为的考察。在一般性意义上,无论个体的道德品质属"善"还是"恶",人的行为实施所体现的一般性规律是:依据需要、生成动机、确立目的、选择手段、实施行动、形成结果。所表征的是人的品质与行为的内在一致性。诚如亚里士多德所言:"一个人若不喜欢做公正的事情就没有人称他是公正的人;一个人若不喜欢做慷慨的事情就没有人称他慷慨,其他德性亦可类推。"② 由此可见,人的品质与行为所存在的这种互证属于逻辑的常态。然而,在事实层面,却往往因一些因素的介入会导致这种常态链的扭曲或断裂,进而导致人的品质与行为的不一致。见图1—1,在实践过程中,人们依据自身需要与动机确定行动目的,但能否达到目的还必须跨越那些"关键"性环节。

---

① 鄢本凤:《社会主义和谐文化建设研究》,人民出版社2010年版,第312页。

② [古希腊]亚里士多德:《尼各马可伦理学》,廖申白译,商务印书馆2003年版,第23页。

伦理关键之一：认知。这里的"认知"具有"知识"与"认识能力"两重意蕴。"源自希腊文，意即'知识'或'识别'。认知是最广义的知识，既指认识活动或过程，又指知识本身，它包括知觉、记忆、直觉和判断。"① 从人的品质到人的行为的逻辑进展中，一般的行为主体都具有一定的先在的知识以及逻辑认知能力，基本上都能做出倾向于行为主体需要的选择判断，从而达到行为的目的。但是，日常生活中也存在着知识与认识能力缺失的情形，进而就会滋生出人的品质与人的行为冲突。在中国历史上，王明与毛泽东的鲜明对照就是最为典型的例证。"在中国革命实践中，毛泽东就是既懂理论又懂实践的人，王明是只懂理论不懂实践的人，所以中国人民最后高唱的是'中国出了个毛泽东'。"② 前者无法"正确认知"中国的革命的实际情况，从而做出了错误的判断与选择。后者则一切从中国实际出发，实事求是，达到了准确的认知，进而也就达到了革命的目的，也确证了其所预设的主观判断。当然，这里所指的是行为主体不具有"正确的"认知。在现实生活中，还存在一种纯粹的"无知"。即既不具备相关知识，也缺乏理性的认知能力。这种情况，纵使是一个"好人"也无法实施好的行为。还有一种情况是出于"后天的"无知。也即行为主体本属于正常，仅因为一系列后天因素导致"无知"。如"酒后闹事"就属于这种情况的反映。前面一种情况是出于"无知"，后一种情况则出于"无知的状态"，两种情况具有差异。总之，"是否认知"以及"能否认知"都可以引发人的品质与行为冲突。

伦理关键之二：情感。情感是行为主体对客体所体现的、主体自身某种愿望或特性的具体感受和体验。指一个人在行动、活动过程中出现的由某一事物所引起的主观体验。它反映了该事物与个人的心理倾向（期望的目标，需要及态度意向等）的关系。一个人当前所面临的事物，乃是影响个人行为的情境，常常与自己已有的心理状态发生关系。如当一个人对某些事物持欢迎和趋向的态度时，那么他在接触这些事物的过程中就会体验到喜爱、快乐等肯定性的情感。反之，如果一个人对某些事物持反对或拒绝的态度，他在接触这些事物的过程中就会体验到憎恶、

---

① 蒋永福、吴可、岳长龄：《东西方哲学大辞典》，江西人民出版社2000年版，第621页。
② 许宝健：《职务是把椅子——老子之道与为政之道》，人民出版社2012年版，第239页。

悲哀等否定性情感。情感是主体合理地评价自己的行动时产生的。它可作为主体活动有无成效的内部信号。情感又具有动机作用，它可影响与增降动机的强度，从而影响外部动作。从总体上看人的心理过程，还可以把情感视作介于知觉、思考与外部动作之间的中介环节。情感不同于认知，认知的内容可真可假，而情感则仅仅表现为人对外部事物的态度以及切身体验。① 同一事物，由于人们的态度与评价的差异，就会产生截然不同的情感。因此，情感同人的思想、认识及自身修养密切相关，不同的思想意识、认知水平以及修养程度会决定或制约人所产生的高级的或低级的、积极的或消极的各种不同的情感，而这种情感又会反过来影响人的思想发展与认知过程。经典作家说过："激情、热情是人强烈追求自己的对象的本质力量。"② 积极的情感会焕发人的旺盛精力，使人全身心地投入某种活动；而消极的情感则会损害人的积极性，对人的活动起抑制、减弱和妨碍性作用。在行动展开过程中，仅仅有认知是不够的，纵使行为主体具有丰富的知识以及超强的认知能力，但是一旦情感不予以认同，就会出现内心的排斥，从而导致"知而不行"的局面，进而引发人的品质与行为冲突。这种情况在日常生活中随处可见，腐败就是较为典型的案例。腐败的行为主体大多具有一定文化素质，因此不存在"认知"缺失的情况。之所以贪污腐败、知法犯法的原因之一就是对各种伦理规范缺乏一定程度的情感认同。情感是德性生成的最重要条件之一，只有达到主观的情感认同，才能把"道"化为"德"，进而才有可能去"行"。也正是基于这种意义，黑格尔才说："德毋宁说是伦理上的造诣。"③ 这里，伦理的认知要转换为内在的"德"，必须要依靠情感的辅助与推动。当然，影响人的情感的因素很多，这里尤其予以关注的是：外部因素的胁迫，也会影响人的情感的天平。以日常频发的"知善而不行"为例。既然是"知善"，说明不存在"认知"问题，"知而不行"的原因就在于：社会环境的变迁，导致人们对同一事件在主观态度上出现了由"情感认同"到"情感拒斥"的转向。以时下为例，现在很多人喜

---

① 时蓉华：《社会心理学词典》，四川人民出版社1988年版，第162—163页。
② 《马克思恩格斯文集》第1卷，人民出版社2009年版，第211页。
③ [德]黑格尔：《法哲学原理》，范扬、张企泰译，商务印书馆1979年版，第170页。

欢"讹诈",旁人如果凭"情感用事"往往会落入这种讹诈的陷阱,进而要面对"无辜的经济灾难"或者是"无辜的刑事灾难"。典型案例就是2006年震惊全国的"南京彭宇案",彭宇扶起被撞成骨折的老太太却被指认成撞人者,此案历经三审,最终和解撤诉,此后双方三缄其口。正是由于受这种潜在的外界因素的胁迫,行为主体自然产生以"理智"战胜"情感"的倾向,从而出现"知而不行"的人的品质与人的行为冲突。

伦理关键之三:意志。决心达到某种目的而产生的心理过程。通常由语言和行动表现出来,是人的意识能动性的表现。意志具有如下特征:一是自觉性,意志行动是自觉地确定目的的行动。人之所以不同于动物,就是由于人具有自觉地按一定目的行动的能力。这种自觉性不是凭空产生的,而是受客观现实及其规律所制约的。二是果断性,意志行为就是一种决断行为,这与优柔寡断、犹豫不决、踌躇不前刚好相反。三是坚持性,意志决断的做出就包含了克服困难的准备。毫无困难,不求自得的东西,也是无须人的意志决断的。坚持性也即毅力,它是同摇摆性、退缩相对而言的。四是自制性,意志力不仅表现在促使自己去执行已经下定的决心,而且表现在能克服盲目的冲动和消极的情绪。坚强的意志不但是想要什么就获得什么的本事,也是迫使自己在必要时放弃什么的那种本事,没有克制也就不可能有任何意志。人的意志力的大小是由上述四种意志特征综合决定的。也就是说,正确发挥意志的作用,具备良好的意志品质不仅有赖于果敢、顽强等心理素质,也有赖于对客观事物及其规律的正确认识,并按照客观规律办事,做有理、有力、有节的斗争,把革命精神和科学态度结合起来,防止主观唯心主义和唯意志论。[①]

因而,意志是指行为主体为达到某种目的与理想而不怕困难,采取自觉、坚定行动的能力,一般表现为自我克制、毅力、信心和顽强不屈等精神状态和心理过程,是人所特有的主观能动性的突出表现。孔子就曾认为:"士不可以不弘毅,任重而道远。"(《论语·泰伯》)"弘"指的是志向目标的远大,而"毅"则强调意志的坚毅、刚强。人的意志是一种直接的、现实的选择机制。"意者,心之所发也","志者,心之所之

[①] 廖盖隆、孙连成、陈有进:《马克思主义百科要览》上卷,人民日报出版社1993年版,第356—357页。

也"。(《北溪字义·意》) 就是要把主观的东西见之于客观,把内部的倾向变为外部的活动。也正是基于此,黑格尔才说:"不作决定的意志不是现实的意志。"[①] 决定不是盲目的,必须建立在明察、深知的基础上,是理智的、审慎的决定。意志每做出这样一个决定,就是在多种可能性中通过权衡进行的一次选择。这一心理过程为人的选择提供了依据,也奠定了基础。如果只有认知与情感,但是缺乏行动的决心,在行动过程中就会摇摆不定,甚至做出违反自我内在品性的事情。如今很多人之所以"犯事",不是缺乏"认知"与"情感",恰恰就是由于意志力的缺失,最后做出为社会所不齿的行为。《论语·子罕》中有:"三军可夺帅也,匹夫不可夺志也。"孔子说这话的目的就是要告诫学生:一个人做任何事情都应该坚定信念,矢志不渝。所突出的也正是人的意志力对人的行为的影响力。当然,某种行动的开展以及后续行为的进一步完成,不仅仅是单一的认知、情感与意志的任何一种的展开,而是如上三因素的统一、合力的结果。

伦理关键之四:评价。所谓道德评价是指人们依据一定社会或阶级的道德标准对他人或自己的行为进行善恶、荣辱、正当与不正当等道德价值的判断和评论,表明肯定或否定、赞成或反对的倾向性态度。是道德活动的重要形式之一。一般分为社会道德评价和自我道德评价两种类型。前者以行为主体之外的个人或组织为对象,主要通过各种形式的社会舆论,对行为者进行道德评价,以认识别人的道德行为为目的;后者以行为者自己为对象,并以认识自己的道德行为为目的。在阶级社会里,不同的阶级、集团因善恶观念和道德标准的不同,对同一行为往往有着不同甚至相反的评价。即使在同一阶级内部,由于人们总是根据自己所确认和理解的道德标准去评价人们的行为,因此对同一行为也会得出不同的结论。由于人们的处境不同和行为的多样性,要正确地评价人们的行为,除了掌握正确的道德标准外,还必须掌握评价对象的行为的具体情况,考察行为的动机和目的,正确解决行为的动机与效果、目的与手段的相互关系。道德评价通过对人们行为的判断和褒贬,向人们提供关于他们行为性质和价值的信息,从而成为道德教育和修养的有力的手段。

[①] [德] 黑格尔:《法哲学原理》,范扬、张企泰译,商务印书馆1979年版,第24页。

道德评价主要是通过社会舆论和人们的内心信念实现的,但社会习俗对道德评价也有十分重要的影响。①

如果说认知、情感、意志三个关键要素,主要侧重于从人的品质到人的行为发展过程,所突出的是主体在行动开展中的主观能动性。除此以外,人的品质与行为是否冲突还要受到客观外界因素的影响与制约,其中道德评价至关重要,它是引导人们形成良好习惯,进而生成优良品质的前提与基础,是连接人的行为到人的品质的中间纽带。所谓道德评价,是依据一定社会或阶级的道德标准对他人和自己的行为进行善恶、荣辱、正当或不正当等道德价值的评论和断定。通过赞扬、褒奖或批评、谴责,激励人们扬善弃恶。道德评价可以分为两种最为基本的方式:道德自我评价与道德社会评价。道德社会评价是指社会、团体或他人对一定道德行为所进行的善恶判断以及所表明的倾向性态度。它是道德之所以能协调人们之间关系的一种力量,是道德他律的表征。道德自我评价则是个体或群体对自己行为所做的一种善恶上的自我认知,是依据自身的价值取向,对自身行为所做出的道德判断。在调解人与人的相互关系中,自我评价和社会评价相辅相成。在人的行为向人的品质生成的过程中,道德社会评价至关重要,发挥着"风向标"的引领功能。"由于道德评价通过鉴别善恶来形成一定的社会舆论和内心信念,并通过名誉与良心的具体形式来影响人的行为,道德评价就成了使一定的道德原则规范转化为道德行为和道德品质(伦理人格),转化为良好的社会风尚的杠杆。"② 如果正常的、与社会发展相适应的行为得不到社会舆论褒奖,甚至被人所耻笑,必然生成"不好"的品质。相反,如果"不好"的行为反而被社会舆论看作正常行为,由此会生成被人们认为是"好"的品质,进而导致人的品质与行为的分离。当前,在市场经济环境中,由于人们对物质的过分追求,出现了拜金主义、享乐主义的泛滥,并由此导致整个道德社会评价功能的弱化以及评价标准的媚俗化。"当前,拜金主义、享乐主义、极端个人主义等错误思想,仍存在于一些人的观念之中;见

---

① 朱贻庭:《伦理学大辞典》,上海辞书出版社 2002 年版,第 37—38 页。
② 吴然:《优良道德论》,人民出版社 2007 年版,第 204 页。

利忘义、损公肥私、诚信缺失等丑恶现象,在社会上还有一定的市场。"①无论是政治、经济、文化还是社会领域,普遍存在着急功近利的趋势,只看结果,不动动机。好人好事不被追捧,反而成为人们的笑柄,或者是落后的代名词。道德社会评价功能的缺失与错位,最终后果必然是人的品质与行为的持续分裂。当然,这里的善恶标准是基于社会的评价标准。邓小平曾说:"制度好可以使坏人无法任意横行,制度不好可以使好人无法充分做好事,甚至会走向反面。"②当然,作为伦理标准,道德社会评价标准也具有这个功能,好的道德评价标准会让坏人变好人,不好的道德评价标准必然把好人变成坏人。当然,道德评价标准的好与不好,主要以是否适应一定社会发展需要,是否代表广大人民根本利益为基本准则。总之,社会生活中人的品质与行为冲突,既有主观因素,也有客观因素,是主观因素与客观因素的辩证统一。

综上分析,在人的品质与行为"互构"进程中,认知、情感、意志以及评价都是引发二者冲突的主要导因。四种关键要素,实际上可以归结为两类:一类是外在因素。客观的社会环境会影响与制约行为主体的价值取向以及行为习惯的养成。二是内在因素。行为主体具有何种道德品质,也制约与影响着人的品质与行为是否构成冲突。这也就表明,人的品质与行为冲突的消除,必须从个体道德品质养成以及外在伦理规范建设着手。只有二者结合,才可能最终生成人的健全品质及合理行为。

当前,首先是要强化社会伦理规范建设。伦理规范的建设主要体现为各种制度、法律、法规的建设。是否具有健全的法律法规以及能否有效贯彻执行,是消除当前人的品质、行为冲突的最关键因素。当前的伦理规范建设,关键之一是要做到与时俱进。所谓与时俱进,就是各种规章制度以及法律、法规的标准要与社会发展相适应,能最大限度体现广大人民群众的根本利益,激发人的潜能,对社会发展能起到积极的推动作用。"因此,在健全各行各业的规章制度,充分注意规章制度的合理

---

① 鄢本凤:《社会主义和谐文化建设研究》,人民出版社2010年版,第360页。
② 《邓小平文选》第2卷,人民出版社1994年版,第333页。

性、可接受性的同时,应注意运用各种有效手段,使规章制度落到实处。"① 各种伦理规章制度的设定是否科学、合理,不仅仅影响到自身执行力的问题,关键还在于制约着道德社会评价的社会功能。其次,伦理规范制定的科学化、合理化还只是前提,问题的关键在于要确保伦理的公信力。要真正做到"有法可依,有法必依,执法必严,违法必究",坚决抵制"拉关系""走后门"以及"以情代法",对于敢于"知法犯法"要严加惩处,绝不姑息。当然,各种法律、法规能否做到客观、公平、公正运转,关键在于要有"第三方"的有效监督。从当前看,网络技术因其覆盖面广、影响力大,已成为当前发挥监督功能所不可或缺的工具。当前,一是要确保监督人的合法权益,提高人们参与监督的积极性。同时,也要规范网络建设,营造积极向上的网络舆论环境,最大限度发挥网络在监督过程中的"正能量"效应。总之,只有进行积极的伦理规范建设,才能确保广大人民的根本利益不会受损,才能增强人们对社会的信心,提升自我对社会的情感认同,进而走出"知善而不行、知恶而不为"的连环怪圈。当然,在加强积极的、明文规定的伦理规范建设的同时,也要强化隐形的社会伦理规范建设。这些准则往往通过社会舆论反映出来,并且发挥着积极的功能。黑格尔就说:"无论哪个时代,公共舆论总是一支巨大的力量。"② 只有通过社会伦理规范建设,引领社会舆论建设,才能形成比较好的社会舆论氛围,才能真正发挥社会舆论在社会评价中的积极功能,从而进一步引领人们品质生成,规范人的行为。

其次比较重要的,是个体的道德品质建设。个体具有什么样的道德品质,不仅关系到对社会伦理规范以及各种社会评价标准的认同与否,同时也会进一步影响到人的意志力的执行。如果缺乏一定的意志力,那么纵使具有科学的认知与情感,也难以达到人的品质与人的行为相一致。因此,强化个体道德品质至关重要。诚如扬雄所认为:"人之性也,善恶混,修其善则为善人,修其恶则为恶人。"(《法言·修身》)个体道德品质的关键是要形成与社会发展相适应的自我品质,能够与时俱进,跟上时代发展的步伐。也就是说,要形成积极进取的、与时代发展相适应的

---

① 赵继伦、李焕青、孙友:《精神文明的时代审视》,人民出版社2004年版,第139页。
② [德]黑格尔:《法哲学原理》,范扬、张企泰译,商务印书馆1979年版,第332页。

道德品质，唯有如此，才能真正做到人与人、人与社会的和谐共通、发展。在个体的道德品质建构中，最为关键之一就是"慎独"。所谓"慎独"，是指人们在独自活动无人监督的情况下，凭着高度自觉，按照一定的道德规范行动，而不做任何有违道德信念、做人原则之事。这是进行个人道德修养的重要方法，也是评定一个人道德水准的关键环节。《大学》中有这么一段话："小人闲居为不善，无所不至。见君子而后厌然，掩其不善，而着其善。人之视己，如见其肺肝然，则何益矣。此谓诚于中，形于外。故君子必慎其独也。""小人闲居为不善"意思是小人平时喜欢做不好的事情，当他见到慎独的人后，却试图伪装自己。"掩其不善，而着其善"，是指人们的内心与外表往往是一致的，平时不好的意念、想法总能在行为中表现出来。"人之视己，如见其肺肝然"，勉强在形迹上伪装是伪装不了的，只有像慎独的人一样"诚于中"，才能"形于外"。"诚于中，形于外"是慎独的一个主要含义。因此，慎独是一种自我道德品质的内在境界，只有慎独才能持守，才能不为外界因素所干扰。当然，个体道德品质的生成，并非先验的产物，在一定意义上，也是后天环境作用的结果，其中，教育发挥着极其重要的功能。当前，家庭教育要重视父母的言传身教，以身作则；学校教育要摒弃急功近利，培养受教育者高尚品德的同时，尤其要注意理论教育与实践教育的相互结合；社会教育尤其要注意弘扬正义，尤其要发挥社会公职人员作为公共形象的引导力，用积极的态度引领社会风尚。同时，也要积极抵制社会中的歪风邪气，发挥社会舆论对人的品质生成的引领功能。

总之，对人的品质与行为冲突理解，既不能只看品质，也不能只看行为，而是二者相互关联中成就人的品质，规范人的行为。问题的合理解决必须有赖于一定语境中的政治、经济、文化以及社会的多方面构建。

第 二 章

意愿、被迫、无知[*]

当前，从广东佛山"小悦悦"、浙江温岭"幼师虐童"[①]再到"中国式过马路"乃至部分官员肆无忌惮地违法乱纪等，各种骇人听闻的社会行为失范事件纷纷粉墨登场，充斥各大主流媒体，并呈现不断扩张态势。一种现象的生成并非无中生有，乱象的背后必然潜藏着问题的初始动因。只有进行去粗取精、去伪存真、由此及彼、由表及里的理性缜思，才能真正透析各行为乱象背后的秘密。在《尼各马可伦理学》第三卷中，亚里士多德对行为做过三重设定：意愿行为、被迫行为及无知行为。在他看来，这三种行为具有不同内涵与价值旨趣。正是通过对行为主体在行为过程中所持有的这三种不同状态的缜密分析，亚里士多德对"出于意愿的情感和实践受到称赞或谴责，违反意愿的情感和实践则得到原谅甚至有时候得到怜悯"[②]的理论难题进行了疏解。重新审视亚里士多德对行为的三重解释，不仅有利于厘清当前实践语境中的行为难题，对人的自由与全面发展以及社会和谐进步都具有重要的理论及实践意义。

第一节 伦理行为的三重维度

伦理学意义中的行为是指人自觉、有目的的活动。行为在日常生活

---

[*] 本部分相关内容刊发于《求实》2016年第10期，文章由作者主笔，并已征求第一作者同意刊入本书。

[①] 2012年，浙江温岭无证女幼师颜艳红为了"一时好玩"，揪着幼童耳朵腾空提起，把孩子扔进垃圾桶，用胶带封嘴，对他们肆意体罚，引发公愤。

[②] ［古希腊］亚里士多德：《尼各马可伦理学》，廖申白译注，商务印书馆2003年版，第58页。

中一般表征为一系列动作,并由需要动机、意志抉择、行动与结果等系列环节构成。与动物"刺激感应"所不同的是,人在行为之先就能够在意识中建立起理想的目的或目标,即通过自觉意识与认知把外部与内部的需要转化为自我的动机与目的,指导和调节人的行为活动。① 由此,人在行为之初就内在地预设了一种逻辑前提:自觉与意愿。亚里士多德在其经典著作《尼各马可伦理学》第三卷中,对带有自觉与意愿的行为进行过较为缜密的辨别与分析。在他看来,"这种研究对立法者给人们授予荣誉或施以惩罚也同样有帮助"②。具体看,其论述涉及三重向度:

一是意愿行为。汉语中"意愿"一词大多被注释为"愿望、心愿"③。相应地,"意愿行为"也就可以看作符合行为主体主观愿望、心愿的一系列动作。黑格尔就说过:"凡是人对某事物作为自己的东西感觉兴趣或应感觉兴趣,他就愿意为他进行活动。"④ 然而,人的日常行为往往会因错综复杂的各种因素干扰,而难以区分是"自觉意愿的"还是"违反意愿的"。亚里士多德给出的判断标准是:"行为是出于意愿的还是违反意愿的,只能就做出行为的那个时刻而言……因为发动他的肢体的那个始因是在他的自身之中的,而其初因在人自身之中的行为做与不做就在于人自己。"⑤ 正是基于这条原则,亚里士多德对几种所谓"混合型"的行为进行了有效注解。比如"如果一个僭主以某人的父母或者子女为人质,迫使他去做某种可耻的事,如若做了就释放他的亲属,如果不做就将他处死,情形就是这样"⑥。再比如"在船遭遇风暴时抛弃财物也属于这类情形。因为一般地说,没有人会自愿地抛弃个人的财物。但是,为了拯救自己和同伴,头脑健全的人就会这样做"⑦。在亚里士多德

---

① 宋希仁、陈劳志、赵仁光:《伦理学大辞典》,吉林人民出版社1989年版,第441—442页。
② [古希腊]亚里士多德:《尼各马可伦理学》,廖申白译注,商务印书馆2003年版,第58页。
③ 董大年:《现代汉语分类大词典》,上海辞书出版社2007年版,第370页。
④ [德]黑格尔:《法哲学原理》,范扬、张企泰译,商务印书馆1979年版,第125页。
⑤ [古希腊]亚里士多德:《尼各马可伦理学》,廖申白译注,商务印书馆2003年版,第59页。
⑥ 同上书,第58—59页。
⑦ 同上。

看来，混合型事例虽然复杂，但是行为更加偏向主体的自愿。因为"在那个特定的时刻，它们是被选择的，而行为的目的就取决于做出它的那个时刻。……所以这些行为是出于意愿的，尽管如果抛开那个环境他们便是违反意愿的。因为，没有人会因为其自身而选择这种行为"。

二是被迫行为。在词语释义中，"被迫"二字一般被诠释为"迫不得已"以及"不自愿"。因此，"被迫行为"就是行为主体在违背自我意志下所实施的某种行为。在《中华法学大辞典·刑法学卷》中，"被迫行为"被描述为："不是非自愿行为或不由自主的行为，行为人能够支配自己的身体动作；但又不是完全的自愿行为，处在某种严重胁迫下，不得已在违反刑法和保全自己之间选择损害较轻者"①。以上对被迫行为特征的描述，虽出自刑法学视角，但其基本意涵同样适用于道德哲学范围内的阐释，这一点在亚里士多德的"被迫行为"释义中就可发现。亚里士多德认为："在一般意义上，初因在当事者之外且他对之完全无助的行为就是被迫的。"② 因此，"被迫行为"的界定存在着两个先决条件："初因在当事者之外"与行为人"对之完全无助"。为了更加清楚说明这一点，亚里士多德对另一种情况进行了对比说明："但是，如果一项行为尽管就其自身而言是违反意愿的，然而在一个特定时刻却可以为着一个目的而选择，其初因就在其自身之中。这种行为就以其自身而言是违反意愿的，但是以那个时刻和那个选择来说又是出于意愿的。这类行为更像是意愿的行为。"③ 可见，亚里士多德认为行为性质的最终裁定，在于要审视行为主体是否在"那个时刻"进行了自主"选择"。即"仅当其初因在外部事物上且被迫者对此全然无助时，才是被迫的"④。

三是无知行为。为了进一步把问题说清，亚里士多德引入"无知行为"概念。按照一般汉语解释，"无知"是指没有知识，不明事理。然而，一旦"无知"与"行为"联袂，那么这里的"无知"就更多地指向行为主体对行为所处环境等具体情况了解的匮乏。亚里士多德对"无知

---

① ［古希腊］亚里士多德：《尼各马可伦理学》，廖申白译注，商务印书馆2003年版，第24页。
② 同上书，第60页。
③ 同上。
④ 同上书，第61页。

行为"进行了以下几个层次的疏解：一是"无知行为"与"主观意愿"。亚里士多德认为："一个由于无知而做了某件事并感到悔恨的人，才可以说在那样做时是违反其意愿的。"① 这里的关键因素在于，行为主体在行为之后是否"感到悔恨"。如果行为主体对于自己的无知行为既没有"痛苦"也不存在"内疚"，那么就既不能说这个行为是出于行为主体的主观意愿，也不能说是违背其意愿。亚里士多德认为，这种人"最好有自己特殊的名称"，"可以说是无意愿的"②。二是"无知行为"与"无知状态的行为"。亚里士多德认为："出于无知而做出的行为和处于无知状态的行为也存在区别。一个喝醉的人或处于盛怒中的人所做的事不被认为是出于无知，而被认为是由于醉酒或盛怒，尽管他在那样做时，的确不是有知，而是处于无知之中。"③ 因此，"喝酒的人或处于盛怒中的人"在亚里士多德看来，就是处在"无知状态"中。处在这种状态中的人往往"对任何一件事，特别是对那些最重要的东西，即行为的环境与后果无知……"④。也正因为如此，"无知状态"的行为往往会引发行为主体的"痛苦""悔恨"等情绪。即"要说一个行为处于这种无知状态而违反当事者的意愿，它还必须是痛苦并引起了他的悔恨的"⑤。

亚里士多德在《尼各马可伦理学》第三卷的最后一段开头，用几句话对这几种伦理行为进行了简短概括："既然违反意愿的行为是被迫的或是出于无知的，出于意愿的行为就是行动的始因在了解行为的具体环境当事者自身之中的行为。把出于怒气和欲望的行为称为违反意愿的行为似乎不妥。"⑥ 因此，以"意愿"作为审视人的行为坐标，凸显亚里士多德独特的伦理视野。这种视角对于当下各种行为乱象的考察与分析也具有深刻的理论洞悉力，进而对当前的人的行为困境疏解具有重要的理论价值及实践意义。

---

① ［古希腊］亚里士多德：《尼各马可伦理学》，廖申白译注，商务印书馆2003年版，第61页。

② 同上。

③ 同上书，第62页。

④ 同上书，第63—64页。

⑤ 同上。

⑥ 同上书，第64页。

第二节　行为冷漠的伦理形态及实质

梳理亚里士多德行为理论，并非只是纯粹、形而上学的理论澄明，更为深层次的旨趣，在于阐明其所蕴含的深刻意义。面对当前社会"行为乱象"的层出不穷，有待进一步追问的是：相关事件的频发能否全责于现代人的道德冷漠？行为主体在实施行为过程中是意愿的、被迫的还是无知的呢？潜隐的因素又是什么？又该如何消解？本书仅以广东"小悦悦"案例为讨论范型，从"特殊问题"进行"普遍意义"的伦理思考。

仔细梳理"小悦悦"事件即可发现：18名路人的"冷漠行为"并不属于亚里士多德所阐述的"无知行为"。因为，在《尼各马可伦理学》第三卷中，亚里士多德对"无知行为"有过这样的描述："一个人的无知，在于对自己是什么人，在做什么，在对什么人或什么事物做什么的无知；有些时候，也包括对用什么手段——例如以某种工具——做，为什么目的——如某个人的安全而做——以及以什么方式——如温的还是激烈的——去做等等的无知。一人除非疯了，否则绝不会对这些全然不知。"① 显而易见，事件当中的18名行为主体显然不属于这种"除非疯了"的无知。当然，他们也不属于亚里士多德所描述的"无知的状态"。因为，"无知的状态"具有"喝醉的人或者处于盛怒中的人"的特点。从事件调查的详细资料分析看，这些人也显然不属于这一类。问题的关键就在于，他们的行为是属于"意愿行为"还是"被迫行为"呢？根据亚里士多德的分析，衡量行为是"意愿"还是"被迫"的关键在于行动的"初因"。如果"初因"在外，且对之"完全无助"，则是属于"被迫行为"。相反，如果"初因"在内，且持有某种行为的"目的"，则更倾向于"意愿行为"。即"但是，如果人们所做的行为是由于惧怕某种更大的恶，或出于某种高尚［高贵］的目的，他是出于意愿的还是违反意愿的就可能

---

① ［古希腊］亚里士多德：《尼各马可伦理学》，廖申白译注，商务印书馆2003年版，第62页。

有争论"①。在这种亚里士多德所描述的"混合型"行为中，18 名路人的"冷漠"更倾向于"意愿行为"。因为，他们并非"不知善"，关键时刻的"视而不见"存在着"外在的"、在他们看来可能"完全无助的初因"，并且也含有规避"巨大的恶"的目的。因此，"这些实践是混合型的，但是更接近于出于意愿的"②。这表明：这类事件所诉诸的，并非仅仅简单地归结为"道德"，思索的重点更应该放在深入探究"被迫行为"的"初因"上。即，究竟是何种外因导致 18 名行为主体感觉"完全无助"而主观选择消极行为？能否科学阐明这个问题，直接关系到这一类问题的实质性解决。

在国内此类案例中，2006 年末发生于江苏南京市的一起引起极大争议的民事诉讼案，具有极其重要的"转折性"意义。2006 年 11 月 20 日，南京老太太徐寿兰在公交车站摔倒，鉴定后构成 8 级伤残，老太太指认撞人者是刚下车的小伙彭宇，并告到法院索赔 13 万多元。彭宇自称上前搀扶、联系其家人并送其至医院诊治，属见义勇为，并非肇事者。随后，老太太咬定彭宇将其撞倒并向其索赔。双方对簿公堂。南京鼓楼区人民法院一审判决彭宇给付老太太损失的 40%，二审和解结案。此案在社会中引起强烈反响，此后类似彭宇案的各种版本在各地出现，引起民众对"跌倒老人是否可以搀扶"的激烈讨论。2014 年 2 月，这一类事件更是爆出了"升级版"③。正是这种"实然"对"应然"的颠覆，催生出当下人的彷徨与焦虑，"被迫"做出违反道德自觉的"冷漠行为"，也进而引发现代人的价值观念转换，乃至催生出整个社会的道德危机！

从一般性意义上考察，行为之所以被称为"失范"，实质上存在一个前提性的逻辑预设：行为主体所实施的行为"应当"与社会通行的伦理规则相一致。而从日常情形来看，各种"行为失范"事件明显违背了这种对行为前提的逻辑预设，个体与社会之间的"预定和谐"（莱布尼茨）

---

① ［古希腊］亚里士多德：《尼各马可伦理学》，廖申白译注，商务印书馆 2003 年版，第 58 页。
② 同上书，第 59 页。
③ 2014 年 2 月 17 日上午 10 点 29 分，IBM 深圳公司项目经理梁娅突然倒在了深圳地铁蛇口线水湾站 C 出口的台阶上，在事发近 50 分钟后的 11 点 18 分，急救人员到达现场，但发现梁娅已经死亡。

遭到了消解。或者说,"个体—社会"的"有机韧带"正在撕裂。人们不再遵循社会道德的"应当",并没有自觉地去履行社会伦理所赋予的"应然"义务。从原因来看,行为总是在一定主观意图指使下的行动。这就是说,只有基于行为主体的主观意愿,才可能真正实施某种行动,并最终达到某种效果。这里存在着的逻辑悖论是:面对某一事件,行为主体是"社会关系"中的存在,所要面对的是社会伦理赋予的道德责任,"应当"自觉、自愿去遵守和执行;另一方面,作为行为主体的"自我"而言,总要立足自己的"个体利益"。这样,行为主体总要处在"个体利益"与"社会利益"的紧张博弈之中。一旦"个体利益"受到某种"恶"的威胁,行为主体就可能以自我的"非意愿"违背乃至排斥社会伦理的"应当"。从这个层面而言,"行为失范"问题的实质就是个体利益与社会利益、个体道德与社会伦理的紧张与冲突。接踵而至的追问是:究竟存在何种力量,破坏了"个体"与"社会"之间"预定和谐"(莱布尼茨)?

一般来看,"被迫行为"在日常拉伦理生活中存在如下若干情况:一种是直接发生在行为主体身上的强制性干预,行为主体如若不实施某种行为会受到直接性打击;另一种情况是间接性干预,意味着行为主体如果不实施某种行为,某种后果会可能发生在行为主体身上,从而导致行为主体出于某种忧虑,而采取某种行为。无论是直接的、还是间接的,行为主体的"被迫行为"都是受到外界环境胁迫所致。也即是说,由于外界环境因素的干扰,导致行为主体的自我需要与可能实施的行为之间形成了某种对立,进而影响着行为主体的动机与意图,最终制约着行为主体对行为的抉择。就当下情况来看,这种隐而不彰的外界压力(也就是亚里士多德言说的"恶")实际上就囊括了时下高额的医疗费用、交通费用、教育费用……在"小悦悦"为代表的系列案例中,这种"恶"就是对"被讹诈"的伦理恐惧!正是基于如上可能存在的各种外界强迫因素的介入,人的行为更加凸显出一定的目的性与实用性价值倾向,更加"珍惜与袒护"自己的个体利益。功利性与目的性的张扬,不仅使得个体与社会有机链日渐分离,更为严重的是造成了个体与社会的二元对峙,进而导致整个社会消极行为的频发以及社会和谐程度的不断下降。

人们对行为乱象所进行的道德冷漠谴责,背后存在的逻辑是:"不屈从于强迫才受到称赞，屈从于强迫才受到谴责。"① 问题却在于：行为主体对外界"恶"的屈从，后果便是个体利益的受损，进而出现"德—福"不一致。因此，道德舆论谴责的背后是用社会伦理统摄个体道德，"个体—社会"之间的共存互通关系存在扭曲理解。而实际上，在关注行为结果的同时，更应细致察觉行为所受迫的外界"初因"。"被迫行为"的背后，是行为主体对"德—得"生态链的持疑，对社会伦理品质的不信任。当然，"意愿行为"与"被迫行为"之间并非一成不变的悬置，彼此关系会随着社会环境的转换而发生相应改变。然而，存在着的另一种隐忧是：当客观社会环境长期得不到有效改善，乃至于持续恶化的趋势，进而衍化为人们价值观念中普遍认同的价值原则之时，"被迫行为"会进而演变为"意愿行为"。马克思说："人创造环境，同样，环境也创造人。"② "被迫行为"如果长期得不到有效疏解与纠正，最终会催生整个社会伦理的"变异"，社会价值标准将会发生错乱乃至于普遍性异化！

第三节　行为冷漠与伦理调适

在社会发展的整体推进中，当"被迫行为"频发而"意愿行为"极少时，也就意味着这个社会不和谐程度正与日俱增，同时也表征着社会成员以及社会整体品质的下降，个体行为的日渐保守与社会发展的向前迈进背道而驰。这样的社会是不健全的社会，这样的发展必然是缺乏后续张力的发展！现代化哲学家英格尔斯早就说："无论一个国家引入了多么先进的制度和管理方法，也无论这个国家如何效仿最现代的政治和行政管理，如果执行这些制度并付诸实施的那些个人，没有从心理、思想和行动方式上实现由传统人到现代人的转变，真正能顺应和推动现代经济制度和政治管理的健全发展，那么，这个国家的现代化只是徒有虚名。"③ 当前，和谐社会的推进与小康社会的建设，最为根本的是要实现

---

① ［古希腊］亚里士多德：《尼各马可伦理学》，廖申白译注，商务印书馆2003年版，第60页。

② 《马克思恩格斯文集》第1卷，人民出版社2009年版，第545页。

③ ［美］英格尔斯：《人的现代化》，殷陆君译，四川人民出版社1985年版，第20—21页。

人的品质与行为的合理构建,尽可能地消除因客观社会因素所导致的"被迫行为"发生,这就要求在整个社会中积极实施两种建设:伦理与道德。

　　社会伦理建设的要旨,在于整个社会正义的最大满足。一是伦理规则制定的科学化与合理化。各种明文规定与法律法规要真正做到与时俱进,既能最大限度地反映整个社会的发展需求,又要能真正做到以广大人民群众的利益为准绳。伦理规范的科学预制,只是提升社会伦理品质的前提。问题的关键还在于制定者和执行者对伦理规范的"忠于职守"。即"法律和制度要靠人来制定,也要靠人来具体执行和遵守。所以,人的素质也非常重要。制度好,可以使坏人无法任意横行;制度不好,可以使好人无法充分做好事。人的素质高,能够廉洁自律,做到'常在河边走,就是不湿鞋';人的素质低,即使法律和制度完善,也会有人以身试法,铤而走险"①。对于敢于滥用职权、违法乱纪的行为要予以严厉处罚。为保证伦理规范正常运转,要充分发挥社会舆论监督功能,健全民主、法律、舆论监督机制,运用和规范互联网监督。当下,尤其要发挥网络在反腐中的"正能量",要确保相关人员合法权益。唯有如此,各种伦理规范才不至于成为部分人腐败的工具,也才有可能真正塑造出与社会发展相适应的公平、正义的客观社会环境。社会伦理正义品质的保持,必然是人们因恐惧而滋生的"被迫行为"的"解毒剂"。也只有使行为主体树立对社会伦理的信心,才能实施自主自觉的"意愿行为"。

　　黑格尔在《历史哲学》中说:"刑法警戒的原则只是受刑的恐惧心,而丝毫没有犯罪的悔过心,因为犯罪的人对于行为本身的性质没有任何的反省。"② 实际上所标明的意义在于:对某种"被迫行为"而言,单纯的伦理规制并不能使问题得到根本解决。伦理的目的最终在于造就行为主体的品质。因此,黑格尔才说"德毋宁应该说是一种伦理上的造诣"③。行为主体之所以在行为过程中没有实施自身道德品质的持守,从"意愿行为"转向"被迫行为",实际上属于个体道德向社会伦理的屈从。诚如

---

① 《十四大以来重要文献选编》中,人民出版社1997年版,第1190页。
② [德]黑格尔:《历史哲学》,王造时译,上海书店出版社2006年版,第120页。
③ [德]黑格尔:《法哲学原理》,范扬、张企泰译,商务印书馆1979年版,第170页。

黑格尔在《历史哲学》中所描述的那样："那么，在中国我们觉察到一个道德的、'整个'的总体，但中间没有主观性；——这个总体分为许多分子，但是各分子一概都没有独立性。我们仅仅发现这个政治'统一'的外部的安排。"① 可见，伦理对道德的压抑，存在着历史文化的"惯性"。除此以外，个体道德品质的问题还体现在行为主体的自私倾向，也正是行为主体谋利冲动的凸显，才导致人与人之间的关系冷漠与道德感的式微。在以市场经济为主导的"趋利"时代，如何把人从普遍"物化"中解放，形成合理的道德品质与行为习惯，已然成为当下必须解决的重大时代难题，这个难题的实质就是：既要捍卫伦理，更要蓬勃精神！

使行为主体从"被迫行为"转向"意愿行为"，实际上就是要从单纯的伦理归属回归到自我的道德品性。问题的关键所在，就是要保持行为主体在行为过程中的"德—福"一致。"被迫行为"的"超常"发生，实际上就在于行为主体对伦理的不自信，对行为后果的担忧，问题的实质就是对"付出与回报"关系的疑虑，也就是"德者不得"。因此，"德—福"关系必然是当下必须解决的重大关系，要确保"德—得"平衡。一方面对有德之人或道德的行为，除了进行舆论褒奖之外，更要实施物质的奖励。以物质促道德，或许存在唯"得"而"德"的嫌疑，但是也不失为"因势利导"的有效举措；相反，对于"缺德"行为，绝对不能仅仅停留于舆论谴责，在必要情况下，应辅以伦理的规制，使相应的人或者行为承担相应的法律责任。"就具体的实践而言，就是要在制定体现这一政治经济制度的上述各个方面的一系列分配政策方面，对严重违反社会主义各种道德规范、而在现有的法律条款中还缺少追究其法律责任根据的行为主体，做出具体的规定，使道德惩罚有明确的政策依据，并通过有关社会团体来执行，让这些处于不同层次的缺德人，感到财富、利益的损失和权力、地位的丧失。"② 除此以外，道德品质的生成，最为重要的环节在于教育。家庭教育要注重家长的言传身教，以身作则；学校教育要克服"教条式"说教，在实践体验过程中成就德性；社会教育要有正确的社会舆论导向，尤其要发挥先进分子的模范带头作用。也只

---

① [德]黑格尔：《历史哲学》，王造时译，上海书店出版社2006年版，第162页。
② 方立：《构建社会主义和谐社会新探》，人民出版社2006年版，第316页。

有整个社会形成良好的道德氛围，人们的道德品质才能自然生成，在个人与社会的良性互动中，实现主体行为从"被迫行为"转向"意愿行为"。

行为意向生成不仅是自我、单一的行动倾向，实际上是个体与社会、道德与伦理的博弈。正所谓"行为的外部定在是一种复杂的综合体，得被视为无限地分成各个单一性，因之行为可认为首先只是与其中一个单一性相接触。但是单一物的真理是普遍物，行为的规定性自身并不是限于外在单一性而孤立的内容，而是在自身含有复杂联系的普遍内容"①。只有作为行为主体内在"普遍物"的道德品质得到保证，外在的客观行为才能实现客观有效性，也才能最终消除行为主体的"被迫行为"倾向。可见，由"被迫行为"所引发的一系列行为失范，并不能由此推论出行为主体具有何种品质，但更为深层次的隐忧在于："被迫行为"的日常化，必然会进一步影响整个社会的价值取向，进而影响到整个社会中人的品质建设。因此，在当代中国社会现代化建设的进程中，如何消除由外界因素所导致的"被迫行为"发生，就成为当前和今后必须面临的一项重任，这既关系到个体与社会的良性互动，同时，对人的自由全面发展、社会主导价值的建构、民族精神的凝聚更具有重要理论与现实意义。

就当前而言，积极培育与践行"富强、民主、文明、和谐，自由、平等、公正、法治、爱国、敬业、诚信、友善"的社会主义核心价值观已构成国人的普遍共识。这不仅是"我们党凝聚全党全社会价值共识作出的重要论断"②，更是一个国家、社会乃至整个民族的"伦理—道德"意识的觉醒！有一点可以预见的是：只要而且只有积极践行社会主义核心价值观，道德冷漠、行为失范的社会弊病也才有祛魅的可能，"实现中华民族伟大复兴中国梦的战略任务"③ 以及人的全面发展才能实现！

---

① ［德］黑格尔：《法哲学原理》，范扬、张企泰译，商务印书馆1979年版，第122页。
② 中共中央办公厅：《关于培育和践行社会主义核心价值观的意见》，2013年12月23日，人民网（http://politics.people.com.cn/n/2013/1224/c1001-23925470.html）。
③ 同上。

第三章

人、目的、行为

从"小悦悦"事件到"中国式过马路",日常生活中的行为失范可谓层出不穷,也因而成为各主流媒体争相报道、讨论的热门话题。愈演愈烈的行为问题,绝不仅仅是各种社会现象的偶然、简单呈现,在千奇百怪的事件背后,隐藏着现代人的品质乃至更为深刻的社会隐忧。人以何种方式存在,不仅仅是个人的自由选择以及价值取向问题,而是涉及"人之为人"的本质力量能否得到确证以及进步的程度。或者更为深层次的问题是,人的存在方式怎样,直接关切到社会能否进步以及进步的程度。

"在整个国家向现代化发展的进程中,人是一个基本的因素。一个国家,只有当他的人民是现代人,他的国民从心理和行为上都转变为现代的人格,他的现代政治、经济和文化管理机构中的工作人员都获得了某种与现代化发展相适应的现代性,这样的国家才可能真正称之为现代化的国家。"[①] 英格尔斯揭示了这样一个道理:没有人的现代化,就没有社会的现代化。因此,人的问题必然是任何社会的根本问题。对中国社会现代化的理性省思,必然要把人、人的目的以及人的行为等诸种问题作为首要问题进行考察。这既是人的发展的需要,更是社会进步的必需。

如前文所论,作为哲学范畴,不同的学科对行为存在着各种不同的注解。比如,行为的心理学分析、行为的伦理学分析或者行为的社会学分析,等等。诸种探讨试图从不同视角揭示出行为的内在特质。然而,对行为范畴所做的多维度解析,都必须面对一个共同的、至关重要的前提,那就是行为的属"人"特性。"实践是人的有意识、有目的、物质的

---

① [美] 英格尔斯:《人的现代化》,台北:水牛出版社1971年版,第38页。

能动活动，是人积极改造世界的能动的物质活动。"① 作为行为主体的人在行为所蕴含的诸种要素中，是最为能动的、也最为关键的要素。也只有从"人"的诸种特性理解，才能更为透彻地审视行为现象的真实本质。目的，通常是指行为主体根据自身的需要，借助意识、观念的中介作用，预先设想的行为或结果。作为人的重要表征，目的一直贯穿行为过程的始终，直接影响与制约着人的行为实施、效果以及结果的评价。因此，深入透视人行动的目的，理解人的行为，对当下人的全面发展及社会发展进步的持续推进，都具有极其深远的理论意义与现实价值。

第一节 行为的目的性

不同学科从不同视角对行为进行不同注解。《中国大百科全书》生物学卷界定为"生物进行的从外部可察觉到的有适应意义的活动"。而心理学卷则解释为"完整有机体的外显活动"。学科之间因理论视角的差异，对同一范畴所进行的内涵阐释必然有所不同。从人的实践活动出发，行为一般被理解为"人自觉的有目的的活动"。所表征的是人所特有的生存方式。从过程考察，人的行为由一系列环节构成，包括需要动机、意志抉择、行动和效果。简化的形式就是：动机—行为—效果。其中，动机根源于需要。由动机而意识到要达到的结果就形成一定的目的。对目的做出抉择并付诸行动，达到目的，就是一个行为过程的完成。②

从词源的细致辨析即可发现，"行为"与"行动"是两个不同的概念。行动一般是指"为达到某种目的而具体地进行的活动"③。相比而言，"行动"与"行为"既有一致，也存在差异。一致的地方在于，无论是"行为"还是"行动"，普遍地指向"人"的实践活动。即，二者都是属"人"的概念。明确这一点，也就能理解"行动"与"行为"所具有的社会属性。在这一点上，低等动物一般性地只被描述成"动作"，更多地

---

① 王伟光：《人类思想史上的新历史观》，人民出版社2014年版，第34页。
② 宋希仁、陈劳志、赵仁光：《伦理学大辞典》，吉林人民出版社1989年版，第441—442页。
③ 郝迟、盛广智、李勉东：《汉语倒排词典》，黑龙江人民出版社1987年版，第156页。

指向动物所具有的本能特性。同时，不管"行为"还是"行动"，二者均体现出实践主体的某种"意图"。即，都是人所具有的一种带有"目的性"的活动。二者不同之处在于，"行为"是指完成了的"行动"，而"行动"却是正在实施过程中的"行为"。当然，也可以从比较中管窥二者所具有的内在关联。可以明确的是，行为是人在实践过程中所具有的目的性活动。"行动包括行为者的行为以及他的动机、外在影响因素等。"① 人在采取行动之前，要设置一定的目的，或者说是要具有一定的行为意图，也只有在一定目的所指引下的活动才具有针对性、指向性和可控性。相反，"漫无目的"或者目的不明确的行动，必然会影响最终行为结果实现。正如马克思所言："蜜蜂建筑蜂房的本领使人间的许多建筑师感到惭愧。但是，最蹩脚的建筑师从一开始就比最灵巧的蜜蜂高明的地方，是他在用蜂蜡建筑蜂房以前，已经在自己的头脑中把它建成了。"② 或者说，建筑师与蜜蜂最大的不同就在于：人具有实践活动的目的性。具有实践活动的目的或意图，实质上表征着人与动物的实质性分野。正如黑格尔在谈到动物与人的界分时所说："动物始终只是消极的，置身于异己的规定中，并且只使自己习惯于这种规定而已。"③

黑格尔为了表述其"伦理精神"的辩证运动，多次提到对"行为"概念的理解。在《法哲学原理》中，黑格尔如此表述："行为的外部定在是一种复杂的综合体，得被视为无限地分成各个单一性，因之行为可认为首先只是与其中一个单一性相接触。但是单一物的真理是普遍物，行为的规定性自身并不是限于外在单一性而孤立的内容，而是在自身中含有复杂联系的普遍内容。出自一个能思维的人的故意，不仅含有单一性，而且实质上含有上述行为的普遍方面，即意图。"④ 显而易见，在黑格尔看来，行为作为"单一物"只是"普遍物"的外显。换句话说，"单一物"的背后存在着作为"普遍物"的"意图"。而这种"意图的法在于，行为的普遍性质不仅是自在地存在，而且是为行为人所知道的，从而自

---

① 郭金鸿：《道德责任论》，人民出版社2008年版，第176页。
② 《资本论》第1卷，人民出版社2004年版，第208页。
③ ［德］黑格尔：《法哲学原理》，范扬、张企泰译，商务印书馆1979年版，第15页。
④ 同上书，第122页。

始就包含在他的主观意志中。倒过来说，可以叫做行为的客观性的法，就是行为的法，以肯定自己是作为思维者的主体所认识和希求的东西"[1]。依照黑格尔的如上理解，行为（单一物）只不过是人的目的（普遍物）的外在呈现。即，"我的目的规定着我的行为的内容"[2]。"单一物"的真理是"普遍物"。在考察行为的时候，不能仅仅看到行为的外在表象，即，所谓的"单一性"，而更要追溯行为背后所潜隐的"普遍物"，即意图或者目的。因而，行为是一定目的引导下的行为，而目的也是有一定行为指向的目的。也就是说，行为的目的，作为一种主体欲求，并不仅仅是停留于主体的意识之中，只有实现了的目的才最终获得其现实意义。即，"主体作为自身中反思的、从而是与客观特殊性相关的特殊物，在它的目的中具有它所具有的特殊内容，而这种内容是构成行为的灵魂并给行为以规定的。行为人的这种特殊性的环节之包含于行为中，并在其中得到现实，构成更具体意义上的主观自由，也就是在行为中找到他的满足的主体的法"[3]。当然，行为的目的作为一种"普遍物"，必然要在行为中得到满足，"而不是停留于人的自我意识和行为的客观性的鸿沟上"[4]。唯有如此，也才能见证行动的意义。

总之，行为作为人的、有目的的实践活动，所呈现的是"需要—动机—目的—行动—效果"的伦理价值生态，不能或者没有实现的目的只是思维的凭空想象。当然，也不存在没有目的的行为。也正是目的与行为之间的这种伦理生态建构，最终推动着一次行为的有效实施。在对行为的评价上，如果仅仅把行为的后果作为评价行为是否正义或善的标准，就不能看清行为的真实目的或意图，反而最终陷入一种理智的抽象。

第二节　目的与行为实现

目的是指"人的自觉活动和行为的要素之一"[5]。是行为主体依据自

---

[1] ［德］黑格尔：《法哲学原理》，范扬、张企泰译，商务印书馆1979年版，第123页。
[2] 同上。
[3] 同上。
[4] 同上。
[5] 金炳华：《马克思主义哲学大辞典》，上海辞书出版社2003年版，第218页。

身需要，借助意识、观念等的中介作用，预先设想的行动目标或结果。正如黑格尔所言："因为目的属于具体现实行为所预谋的。"① 它的特点是，行为的目标或结果可以以观念的形态预先存在，成为人们引起行动的原因，指导或规定人的行为（内部的和外部的），协调和组织行动，以实现预定的结果。由此可见，目的作为一个哲学范畴，所指涉的是属"人"的概念。"凡是人对某事物作为自己的东西感觉兴趣或应感觉兴趣，他就愿意为他进行活动。"② 正是因为人具有某种需要，产生动机，最后形成行为的目的。目的所具有的属"人"性，实际上也反映出其具有的能动性，是人在行为之初对行为所做出的、能动的主观预测。目的与动机既有区别又有联系。动机是引起、维持人的某种行动，以达到预期目的的愿望或意念。它与行为、手段、结果同为目的要素。动机和目的有时一致，特别是在简单的行为活动中。但在复杂的行为活动中，人们行为的目的与行为的动机常常出现极为复杂的情况：有的行为的动机只有一个，但目的却不相同；而有的行为的目的相同，包含的动机又不同；有的在同一行动的动机之下，有若干个局部或阶段的具体行动目的等。

"意志作为主观的或道德的意志表现于外时，就是行为。"③ 黑格尔在这里至少表达两层意思：一是主观意志只有化为外在行为，才能说意志得到了实现；二是客观现实性的行为并不是"天外来客"，而是源于内在的"普遍物"。实质性地揭示出作为"普遍物"的目的与作为"单一物"的行为之间的内在关联。因此可以说，行为的实现也就是人的目的、意图或故意的外在表征。即，人的行为以目的为根据，目的贯穿行为过程始终。一种实践活动如果仅仅停留于主观目的、意图或者仅仅是故意，而没有付诸行动，更没有造成一定的后果，这并不能称为行为，更不能说是行为得到了实现。相反，如果行为主体具有行为的故意，并且付诸了行动，不管效果怎样，那就具有行为的性质。黑格尔因而就认为："我的目的最初仅仅是内在的东西，主观的东西，但它也

---

① ［德］黑格尔：《法哲学原理》，范扬、张企泰译，商务印书馆1979年版，第146页。
② 同上书，第125页。
③ 同上书，第116页。

应该成为客观的东西,而摆脱单纯主观性的缺点。"① 总之,只有实现了的目的才能称之为行为,行为目的及其性质对行为效果及价值评价具有重要意义。

目的作为一种观念形态,属于预先设想的行为目标和结果,其能否达到预定效果,取决于很多因素。可以确证的是,目的作为观念形态,并不是行为主体的"随意遐想",其根源在于实践生活。反映了主体(人)对客体(客观事物)的实践关系。② 也就是说,目的不是直观的产物,更不是什么神秘的东西,在其现实性上,只是人们认识与改造客观世界的必然结果,具有客观现实性。因而,一种主观的目的能否得以实现,首先要看主观目的是否反映了客观规律。就是说,行为目的预制既要遵循"物的尺度",又要遵循"人的尺度"。人的目的符合客观规律的程度直接制约着其实现的程度,那种违背客观规律的目的最终也只能是停留于主观世界的"自我遐想"。当然,目的的实现也绝非仅仅涉及人的自觉性,在一定程度上,也要依赖于一定的行为手段。有关这一点,马克思在《德意志意识形态》中说得很清楚:"只有在现实的世界中并使用现实的手段才能实现真正的解放;……解放是一种历史活动,不是思想活动,'解放'是由历史的关系,是由工业状况、商业状况、农业状况、交往状况促成的。"③ 突出的是人的目的所具有的现实性与局限性。即,只有符合客观必然性的目的,才能在客观实践中转化为现实行为并取得预定效果。

目的所具有的客观性,不仅仅意味着受客观规律性与实施条件的制约,同时也具有一定的社会历史性维度。这种社会历史性也是基于"人"以及人所依赖的"客观条件"具有历史性。"个人怎样表现自己的生活,他们自己就是怎样。因此,他们是怎么样的,这同他们的生产是一致的——既和他们生产什么一致,又和他们怎样生产一致。因而,个人是什么样的,这取决于他们进行生产的物质条件。"④ 经典作家在这里的阐

---

① [德] 黑格尔:《法哲学原理》,范扬、张企泰译,商务印书馆1979年版,第20页。
② 列宁:《哲学笔记》,人民出版社1974年版,第201页。
③ 马克思、恩格斯:《德意志意识形态》,人民出版社2003年版,第18—19页。
④ 同上书,第12页。

述所表明的是：人要受到现实环境的制约。而现实是历史中的现实，历史是实现中的历史。因此，在看到人的现实性的同时，更要看到人的历史性。基于人的需要而产生的目的，也正是基于人的历史特性而具有社会历史性。人的这种社会历史性就表明：一定的目的只是一定时代的目的。那种落后或者超前的人的目的违背社会历史发展规律，也最终无法在实践过程中转换为行为，并达到预定的效果。总之，人的目的设定并非主观意志"随意"，既要体现主观性与客观性统一，又要体现现实性与历史性统一。唯有如此，人的目的与行为之间的转换也才具有现实可能性。

　　人的目的一开始就指向行为的实现。衡量人的目的是否得以实现的标志，关键在于能否达到预定的行为效果。再伟大的目的如果没有实现，也只能是"空中楼阁"。黑格尔在谈到"志向与实行"的关系时就说："从人们应该立志做伟大事业这个意义上来说，这话是对的。但是人们还要能成大事，否则这种志向就等于零。单纯志向的桂冠就等于不发绿的枯叶。"[①] 在人的实践活动中，由于需要的不同，必然导致动机的差异，最终也形成人们在实践活动过程中对目的认知、选择以及确定的不同。然而，衡量实践活动的目的的标志具有现实确定性，那就是效果。正是目的对效果的这种现实指向性，人的目的就具有了正确与错误的区分。目的的这种正确与错误的标准，就在于实践过程中的人的目的与实际的吻合程度，以及目的所具有的社会意义和价值。除此以外，衡量目的是否成功与失败的另一个维度就是效果。效果是实现了的目的。在实践过程中，人的目的实施如果达到一定效果就算成功，相反，就是失败。

　　总之，行为是一定目的指引下的行为，目的是具有一定实践指向的目的。人的目的不是凭空臆想，而要以遵循一定客观规律为前提。人是否以及在何种程度上遵循客观规律，也是衡量人的目的能否到达行为并取得一定效果的重要标尺。因此，实践过程中的目的与行为的实现所呈现的是一种双重建构的辩证关系，也是一种多维度的伦理生态。

[①] [德] 黑格尔：《法哲学原理》，范扬、张企泰译，商务印书馆1979年版，第128页。

第三节 现实的目的与行为

作为人的有目的的实践活动，对人的行为的辩证省思，固然有助于对人、人的行为以及人的其他诸种特性的更为深层次的理解，然而，"哲学家们只是用不同的方式**解释**世界，而问题在于**改变世界**"[1]。哲学的真义并非仅仅在于对概念、范畴进行纯粹的抽象思辨，应具有更多的实践指向。人作为一种客观现实的存在，也是辩证的、历史的存在。不同的历史形态因其所固有的内在特质，必然导致该历史语境中的人、人的目的以及行为体现出别具一格的"历史性"表征。马克思在论及这一点时说："社会结构和国家总是从一定的个人的生活过程中产生的。但是，这里所说的个人不是他们自己或别人想象中的那种个人，而是现实中的个人，也就是说，这些个人是从事活动的，进行物质生产的，因而是在一定的物质的、不受他们任意支配的界限、前提和条件下活动着的。"[2] 现实的人的这种"界限、前提和条件"所指向的就是人所处的历史语境，体现着人与其所处历史环境的内在一致性。也只有从人所处的现实历史环境出发，才能对人、人的目的及其行为得到应有的科学认知。

市场机制的建立与持续推进，无疑是当前中国最凸显的伦理境遇。与以往农耕经济所特有的稳定性、封闭性不同，市场经济是一种法治经济，弘扬公平、正义、民主与竞争的价值理念。在市场经济中，人的内在潜能获得前所未有的激发，人的主体性犹如冉冉升起的朝阳。然而，在推动社会进步、积累社会财富的同时，市场经济"双刃剑"所带来的负效应同样不可避免。在"利欲"的推动下，人们近似疯狂，忘乎所以。拜金主义、享乐主义统治着现代人的心灵。工具理性凸显，人文价值失落。人的目的与行为所呈现的不是合理性，反而是扭曲的形态。诚如尼采所言："我漫步在人中间，如同漫步在人的碎片和断肢中间……我的目光从今天望到过去，发现比比皆是：碎片、断肢和可怕的偶然，可是没

---

[1] 《马克思恩格斯选集》第 1 卷，人民出版社 1995 年版，第 61 页。
[2] 马克思、恩格斯：《德意志意识形态》，人民出版社 2003 年版，第 16 页。

有人。"① 市场经济所引发的"人学空场"以不同形态呈现在各个领域。在政治领域，为政不公、以权谋私；在经济领域，诚信缺失、相互欺诈乃至恶意陷害；在文化领域，以次充好、造假乃至剽窃；在社会生活领域，人际淡漠、亲情疏离，尤其是公德缺失；等等。也正是基于这样的历史境遇，在现代社会才会不断催生出诸多让人"匪夷所思"的人或事。

所谓"人创造环境，同样，环境也创造人"②。人所具有的这种"社会性"特质，必然是理解人、人的目的以及人的行为的"钥匙"。先秦荀子在论及人性的时候，认为人"生而有好利""生而有疾恶""生而有耳目之欲。有一好声色"（《荀子·性恶》）。就从一定程度上看到了人所具有的、自然的自私本性。然而，中国文化之于西方文化最大不同就在于，中国文化是一种表征"私有性"的文化，这种文化的内在渊源是"差序伦理"③。美国传教士 Arthur Henderson Smith（1845—1932）（中文名"明恩溥"）在其所著《中国人的特性》一书中说："中国人有私无公或公私不分的脾气，其实还不止于此，他不但对于'公家'的事物不负责任，而且这种事物，要是无人当心保管或保管而不得法，便会渐渐地不翼而飞，不胫而走。"④"在这种社会中，一切普遍的标准并不发生作用，一定要问清了，对象是谁，和自己是什么关系后，才能决定拿出什么标准来。"⑤"私有文化"的长期积淀，必然生成人们内在的"私有"人格，一旦遭遇市场经济"逐利性"，固有的"私"本性就像找到了寄生"沃土"乃至繁衍不息。以"私"为导向的人的目的与行为，就体现为对待自然的巧取豪夺、对他人的"事不关己，高高挂起"。

总之，时代是人的时代，人是时代的人。人所具有的意图、目的最终会带上所处时代的印记。时代作为"人化"的、对象性世界，也必然带有人的能动认识与改造的痕迹。因此，现实中的人的目的与行为，正

---

① ［德］尼采：《查拉斯图特拉如是说》，楚图南译，文化艺术出版社 1995 年版，第 143 页。

② 马克思、恩格斯：《德意志意识形态》，人民出版社 2003 年版，第 37 页。

③ 卞桂平：《儒家伦理中的公共精神困境与超越径路——以"差序格局"为视角的分析》，《江汉论坛》2012 年第 8 期。

④ 明恩溥：《中国人的特性》，匡雁鹏译，光明日报出版社 1998 年版，第 98 页。

⑤ 费孝通：《乡土中国》，人民出版社 2011 年版，第 42 页。

是时代固有特征的现实反映。然而，任何历史都不过是人的历史。人、人的目的以及人的行为只有从狭隘的私利中解放，才能获得更为广阔的发展空间，也才能真正在历史发展中确证人作为历史主体的本质与力量。马克思曾说："各个人的出发点总是他们自己，不过当然是处于既有的历史条件和关系范围内的自己，而不是意识形态家们所理解的'纯粹的'个人。"① 在这里，马克思无疑地观察到了人所具有的现实历史性。人只有在其所处的历史环境中，才能获得其所存在的价值和意义。然而，马克思也说："只有在共同体中，个人才能获得全面发展其才能的手段，也就是说，只有在共同体中才可能有个人自由。"② 显而易见，马克思在这里充分突出了人的本质的应然指向：公共性品质。"个人主观地规定为自由的权利，只有在个人属于伦理性的现实时，才能得到现实，因为只有在这种客观性中，个人对自己自由的确信才具有真理性，也只有在伦理中个人才实际上占有他本身的实质和他内在的普遍性。"③ 黑格尔在这里所要言说的，正是对基于公共存在的公共品质的价值诉求。面对不断更新的历史语境，人们必须在目的与行为的价值取向上真正实现由"**以物的依赖性为基础的人的独立性**"过渡到"**建立在个人全面发展和他们共同的、社会的生产能力成为从属于他们的社会财富这一基础上的自由个性**"的转变。④ 人的目的及其行为也只有回归到这种伦理性的公共存在，才能最终确证人的本质力量，实现个人利益与社会利益的有机统一。

---

① 马克思、恩格斯：《德意志意识形态》，人民出版社2003年版，第63页。
② 同上。
③ ［德］黑格尔：《法哲学原理》，范扬、张企泰译，商务印书馆1979年版，第172页。
④ 《马克思恩格斯全集》第30卷，人民出版社1995年版，第107—108页。

第 四 章

人、利益、行为选择

换一种维度审视，实践生活中的道德失范频发，蕴含着的至关重要的信息是：知善而不行、知恶而为之！或者说是现时代的行为主体已陷入行为选择的伦理困境。而从大众舆论对事件进行的评价看，大多数人对行为当事人持道德谴责态度，捕捉到问题的同时却又缺乏对问题进行谨慎、深入的理性思考。有待进一步追问的是：各事件的当事人果真如多数人所认为的那样"缺德"了吗？如果不是，导致人们行为选择"失常"的背后动因又是什么？该怎样进行解决？能否对如上社会问题做出科学、合理的理论疏解，对消解当前人与社会发展的困境显得尤为重要。

第一节 认知、情感、意志

在马克思辩证唯物主义与历史唯物主义视野中，人的选择是指人在一定的意识支配下，根据某种道德标准在不同的价值准则或善恶冲突之间所做的自觉自愿的抉择。它是人们为了达到某种目标而主动做出的取舍，也是人的内在价值观念以及道德品质以心理或行为活动方式的外在呈现。与动物选择的盲目性、被动性以及本能不同，人的选择具有自觉性、自主性以及自控性等特征。人的选择不仅涉及认识论问题，而且涉及道德责任感、审美价值观以及人的意志、品格、情绪、情感等多方面的问题。只有真善美或知情意的有机结合才能构成人的整体选择能力。[1]

---

[1] 金炳华：《马克思主义哲学大辞典》，上海辞书出版社2003年版，第202页。

认知，有知识和认识能力两种含义。① 是主体以观念的形式对客体及其本质的把握或反映。认知能力是指人脑加工、储存和提取信息的能力，即人们对事物的构成、性能与他物的关系、发展的动力、方向以及基本规律的把握能力，它是人们成功地完成活动最重要的心理条件。知觉、记忆、注意、思维和想象的能力都被认为是认知能力，贯穿人的认知过程始终。因此，作为知识与认识能力的统一，人的认知过程就是人的主观能动性贯彻的过程，指向的是实践主体对实践客体所具有的积极性、主动性与创造性，所反映的是客体的"真"，并以理论形态表现为知识。也就是说，"认知"既指实践主体的认知结构，也指认知过程，还包含人的认知能力，等等。是实践主体所具有的知识、能力与经验的积淀以及对实践活动所产生的影响。从认知结构来看，不同的人因为认知结构的差异，就会产生不同的自我欲求，由此影响着人们对实践对象的评价、选择与确认，进而制约着实践活动的效果。从认知能力来看，认知能力越强的人，问题意识也越强，在实践活动中就能较快地把握事物的本质，做出比较准确的判断与合理的取舍。反之，则容易在行为之初就迷失方向。总之，实践活动的主体具有什么样的认知结构以及认知能力，影响与制约着人在实践活动中的行为选择，进而影响行为结果。

情感，指情感、情绪及其情趣，是主体对客体所体现的、主体自身某种愿望或特性的具体感受和体验。"情"的产生固然要依赖于客体，但它更趋近于主体，体现的是"美"，即能够给主体带来的一种愉悦感。情感是人的心理活动的重要组成部分，并与所有其他形式的心理活动（诸如喜、怒、哀、乐，等）相关联，反映的是人与物、人与人、人与自身的主观关系。荀子就说过："性之好恶，喜怒哀乐谓之情。"（《荀子·正名》）② 因此，情感不同于认识，认识的内容可以是真的或假的，而情感则表现为人对外部事物的某种态度以及切身的体验。体验是情感最为基本的特点，体验的产生与人对事物的态度、需要和评价相联系。同一事物，由于人们的态度和评价不同，就会产生截然不同的情感。这种情感在"雪里吟诗"故事里面就有着恰如其分的体现。主人翁秀才、县官、

---

① 黄开国、李刚、陈兵：《诸子百家大辞典》，四川人民出版社1999年版，第141页。
② 方克立：《中国哲学大辞典》，中国社会科学出版社1994年版，第634—635页。

财主在饮酒赏月,诗兴大发,便提出以"瑞雪"为题吟诗联句。"大雪纷纷落地",秀才举杯起句。县官应声接着:"乃是皇家瑞气!"财主摇头摆脑地吟道:"下它三年何妨?"在门外冷得发抖的乞丐探头骂道:"放你娘的狗屁!"因此,情感同人的思想、认识及自身修养密切相关,不同的思想意识、认知水平以及修养程度会决定或制约人所产生的高级的或低级的、积极的或消极的各种不同的情感,而这种情感又会反过来影响人的思想发展与认知过程。没有人的感情,就从来没有、也不可能有人对真理的追求。马克思说:"激情、热情是人强烈追求自己的对象的本质力量。"[1] 积极的情感会焕发人的旺盛的精力,使人全身心地投入某种活动;而消极的情感则会损害人的积极性,对人的活动起抑制、减弱和妨碍的作用。因此,情感也是人在行为选择中不可缺少的内在动力。

意志,包括意向和意志,是主体在选择目的以及将其诉诸行动时的一种决心或毅力。"意"和人的实践活动密切相关,追求的是"善",即客体和主体自身的完善。是指人为追求某种目的和理想而不怕困难,采取自觉、坚定行动的能力,一般表现为自我克制、毅力、信心和顽强不屈等精神状态和心理过程,是人的意识所特有的主观能动性的突出表现。孔子就曾认为:"士不可以不弘毅,任重而道远。"(《论语·泰伯》)"弘"指的是志向目标的远大,而"毅"则强调意志的坚毅、刚强,突出的是人的意志在行为过程中的作用。人的意志是一种直接的、现实的选择机制。"意者,心之所发也","志者,心之所之也"。(《北溪字义·意》)就是要把主观的东西见之于客观,把内部的倾向变为外部的活动。意志通过自己的活动,使主体形成一定的倾向与目的,这种活动就是意志的决定和选择。正是基于此,黑格尔才说:"不作决定的意志不是现实的意志。"[2] 决定不是盲目的,必须建立于深知的基础上,是理智、审慎的决定。意志每做出这样的决定,就在多种可能性中通过权衡进行的一次选择。这一心理过程为人的选择提供了依据,也奠定了基础。

可见,人的选择是基于行为主体认知、情感以及意志的统一。主体的认知是求真,关注的是"是什么";主体的情感是求美,关注的是"倾

---

[1] 《马克思恩格斯文集》第1卷,人民出版社2009年版,第211页。
[2] [德]黑格尔:《法哲学原理》,范扬、张企泰译,商务印书馆1979年版,第24页。

向于什么"；主体的意志是求善，关注的是"力求怎样"。正是人的"知、情、意"的相互作用与相互合作，共同控制与支配着人的行为选择。当然，人的行为选择不仅是主观能动的过程，也受一定社会机制的制约与影响。即"如果他要进行选择，他也总是必须在他的生活范围里面，在绝不由他的独自性所造成的一定的事物中间去进行选择的"[①]。这就表明：人的选择是个体自由与社会自由的结合。只有基于主观能动性与客观规律性的统一，才有可能在社会生活中做出准确的判断与合理的选择。

第二节　个体利益与社会利益

当思维的触角从理论思辨回到现实，必须持疑并有待解决的问题是：社会生活中行为选择的困境，是基于行为主体的"认知"缺失，还是"情感"与"意志"的缺乏？如果不是，那又是什么因素催生了中国社会一系列"知善而不行、知恶而为之"的社会乱象？对这些问题的解答就必须对人的行为的认知、情感及意志进行现实的观照以及有针对性的分析。

显然，在类似"小悦悦"事件中，旁观者并非不识善恶，与其说是"缺德"，还不如说是"理智"战胜了"情感"。因此，值得进一步深究的问题并非这些人是否具有道德与良心，而在于何种原因使他们最终失去了道德、没有了良心？当然，日益猖獗的腐败行为也同样可以纳入我们思索的视野。腐败的行为主体基本上具有一定的文化素养，有的甚至是高级知识分子，对什么该做、什么不该做"心知肚明"。因此，这里也不存在"认知"问题。知法犯法、顶风作案的背后是对法律法规的"情感"淡漠，进而阻碍着人的内在品质的生成或实现，意志力的缺失又加剧了行为的堕落。需要深入追究的问题是：是什么因素阻碍着行为主体对"认知"的情感认同？问题疏解必须从社会利益与个体利益说起。

什么是社会利益？社会利益也称为"社会整体利益""公众利益"，是指社会整体生存和发展的各种需要。与"个人利益"相对。如社会进行生产和再生产的条件，人们公共生活的福利事业，发展精神文明的条

[①] 《马克思恩格斯选集》第 3 卷，人民出版社 1995 年版，第 355 页。

件，等等。在不同的社会以及不同的历史时期，社会利益具有不同的内容。一切剥削阶级的社会利益包含剥削者的共同利益，但又以私有者的个人利益为基础。无产阶级的社会利益是人民群众的根本利益、长远利益和当前利益。①《共产党宣言》指出："过去的一切运动都是少数人的或者为少数人谋利益的运动。无产阶级的运动是绝大多数人的、为绝大多数人谋利益的独立的运动。"在中国社会现代化的进程中，提倡在充分尊重个人利益的前提下，发扬社会利益、集体利益和个人利益相结合的社会主义精神。当社会利益与个人利益发生矛盾乃至冲突时，要求个人利益服从社会利益，必要时不惜牺牲个人利益，以维护社会利益。因此，是否以社会利益为重，是衡量人们的道德观念、道德行为的最基本的客观标准之一。只有以"绝大多数人"的利益作为当前行为选择的标准，才能获得社会的充分认可，也才能谈得上个体与社会的和谐发展。

　　什么是个体利益？所谓个体利益是指个人生存与发展的各种需要。与"集体利益""社会利益"相对，是个人活动的前提和动力。包括物质需要和精神需要两大方面。如生活条件、教育条件、工作条件以及发展自己有益于社会的个性和特长的需要，等等。②经典作家就说过："即历来为繁芜丛杂的意识形态所掩盖着的一个简单事实：人们首先必须吃、喝、住、穿，然后才能从事政治、科学、艺术、宗教等等；所以，直接的物质的生活资料的生产，从而一个民族或一个时代的一定的经济发展阶段，便构成基础，人们的国家设施、法的观点、艺术以至宗教观念，就是从这个基础上发展起来的，因而，也必须由这个基础来解释，而不是像过去那样做得相反。"③这也就是说，利益（或者说是好处）是作为个体、集体以及群体都具有的最为基本的价值诉求，是一切社会伦理实体得以存在与发展的前提条件。社会主义从来就不否认个人利益。列宁曾明确指出："必须把国民经济的一切大部门建立在同个人利益的结合上面。"④当然，个体利益与社会利益能否和谐以及在何种程度上和谐，也

---

① 朱贻庭：《伦理学大辞典》，上海辞书出版社2002年版，第14页。
② 同上。
③ 《马克思恩格斯文集》第3卷，人民出版社2009年版，第601页。
④ 《列宁专题文集·论社会主义》，人民出版社2009年版，第259页。

就决定着个体利益的实现程度以及社会利益的实现程度。因此，只有实现个体利益与社会利益从对立走向同一，彼此才能获得最大限度发展。

那么，人的行为选择的困境与社会利益以及个体利益有什么关联呢？实际上，行为当事人在具有基本的行为"认知"的前提下，所做的违背"情感"的选择都与社会利益以及个体利益有关。在"小悦悦"事件中，行为当事人之所以做出"情感的漠视"，起因于对现代社会伦理品质的质疑乃至不信任。因为，如果选择了社会伦理所赋予的社会义务，维护了社会利益，将可能面临的并非仅仅是社会的舆论褒奖，反而是因可能的"讹诈"而导致的个体利益受损。当然，为了个人利益而进行逃避的选择，后果则仅仅受到可以"置之脑后"的舆论谴责。正是基于社会利益与个体利益之间的这种考量，许多人自保的"理智"就会战胜救人的"情感"。同理，"系列官员腐败案"的背后，是行为当事人基于伦理的"认知"却"知而不行"，谋取个人利益的背后，凸显的不仅是社会伦理约束功能的缺失，也是对社会利益的不屑。可见，阻碍人们"知善而不行、知恶而为之"的关键动因在于：社会伦理规范功能缺失。

第三节　行为选择的伦理—道德生态

从某种意义上进行审视，现代人行为选择的困境，实质上也是伦理与道德的困境，或者说中国传统哲学意义中"义"与"利"的困境。"鱼，我所欲也；熊掌，亦我所欲也。二者不可得兼，舍鱼而取熊掌者也。生，亦我所欲也；义，亦我所欲也。二者不可得兼，舍生而取义者也。"（《孟子》）面对伦理与道德冲突，儒家对"舍生取义"的道德选择态度，足以让后人无限敬仰。然而，在不断走向现代化的中国社会，困境中的人们普遍的价值诉求却是"去义存利"。"正其义不谋其利，明其道不计其功"（《汉书·董仲舒传》）的义利传统并没有得以传承。原因是什么呢？答案必须以"伦理—道德"为参照系，从历史与现实的鸟瞰中寻找。

中国历史孕育了丰富多彩的文化，儒释道以各自的文化理念各领风骚。然而，儒学因与中国社会的"高度适应"，而最终成为中国历史文化发展的主流。儒学理念在中国社会长期衍化的结果，是最终积淀在人们价值领域中的文化精神，进而生成以儒家文化为表征的人的品质与行为。但是，仔细对儒家文化进行哲学考察就不难发现：儒家文化虽然具有"止于至善"（《大学》）的公共情怀，然而，这种情怀的根基却在于"私"的价值诉求。美国传教士 Arthur Henderson Smith（1845—1932）（中文名"明恩溥"）在其所著《中国人的特性》一书中就这样说："中国人有私无公或公私不分的脾气，其实还不止于此，他不但对于'公家'的事物不负责任，而且这种事物，要是无人当心保管或保管而不得法，便会渐渐地不翼而飞，不胫而走。"① 费孝通先生也说："我常常觉得：'中国传统社会里一个人为了自己可以牺牲家，为了家可以牺牲党，为了党可以牺牲国，为了国可以牺牲天下。'"② 当然，儒家文化的这种"私"的价值取向，在其经典的典籍中也是随处可见。孟子在谈到"仁"的时候说"亲亲，仁也"（《孟子·告子下》），"仁者，人也，亲亲为大"（《礼记·中庸》），彰显的是一个由近及远、推己及人的过程。因此，儒家"爱人"之"仁"肇始于"人人敬其亲，长其长"，却终于"不独亲其亲，不独子其子"（《孟子·梁惠王上》）。当然，儒家的"仁爱"毕竟不能等同于墨家的"泛爱众"，蕴含于期间的"私"更是显而易见。所以费孝通才说："我们儒家最考究的是人伦，伦是什么呢？我的解释就是从自己推出去的，和自己发生社会关系的那一些人里，所发生的一轮轮波纹的差序。"③ 也正是基于这种历史文化的惯性，儒家的"私"也就伴随文化的传承，衍化为人的"私德"，进而在很大程度上影响着现代人的行为选择。

　　当然，现实中的行为选择总是基于一定目的的选择。"这个目的是他所知道的，是作为规律决定着他的活动的方式和方法的，他必须使他的意志服从这个目的。"④ 然而"不是意识决定生活，而是生活决定意识"⑤。因此，人的选择的困境表面是个体内在主观的困境，实际上是源于现实的困境，根本在于当前社会伦理正义品质的缺失。这种缺失体现

---

① 明恩溥：《中国人的特性》，匡雁鹏译，光明日报出版社1998年版，第98页。
② 费孝通：《乡土中国》，人民出版社2011年版，第33页。
③ 同上书，第30页。
④ 《马克思恩格斯文集》第5卷，人民出版社2009年版，第208页。
⑤ 《马克思恩格斯文集》第1卷，人民出版社2009年版，第525页。

在政治领域就是制度设计的科学化与现实生活中的以情代法、假公济私的矛盾。制度成了官场的"护身符",群众的"紧箍咒",甚至是部分人"公报私仇""欺压百姓"的"金箍棒"。体现在经济领域就是尔虞我诈、出卖亲情。即"每个人都以自身为目的,其他一切在他看来都是虚无"①。体现在文化领域,就是文化教育管理者的以权谋私以及论文创作者的大肆剽窃、弄虚作假,等等。体现在教育领域,就是学校教育求真、求善、求美,而社会生活教育却是教育人懂关系、找门路,等等。拜金主义、享乐主义的泛滥已使整个社会混乱不堪。正是基于社会伦理环境的持续恶化,降低了人们对社会正义的预期,进而出现"情感"的排斥,影响人的行为选择。由此可见,社会生活中人的行为选择的困境,表征为个体与社会的伦理冲突,而实际在于个人利益与社会利益的内在博弈。原因并不在于某一个层面,而是历史、文化与社会综合影响与制约的结果。

人们基于何种行为选择,不仅表征着人的品质,也影响着人的行动效果,进而就可能制约人的自由全面发展乃至整个社会发展进程。因此,如何消除现代人的行为选择困境,促使人们在日常行为中做出正确选择,必然成为当前的重要议题。问题的进一步解决必须基于两点:一是强化整个社会的伦理建设,提升行为主体选择的信心。二是实施行为主体的道德品质教育,提升人的正义品质,增强对整个社会伦理的"情感"认同。

强化社会伦理建设。经典作家说过:"意识的一切形式和产物不是可以通过精神的批判来消灭的,不是可以通过把它们消融在'自我意识'中或化为'怪影'、'幽灵'、'怪想'等等来消灭的,而只有通过实际地推翻这一切唯心主义谬论所由产生的现实的社会关系,才能把它们消灭;历史的动力以及宗教、哲学和任何其他理论的动力是革命,而不是批判。"② 当前,社会伦理建设的首要之举,在于制度规范建设要科学。正所谓"这些方面的制度好可以使坏人无法任意横行,制度不好可以使好人无法充分做好事"③。制度的功能不仅仅在于制约与规范,根本在于人

---

① [德]黑格尔:《法哲学原理》,范扬、张企泰译,商务印书馆1979年版,第197页。
② 《马克思恩格斯文集》第1卷,人民出版社2009年版,第544页。
③ 《邓小平文选》第2卷,人民出版社1994年版,第333页。

与社会的发展。只有体现时代内涵、社会发展需要以及人民利益的制度才具有持久的生命力。当然,制度的科学化只是前提,关键在于制度的执行力。对于那些敢于超越制度、违法乱纪的人或者行为要坚决抵制,恶劣者要追究刑事责任。制度的执行力,不仅仅在于制度本身,也要有赖于第三方的监督。当前,尤其要发挥网络舆论的监督功能,充分发挥网络本身所具有的正能量。只有夯实社会生活中的伦理基础,才能"逐步建立以权利公平、机会公平、规则公平为主要内容的社会公平保障体系,努力营造公平的社会环境,保证人民平等参与、平等发展权利"[①]。也只有努力塑造社会伦理的公信力,也才能最终消除社会生活中人们行为选择的心理阴霾,而最终做出既利于自己又利于社会的正确行为选择。

　　加强道德品质教育。人所具有的辩证本性,既体现于人所要遵循的客观规律性,也体现于人所具有的主观能动性。这就是说,人作为行为主体,只有具备充分的认识与利用社会客观规律的能力与素质,才能获得与之相适应的自由。体现在人的行为选择上,就不仅仅依赖于客观社会所提供的基础与环境,也要依赖于行为主体在选择过程中的"认知"与"情感"体验能力,这就必然要诉诸行为主体自我道德品质的涵养,达到知善、向善与行善的三者合一。所谓"知善",就是指人们在日常生活中,要具有辨别善、恶、丑、美的能力与觉悟,也就是人的"认知"能力。一个连最为基本的善恶观念都不具备的人,很难想象能做出正确的行为选择。所谓"向善"是指人要具有"做好事"的冲动与觉悟,即要具备充分的情感体验与意志力。作为一种心理态势与行为倾向,行为主体能否"向善"是人们能否最终付出行动的关键。满脑子伦理道德的人,如果不具有行动的自觉与决心,也只不过沦为善于开"空头支票"的言语巨人。最后是"行善",也就是要付出具体的行动。总之,人在行为的选择过程中,"知善"是前提,"向善"是保证,而"行善"是最后的落实。人的道德品质怎么样,能否真正做到知善、向善与行善的统一,关键不在于先天的先验因素,而在于后天的社会环境的孕育。在后天的社会环境中,既要依赖于个人的道德自觉,更为重要的是后天的教育。

---

① 胡锦涛:《十八大报告》(http://news.xinhuanet.com/18cpcnc/2012-11/17/c_113711665.htm)。

第四章　人、利益、行为选择　/　75

　　从当前的教育环境来看，家庭教育、学校教育以及社会教育的多元对立，已经在一定程度上造成了受教育者的人格分裂。如何对教育进行与社会发展相适应的有机整合，就成为当务之急。从学校教育来看，要极力摈弃急功近利的负面影响，使受教育者练就"诚"与"真"的个体品质。从社会教育来看，尤其要在夯实伦理基础的前提下，充分发挥舆论的导向功能，"推进公民道德建设工程，弘扬真善美、贬斥假恶丑，引导人们自觉履行法定义务、社会责任、家庭责任，营造劳动光荣、创造伟大的社会氛围，培育知荣辱、讲正气、作奉献、促和谐的良好风尚"[①]。只有实现教育的多元整合，才能最终消解实现中人的品质与行为冲突。

　　人们在行为之初，能否做出选择以及做出什么样的选择，既要受到人的主观因素的制约，更要受到客观社会条件的限制。然而，"个人主观地规定为自由的权利，只有在个人属于伦理性的现实时，才能得到实现，因为只有在这种客观性中，个人对自己自由的确信才具有真理性，也只有在伦理中个人才实际上占有他本身的实质和他内在的普遍性"[②]。因此，只有立足社会生活，做出有利于人民利益的选择，才是科学的、无愧于时代的选择，才能在选择中成就人的品质，获得自由而全面的发展。

[①] 胡锦涛：《十八大报告》(http://news.xinhuanet.com/18cpcnc/2012-11/17/c_113711665.htm)。

[②] ［德］黑格尔：《法哲学原理》，范扬、张企泰译，商务印书馆1979年版，第172页。

第 五 章

评价、品质、行为[*]

"凑够一撮人就可以走,和红绿灯无关。"这可以看作人们对"中国式过马路"的经典式调侃,背后深藏的却是对当前国民道德品质的深刻隐忧。面对舆论的众说纷纭、莫衷一是,哲学思维的触角必须走出狭隘的视野,探寻潜藏于各种乱象背后的深刻伦理根源,而可予以进行深度审视的工具就是道德评价。正是道德评价功能的缺失与错位,在一定意义上放纵了人的行为、俗化了人的品质,进而形成二者在社会领域中的恶性伦理循环。必须有待进一步追问的是:道德评价制约与影响人的行为,在理论与现实层面,何以可能以及如何可能?怎样消解?对这些问题进行科学的理论澄明,对当前社会生活中"实践人学困境"的解决,促进社会的和谐与发展,就具有重要理论价值以及现实意义。

第一节 道德自我评价与道德社会评价

"道德评价作为伦理学的重要范畴,它是根据一定的社会或阶级的道德规范准则体系,以一定社会的价值标准,对社会中的个体或群体的道德活动做出善或恶、正或邪、道德与不道德的价值判断,以达到'褒善贬恶'、'扬善抑恶'的目的,道德评价是个体评价与社会评价的统一。"[①] 无论是基于个体或者群体,道德评价都可以分为两种最为基本的

---

* 卞桂平:《试析道德评价的现实问题及其疏解》,载《2013 年全国哲学伦理学博士后论坛论文集》,2013 年 6 月 28 日,中国知网(http://kns.cnki.net/kns/brief/result.aspx?dbprefix=scdb & action = scdbsearch&db_opt = SCDB)。

① 田秀云、白臣:《当代社会责任伦理》,人民出版社 2008 年版,第 58 页。

考察方式：道德自我评价与道德社会评价。道德社会评价是指社会、团体或他人对一定道德行为所进行的善恶判断以及所表明的倾向性态度。它是道德之所以能协调人们之间关系的一种力量，是道德他律的表征。而道德自我评价则是个体或群体对自己行为所做的一种善恶上的自我认知，是依据自身的价值取向，对自身行为所做的道德判断。在调解人与人的相互关系中，道德自我评价和道德社会评价二者之间相辅相成。

道德自我评价即按照一定道德规范对自我的言行进行自我反省、自我检讨、自我评价，最主要的特点是：行为当事人既是评价的客体，又是评价的主体。尤其是因为道德评价是一种价值评价，与评价者的道德认识、道德情感、道德意志以及世界观、人生观等有着密切联系，这就使道德自我评价可能要受到自身的利益、感情等因素干扰，往往难以做到客观公正的自我评价。古代思想家老聃就认为："知人者智，自知者明，胜人者有力，自胜者强。"（《老子·三十三章》）强调只有正确认识与评价自己（即自胜），才算得上高明。苏格拉底"认识你自己"表达的也是同样的意思。因此，在道德的自我评价中，"我"这个评价主体，必须要以一定的社会或一定阶级所形成的道德原则和规范作为"参照系"，从他人、社会或整体利益出发，才能达到自我评价的客观性。与此同时，道德自我评价尤其要重视"良心"的自律作用。"良心"是对自己道德行为的自我认识、自我控制、自我调节和自我评价的统一体，总是同责任感、荣誉感以及羞耻感"相伴而行"，对自己所做出的符合社会道德规范要求的"善"的行为，能感到光荣、崇高和问心无愧；相反，则感到羞愧，并对自己进行谴责。提高"良心"在自我评价中的作用，就可以使人们在善恶选择、行为指向、境遇取舍、自我控制等各方面，为人们指明正确方向，进而为社会发展做出自我应有的贡献。

道德社会评价最主要的特点是：评价主体和行为主体处于不同的两极。行为主体是作为被评价的客体，而评价主体是作为旁观者，来确定他人的道德行为善恶。其判断和倾向性是否公正、恰当，一般只与评价主体有关，而与行为主体无关。道德社会评价的重要方式是社会舆论，包括口头议论和大众传播工具两方面。口头议论是评价人基于评论、指责、赞扬、贬斥或肯定，并通过彼此相传的形式，对被评价的行为施加影响。大众传播工具则是通过报纸、广播、电视等，在更大范围内对某一个体或群体的行为进行善恶评价,并对被评价人施加影响。日常生活中,人们随时随地都可以感觉到社会舆论的这种权威性,如"众目睽睽""众怒难犯"以及"众矢之的"等。这是因为社会舆论代表着广大群众的意志、情感与价值取向,能给人以荣誉感和耻辱感,迫使人们在行为选择时必须考虑社会舆论对自己的评价。社会道德评价的强弱,往往是衡量社会道德水平的试金石。如果道德社会评价声音很弱,则表明社会的道德准则和要求正在丧失权威性,必然导致整个社会道德水平的滑坡。相反,强有力的正确社会舆论反映了人们共同的感情、意志、信念和愿望,体现了历史进步的要求,是一种惩恶扬善的独特社会力量,利于整个社会道德水平的提升。当然,"在公共舆论中真理和无穷错误直接混杂在一起"①。社会舆论"鱼龙混杂"的特性要求人们在对待社会舆论时要仔细审辨,尽量消减错误舆论在社会道德评价中的消极影响。一般而言,基于一定经济基础的社会舆论和道德评价能体现整个社会的价值取向,是维护社会安定的强大力量,也是促进人自由全面发展的方向标。

作为人的自我意识的一种表现,道德自我评价同个人的生理心理机制、个人的性格特征以及所受教育和所生活的环境有密切关系。尽管要受社会评价制约,往往会同社会舆论产生矛盾乃至尖锐对抗。当然,社会中正确的、进步的社会舆论,将不断地发挥价值导向功能,逐步改变那些不适应社会评价的自我意识,并不断生成符合社会道德原则、规范的自我意识。在社会急剧变革的时代,尤其是在旧观念已难以适应整个社会需要的时期,道德社会评价会呈现两面性,既有进步的一面,又有相反的一面。这就要求道德自我评价应根据自己的价值判断去改变环境乃至改变社会。正是在这个意义上,黑格尔极其深刻地指出:"公共舆论又值得重视,又不值一顾。"② 如果社会舆论反映了时代精神,道德自我评价就应服从道德社会评价,相反,则不应当对任何偏见做让步。另一方面,如果道德主体能确信自己所认定的社会舆论真正属于时代精神的反映,代表未来社会道德发展方向,道德主体都应该坚信具有这种本质的社会舆论最终将冲破旧社会舆论的藩篱,进而成为社会的主导价值。当然,一种社会舆论能否具有持久

---

① [德]黑格尔:《法哲学原理》,范扬、张企泰译,商务印书馆1979年版,第333页。
② 同上书,第334页。

的生命力,关键还是由它所依附的社会生活来决定。

"人们通常把道德评价比做'道德法庭',如果说群众评价、社会舆论、组织评价是道德'公审',那么,自我评价就属于道德'自审',自我评价是领导干部通过自我裁判实现守望道德良知、加强道德自律的重要形式,在生活节奏不断加快、工作压力日益加重的现代社会,让每位领导干部静心澄滤、反躬自省,已经变得越来越难,但必须看到,惟其如此,才能真正实现领导干部的'自重、自省、自警、自励',否则,每天都在忙于应酬、疲于奔命、行色匆匆中度过,将永无自我检审、回头是岸之时。"① 总之,道德自我评价要受道德社会评价制约,而道德社会评价也只有为该社会成员自我认同才能发生效应,二者是对立统一的关系。只有充分发挥道德评价的调节功能,才能进一步促进个体道德品质的生成以及社会道德风尚的改善,最终实现人与人、人与社会的协调发展。

第二节 道德评价的二维形态

"哲学家们只是用不同的方式解释世界,而问题在于改变世界。"② 对道德评价的形而上学之思,必将为我们思考当下道德领域的现实问题提供具有"深刻解释力"的理论依据。有待追问的是:中国社会现代化进程中,道德评价所存在的最典型问题是什么?是否发挥了其本身应有的功能?该如何消解?对这些问题的理论澄明,必将利于当下人的品质、人的行为嬗变难题的进一步探索,而这也是问题解决的前提与保证。

道德评价典型的伦理问题之一:道德评价标准的媚俗化。

媚俗化渗透在社会生活的各个领域。政治领域中的媚俗首先表现在人们从事公共行政工作的目的与动机上。"中国共产党员的含意或任务,如果用概括的语言来说,只有两句话:全心全意为人民服务,一切以人民利益作为每一个党员的最高准绳。"③ 这是邓小平对中国共产党员所应

---

① 靳凤林:《制度伦理与官员道德——当代中国政治伦理结构性转型研究》,人民出版社2011年版,第191页。

② 《马克思恩格斯文集》第1卷,人民出版社2009年版,第506页。

③ 《邓小平文选》第1卷,人民出版社1994年版,第257页。

承担的责任和义务的诠释。然而，在实际生活中，很多人入党、从政的最初动机都是为了升官发财，"为人民服务"只不过是他们为了达到个人一己私利的幌子而已。同时，评价"官员"的标准并不是看其为人民、为国家做了多少好事，而是看其是否善于"钻营""找门路"以及在官场上的升迁速度。只要在"官场上"爬得快乃至如鱼得水，就会受到人们的赞誉和追捧。当前，各种"官场秘籍"受到人们的青睐就是这种情况的真实表现。经济领域中的媚俗化倾向主要表现是：正当经营、凭良心做事反而被看作老实、无能的表现，人们普遍把能否赚钱以及赚钱的多少看作衡量一个人是否有能力的最主要标准，而对"以什么方式"以及"凭借何种手段"赚钱却不予以关注。文化领域的媚俗化是，以出了多少书、承担了多少项目、发表了多少文章作为价值评价的最主要标准。而对以什么手段拿到项目、发表文章以及其中所涉及的内容怎样却不予关注。如此等等，不一而足。总而言之，社会生活中的道德评价标准的媚俗化，用时下人们常用的一句话就是："白猫、黑猫，只要捉住老鼠就是好猫。"毋庸置疑，这是对邓小平同志当年睿智比喻的曲解与乱用。不过，在一定程度上也能反映出现代人道德评价标准的表现以及所存在的问题。当然，道德评价标准媚俗化，既指道德社会评价，也指道德个体评价，二者相互包含、渗透与转化。

　　道德评价存在的伦理问题之二：道德评价功能的整体弱化。

　　道德评价的根本功能主要是通过他律与自律，社会舆论与内心信念等方式对整个社会成员的行为施加一定的影响。然而，正常的道德评价功能正在日常生活中日益丧失。一种情况是，与传统的口头评价以及大众传播不同的是，随着信息技术的发展，网络道德评价因适应性强、覆盖面广、传播速度快等诸多特点，成为现代社会主流道德评价的工具之一。然而，也正因为影响力的扩大，很多人为了消除自己在社会舆论评价中的负面影响，不惜采取贿赂方式。而受贿赂一方也因得到好处而对相关事件进行隐匿、保守处理。除此以外，还有部分报纸、杂志以及网络等舆论监督机构的主管领导，为了"不犯错误、坐稳位置"，利用职权干涉正常的舆论监督，削弱了道德评价的社会监督功能。另一种情况是，道德评价的主体性缺失。很多人对道德评价功能抱有消极、悲观态度，认为仅仅依靠道德评价根本无法解决现实社会问题，是白费口舌，干脆不闻不问，丧失人所应有的社会责任感、正义感以及义务感。还有一种情况是，很多人抱一种"多一事不如少一事""事不关己、高高挂起"的逃避态度，害怕自己卷入是非，甚至惧怕遭到不必要的打击、报复，善于围观，面对见义勇为的事情不褒不贬，见到不良行为干脆装作熟视无睹。"无为者的理论是多一事不如少一事，少一事不如无一事，多干多错、少干少错、不干不错，从动机上讲是存心故意的'无为'。"① 更为重要的一种情况是，随着社会价值趋向的多元化，人们对是非善恶认识不清，再加上道德评价手段的高技术化乃至身份的隐蔽化，面对某些明显违背社会道德的行为事件，很多人不仅不反对，反而持支持态度，放大个人利益，缩小社会利益，总是用"情有可原"之类的思维来抵制正确的社会评价标准，无形中削弱了道德评价的社会功能。

当然，道德评价功能与道德评价标准间并不存在绝对鸿沟，而是相关地存在。评价标准的媚俗化，会导致评价功能的弱化。同时，评价功能的弱化又强化了评价标准的媚俗化。当作为整个社会价值准则的道德评价出了问题，人的日常行为失范、品德滑坡也就是自然而然的事情。

第三节 道德评价的价值动因

经典作家指出："思想、观念、意识的生产最初是直接与人们的物质活动，与人们的物质交往，与现实生活的语言交织在一起的。人们的想象、思维、精神交往在这里还是人们物质行动的直接产物。表现在某一民族的政治、法律、道德、宗教、形而上学等的语言中的精神生产也是这样。"② 因此，作为人们意识形态的重要表征，道德评价问题的肇因最终也只能从社会生活中寻找，这就是："德—得"生态链的断裂。

"德"即普通所谓的"道德"，属于中国古代伦理学的基本范畴。古时一般认为"道"是外在的客观要求，"德"为内在的精神态度，即对"道"有所得。正所谓"道生之，德畜之，物形之，势成之。是以万物莫不尊道而贵德"。（《道德经》五十一章）德的本义是"得"。从对商卜辞

---

① 王永生：《决策方略论》，人民出版社1999年版，第154页。
② 《马克思恩格斯文集》第1卷，人民出版社2009年版，第524页。

到先秦文献的考察来看,"德"均与"得"相通。这种相通主要呈现为两种路向:一是以"得"说"德"。《礼记·乐记》中说:"德者,得也。"《广雅·释诂》三:"德,得也。"如果从"物"的本体论意义上理解,"德"就是万物之"得"。《管子·心术上》说:"德者道之舍,物得以生,知得以职道之精。故德者德也;得也者,谓得其所以然也。"东汉许慎注:"德,外得于人,内得于己也。"也是以"得"说"德"的精确注解。二是"得"以"德"为条件。《韩非子·解老》说:"德者,得身也。"认为"德"是人本质的完善。"德者,内也,得者,外也,……神不淫于外则身全,身全之谓德。"强调的是,只有不受外在物质利益诱惑的人,才能最终保持身心的全真。《庄子·天下》说:"是故内圣外王之道,暗而不明,郁而不发,天下之人各为其所欲焉,以自为方。""内圣"为"德","外王"为"得",只有"内圣"才能"外王"。所突出的也是"德"之于"得"的前提条件。总而言之,"得"必须"德","德"为了"得","得"是"德"的目标,"德"是"得"的条件。二者之间所呈现的正是价值世界与世俗世界之间的辩证统一关系。这也表明:只有"德"与"得"的和谐,才能最终达到人与自然、人与人以及人与社会的和谐,所表征的是天人合一境界。

从当前社会来看,"德"与"得"所应有的"预定的和谐"却并没有因物质的日渐丰裕而获得相应发展。相反,所呈现出的却是二者关系的日渐疏远。这种不良趋势可以从如下几个方面得到确证。一是有"德"不"得"。所谓有"德"不"得"是指在社会日常生活中,有道德素养之人在社会生活的各个方面,不仅得不到应有的社会回报,甚至会遭到一些"别有用心"的人讹诈而使个人利益受损。发生在2006年的"彭宇案"就是有"德"不"得"的最为典型例证。① 结果必然是人们对"德"的持疑,对"德行"的望而却步。"德"进而失去了昔日的光芒,而逐渐沦落为人们日常的"口号"与说教,甚至成为很多人嘲笑他人的理由。二是"得"不必"德"。所谓"得"不必"德",是指人们在日常生活中

---

① 2006年11月20日早晨,一位老太太在南京市水西门广场一公交站台等83路车。人来人往中,老太太被撞倒摔成骨折,构成8级伤残,医药费花了不少。老太太指认撞人者是刚下车的小伙彭宇,老太太告到法院索赔13万多元。

主观欲求的满足不需要以"德"为前提。众所周知，中华民族是礼仪、教化之邦，"尊道贵德"曾长期作为一种带有普遍性的价值准则，被人们所广泛认可与接受，"德才兼备"更是人们向往的理想模型。然而，当前急功近利的社会环境使人们倾向于"得"，而疏远了"德"。一切以"能力"为评价标准。当然，这种能力既包含了一个人的综合素质，同时也包含了"善钻营、拉关系、走后门……"的"歪门邪道"的能力。从现实情况来看，真正有所"得"的，并不是那些有"德"的正人君子，而恰恰是那些善于投机取巧的人。这种情况在社会的政治、经济、文化以及社会生活领域无处不在，充斥着现代人的视野，强化着人的观念，改变着人们的价值取向，进而影响与制约着人们的行动取向。

"德"与"得"的关系失调，正是当前道德评价诸问题的最直接动因。道德标准的"媚俗"实际上就是整个社会"为得而得"的真实反映。与此同时，为了保全自我的一己私利、防止无法"得"的心态，也就造就了道德评价功能弱化的各种表现。无论是领导的干预、群众的冷漠或者是因时代变化而导致的评价标准的改变，都是"德—得"关系疏远的现实表征。"德"与"得"的二元对峙，必然会导致人们价值世界的迷茫与混乱，进而影响到人们日常行为的走向以及内在品质的生成。

第四节　道德评价的伦理基础

胡锦涛同志在《十八大报告》中强调：当前，要"弘扬真善美、贬斥假恶丑，引导人们自觉履行法定义务、社会责任、家庭责任，营造劳动光荣、创造伟大的社会氛围，培育知荣辱、讲正气、作奉献、促和谐的良好风尚"[①]。这既是对当前公民道德建设状况的最为精准的把握，也是对今后道德社会建设所赋予的新的历史使命。面对人们对道德社会影响力信心的日渐缺失，如何恢复人们对道德评价的情感认同，增强道德归属感，必然成为当前的时代任务。问题的进一步解决必须基于三点：修复"德—得"生态链、更新道德评价标准以及培育个体道德品质。

---

① 胡锦涛：《十八大报告》（http://www.xj.xinhuanet.com/2012-11/19/c_113722546_2.htm）。

"德—得"生态链修复。"德者，得也。"(《礼记·乐记》)"德"与"得"的关系考虑，既不能唯"德"而"得"，也非唯"得"而"德"，而是"德—得"生态。也就是说，只有达到"德—得"的生态平衡，人的存在才能呈现和谐状态。当前，"德—得"生态链的修复与重建，关键在以下几点：一是要着力维护"由德而得"。也就是说，对那些具有崇高道德品质的个体或群体，对其相应行为要进行一定程度的褒奖。除了舆论方式之外，还可以考虑在一些与物质利益相关的方面予以倾斜与照顾。二是要严厉打击"不德而得"。这就是说，对于那些动机不纯、手段恶劣的人或者事，不仅仅是舆论谴责，在法律范围内，要依照情节进行法律问责，乃至追究刑事责任。正如邓小平所说："这些方面的制度好可以使坏人无法任意横行，制度不好可以使好人无法充分做好事，甚至会走向反面。"[①] 三是要促成"尊道贵德"社会风尚的形成。"道不远人。人之为道而远人，不可以为道。"(《礼记·中庸》) 言下之意是："道"能否得到弘扬在于人的主观能动性发挥。面对日益"物化"的时代困境，时下的努力应通过各种途径对不良思想进行纠偏。比如，净化网络环境、开展有益文化活动等，引导人们从物质的迷雾中走出，树立科学的价值观与人生观。当然，有效舆论监督必不可少。网络因其自身所具有的优势成为当前舆论监督的新型工具。"QQ""人肉搜索"等新型方式使得"无形现于有形"，对不良道德行为具有极大威慑力。总之，"皇天无亲，惟德是辅"。(《尚书·蔡仲之命》) 唯有不断优化社会伦理环境，才能形成良好的"德—得"关系，培育社会风尚。

更新道德评价系统。所谓更新，就是"更新换代"的意思。也就是说，要给道德评价系统提供新内容，补充新鲜血液。"在道德教育过程中，要注意把具体的道德行为的性质与社会的发展相统一，要随着时代的发展，不断地更新道德评价体系，不要把一些道德传统凝固化教条化。"[②] 道德评价系统之所以要不断更新，原因就在于道德评价是历史的、发展的。随着社会生活的变迁，不同时期的道德评价标准也会有所不同。

[①] 《邓小平文选》第 2 卷，人民出版社 1994 年版，第 333 页。
[②] 段方乐:《历史·现实·方法——历史唯物主义的多维反思》，人民出版社 2011 年版，第 250 页。

道德评价系统能否得到及时更新，不仅影响着人们对它的接受程度，同时也制约着道德社会影响力的发挥程度。从当前来看，道德评价的更新首先在于道德评价标准的更新。在不同时期，乃至不同地区道德评价的标准有所不同。比如在封建社会，凡是符合"三纲五常"的品质与行为，都被认为是"善"。而到了现代，如果还以"三纲五常"作为人们品质与行为的衡量准则，不仅不能提高人们的道德水平，也会阻碍社会的发展与进步。正如恩格斯所说："善恶观念从一个民族到另一个民族、从一个时代到另一个时代变更得这样厉害，以致它们常常是互相直接矛盾的。"[①]当前，在和谐社会建设以及小康社会建成的康庄大道上，道德评价的标准主要是以能否促进社会生产力发展、维护社会和谐以及广大人民的根本利益等作为衡量的基本准则。只有真正反映时代发展要求、与社会发展相适应的道德评价标准，才能真正引领人们的行为与品质，进一步推动社会进步。其次，道德评价系统更新的关键在于评价方式的更新。传统的道德评价方式主要是人们的口头方式或者是媒体报刊的形式。由于受到地域条件等方面的限制，评价效果往往会受到制约。当前，随着数字技术的发展，网络正以前所未有的速度影响着现代人们的生活，这也给道德评价方式的更新提供了可能的契机。"作为社会舆论的一种特殊的表现形态，网络舆论具有舆论的一般特性，如：公开性、公共性、急迫性、广泛性和评价性等。"[②] 从当前情况看，正是网络的力量，使很多违法乱纪的事件以最快速度得到惩处。因此，网络舆论作为当前道德评价的最有效方式，应发挥更为积极的正能量效应。

个体道德品质的培育。社会的道德评价体系最终能否引领社会发展、规范人们的行为、提升人们的品质，关键就在于能否被一定时代的人们所接受并且贯彻执行。这里不仅仅存在客观外界环境的影响与制约因素，同时，人们具有何种道德品质也至关重要。因为，社会个体的行为不仅仅是以道德社会评价作为标准，同时，也掺杂着自己的内在需要。这里实际上就存在道德个体评价与道德社会评价的关系问题。只有个体的道德评价标准达到社会道德评价标准的时候，道德社会评价也才能真正获

---

① 《马克思恩格斯文集》第 9 卷，人民出版社 2009 年版，第 98 页。
② 党静萍：《多元信息环境下公务员的传媒素养研究》，人民出版社 2011 年版，第 241 页。

得道德个体的情感认同，也才能发挥出应有的功能。道德个体评价标准问题实质上就是个体道德品质问题。"因为个体道德的发展，是个体道德品质诸构成要素相互联系、相互作用、综合运作过程的结果，任何一个构成个体道德品质的要素在离开诸构成要素整体活动的情况下都不可能发挥应有的作用；离开构成个体道德品质的任何一个要素，个体道德都不可能得到真正的发展，道德教育的过程也不可能得到真正的推进。"[①] 因而，只有个体道德品质得到提升，才能形成个体与社会的合二为一。道德品质的培育实际上要涉及两个方面：一方面是教育。所谓教育主要是指家庭教育、学校教育以及社会教育三个层面。从当前来看，在个体道德品质培育过程中，家庭教育尤其要注重家长的言传身教、以身作则。学校教育要克服口头说教，注重教师的为人师表，尤其是要做到理论教育与实践的结合。社会教育要发挥模范人物、先进典型的影响力，遏制社会不正之风，尤其是要发挥社会公职人员的正面影响力。社会舆论要以匡扶正义作为职责，扬善惩恶，发挥积极的引导功能。另一方面，个体要培育自己的慎独品质。"此谓诚于中，形于外，故君子必慎其独也。"(《礼记·大学》)所谓"慎独"，是指人们在独自活动无人监督的情况下，凭着高度自觉，按照一定的道德规范行动，而不做任何有违道德信念、做人原则之事。这是进行个人道德修养的重要方法，也是评定一个人道德水准的关键环节。总之，只有在良好的社会环境中，才能生成个体积极的道德品质，也才能产生相应的社会道德行为。

全球化必然是当下不可阻挡的时代潮流。如何在风云激荡的时代语境中发挥道德评价引领时代前进的功能，将始终是摆在现代人，尤其是中国人面前的一项重要课题。当前，唯有坚持社会主义核心价值观的引领，始终以广大人民群众的利益为价值旨归，才能真正坚持道德评价的正确方向，培育科学合理的价值理念，进而引领人与社会的和谐发展。

[①] 沈壮海：《思想政治教育的文化视野》，人民出版社2005年版，第382页。

第 六 章

文化、价值、行为

哲学家尼采曾对现代社会这样描述："我漫步在人中间，如同漫步在人的碎片和断肢中间……我的目光从今天望到过去，发现比比皆是：碎片、断肢和可怕的偶然，可是没有人。"[1] 这既是对社会发展的深刻警示，更是对现代人品质与行为扭曲的最为生动的描绘。在中国社会现代化的进程中，在人的主体地位不断得以确证、主体能力得以日渐彰显的同时，对"物质"与"利益"漫无止境的贪婪也正不断地侵蚀着现代人的品质与行为，进而呈现出尼采所描述的诸种社会面向，由此也成为社会发展的内在隐忧。《十八大报告》旗帜鲜明地指出："文化是民族的血脉，是人民的精神家园。全面建成小康社会，实现中华民族伟大复兴，必须推动社会主义文化大发展大繁荣，兴起社会主义文化建设新高潮，提高国家文化软实力，发挥文化引领风尚、教育人民、服务社会、推动发展的作用。"[2] 这既是对时代际遇的精准把握，也是对文化之于人与社会发展功能的最明确肯定，更是对当前实践语境中国人学难题的积极回应，为当前思考实践中的人的品质与行为问题提供了科学的思考径路。

第一节 人的品质的文化生成

如前文所述，品质是与品德、品性、品格等既有联系又相区别的概

---

[1] ［德］尼采：《查拉斯图特拉如是说》，楚图南译，文化艺术出版社1995年版，第143页。

[2] 胡锦涛：《十八大报告》(http：//www.xj.xinhuanet.com/2012－11/19/c_113722546_2.htm)。

念。作为人的一种内在规定，人的品质是指"人在心理和行为方面带有稳定性倾向的个性特征，个人在其行为整体中所展示的素质、人品和价值意义"①。与被诠释为"物品的质量"② 相比，人的品质在一定程度上就更多地呈现出"为人"属性，是指人在实践活动中有所体现、在心理与行为上有所表征的个性特质，凸显"成人"与"为人"的伦理特色。

在人的品质的多维规定中，社会性是人的品质最为根本的属性。人之所以为人以及在何种程度上成为一个人，并不在于其本身所固有的自然禀赋，从更为本质的意义上考察，"人的本质不是单个人所固有的抽象物，在其现实性上，它是一切社会关系的总和"③。因此，后天社会环境对人的品质生成具有至关重要的影响。在不同环境中成长的人具有与他人不同的品质，同一个体如果成长于不同的环境中，其品质方面也会呈现出一定的复杂性。在"孟母三迁"的典故中，从"居住之所近于墓，孟子学为丧葬，躃踊痛哭之事"到"迁居市旁，孟子又嬉为贾人炫卖之事"再到"近于屠，学为买卖屠杀之事"最后到"学宫之旁。每月朔望，官员入文庙，行礼跪拜，揖让进退，孟子见了，一一习记"（刘向《列女传》）。孟子的品质与行为随着社会环境的变迁而发生着相应的改变，这种改变也正确证了环境对人的品质生成的重要意义。

马克思说："人创造环境，同样，环境也创造人。"④ 然而，人的品质生成过程，也并非自然而然。其中，必然要牵涉到作为实践活动主体的人对外部社会环境的认知、选择、体验以及情感认同等一系列"由外到内"的、循序渐进的过程。当人在实践活动中对外部环境达到情感认同，就会最终衍化成内在品质。当然，不同的人对外部环境的认知与选择具有不同标准，这就又必然涉及价值问题。黑格尔说："凡是人对某事物作为自己的东西感觉兴趣或应感觉兴趣，他就愿意为他进行活动。"⑤ 即，在人与外部环境的互动过程中，活动中的人一般只会偏向对自我"有利"

---

① 罗国杰：《中国伦理学百科全书·伦理学原理卷》，吉林人民出版社1993年版，第303页。
② 郝迟、盛广智、李勉东：《汉语倒排词典》，黑龙江人民出版社1987年版，第1031页。
③ 《马克思恩格斯选集》第1卷，人民出版社1995年版，第60页。
④ 同上书，第92页。
⑤ ［德］黑格尔：《法哲学原理》，范扬、张企泰译，商务印书馆1979年版，第125页。

的一面，进而也才有可能形成内在认同感，成就自我品质。因此，从对外部环境的"最初认知"到自我的"最后认同"，表征的正是人的品质生成的内在心理进程，凸显外部社会环境对人的品质生成的重要意义。

在影响人的众多社会环境要素中，文化作为一种"软环境"对人的品质生成至关重要。对文化概念的理解，众说纷纭、莫衷一是。一般认为，"作为哲学历史范畴的文化是一个广义的概念，表示人类在改造自然环境、社会关系和人本身等方面所进行的各种活动，以及这些活动的积极的客体化的成果，包括整个社会生活的物质领域和精神领域的全部成就"①。一定的文化总是一定社会的文化，凝结并传承着一定社会的文明。同时，社会也是一定文化中的社会，塑造一定社会领域中的人的品质，引领该社会中人的价值观念与行为习惯，从而促进或制约着该社会的发展，并由此生成一定社会领域的个性特质。即，"文化是人的活动的内在规定性，是人类社会的特征，也是人类社会的实质，是社会的人的真正的奥秘"②。因此，文化与社会的关系是"一而二、二而一"的问题，彼此间并不悬隔，而是有着相互包含、相互渗透与相互转换关系。

作为实践活动的主体，人是社会关系中的人，而社会又是一定文化观照中的社会。因此，在人的品质生成过程中，文化就起着至关重要的作用。作为社会关系中的存在，无论是主体的观念形态还是实践形态，实践活动中的人从一开始就要受到一定文化的熏陶与影响。在德国哲学家卡西尔看来："人并没有什么与生俱来的抽象本质，也没有什么一成不变的永恒人性；人的本质是永远处于制作之中的，它只存在于人不断创造文化的辛勤劳作之中。"③ 因此可以说，人的存在就是一定文化中的存在。在一定程度上，人就是一定文化的产物，文化的差异，就会导致不同形态的"人"（包括个体、群体、民族乃至国家，等等）呈现出不同的品质，从而构成"文化　品质"的二重建构。纵观中国哲学史，儒释道以不同的历史形态成为中国社会历史发展中的主流，而在历史积淀中的儒释道文化则构成每一个中华民族子孙的文化精神因子。"三位一体"的

---

① 李淮春：《马克思主义哲学全书》，中国人民大学出版社1996年版，第703—704页。
② 郭湛：《文化：人为的程序与为人的取向》，《中国人民大学学报》2005年第4期。
③ ［德］卡西尔：《人论》，甘阳译，上海译文出版社1985年版，第5页。

弹性精神结构影响并制约着人们的品质与行为,也从而构成中国人之于其他国民不同的个性特质①,也确证了文化之于人的重要意义。

第二节 人、品质、行为的伦理生态

文化作为一种社会因素,凝结并内化为人的品质,却并不能完全表征与确证人的本质。人作为一种社会存在物,以何种品质存在,并不能从对其固有品质描述中得出某种确定性结论,必须从实践活动中的行为才能洞察。"简言之,一个人的现实活动怎样,他的品质也就怎样。"②

一般认为,行为是指:"人类自觉的有目的的活动。"③ 与人的品质内隐性不同,行为更具有客观现实性。这并非说人的品质与人的行为之间存在着绝对性对立,相反,"更高的道德观点在于在行为中求得满足,而不停留于人的自我意识和行为的客观性之间的鸿沟上"④。品质与行为之间所呈现的是一以贯之的内在关联。"我们通过培养自己藐视并面对可怕的事物的习惯而变得勇敢,而变得勇敢了就最能面对可怕的事物。"⑤ 亚里士多德在此突出的正是人的品质与行为的内在一致性。

人的品质与行为之间的一致性首先就体现为相互含蕴。即,人的品质包含着人的行为,人的行为也渗透着人的品质。一次完整的行为过程,实质上蕴含三个关键要素:主体、中介和客体。即,作为主体的人有目的、能动地与客体相互作用的过程。作为行为实施者的主体至关重要。"行为的规定性自身并不是限于外在单一性而孤立的内容,而是在自身中含有复杂联系的普遍内容。出自一个能思维的人的故意,不仅含有单一

---

① 卞桂平:《"三位一体"的精神形态与当代青年的生存困惑及自我调适》,《理论与改革》2011年第2期。
② [古希腊]亚里士多德:《尼各马可伦理学》,廖申白译,商务印书馆2003年版,第37页。
③ 宋希仁、陈劳志、赵仁光:《伦理学大辞典》,吉林人民出版社1989年版,第441—442页。
④ [德]黑格尔:《法哲学原理》,范扬、张企泰译,商务印书馆1979年版,第124页。
⑤ [古希腊]亚里士多德:《尼各马可伦理学》,廖申白译,商务印书馆2003年版,第39页。

性，而且实质上含有上述行为的普遍方面，即意图。"① 黑格尔在这里所强调的，是指行为并非只是表征为外在"单一性"，其"普遍内容"——意图，对行为的实施更为根本。而行为主体在活动中采取何种"意图"就无疑地与人的品质存在着直接关联。"一个人被称为公正的或节制的人，却不是仅仅因为做了这样的行为，而是因为他像公正的人或节制的人那样地做了这样的行为。"② 因此，人的品质会直接制约人的行为意图，最终会关系到人的行为发展方向和行为所取得的最终效果。

发轫于人的品质的行为，最初还只能说是处于潜隐状态，仅仅体现出某种行动的目的与意图。即，还只是作为次要方面被包含于人的品质之中，或借用黑格尔的话说，它是"还没有意识到其自身的那种自在而又自为地存在着的精神本质"③。当人的目的、意图通过行动挣脱由人的品质所"控制"的自然状态，而成为现实的、客观的存在时，实践活动就体现为人的行为。即，"意志作为主观的或道德的意志表现于外时，就是行为"④。而品质则作为一种初始状态成为一种被扬弃的对象。然而，这时候的行为也并非是一种"纯粹"样态，潜隐并渗透于其中的便是人的品质，只不过人的品质在这里变得弱小而处于从属地位。"合于德性的活动就包含着德性。"⑤ 亚里士多德的这句话较好地诠释了实践活动中的人的品质与行为的辩证本性。

人的品质与人的行为的一致还体现为彼此间的相互转换。在实践活动过程中，人的品质与人的行为一方面呈现出彼此包含、渗透的"静态"存在，也正是在此种意义上，二者才能获得各自的存在形态。然而，在更为实质性的意义上，二者在实践活动中更多地体现出一种"动态"演进过程。一般性意义上，实践活动中人的品质与行为所呈现的是"正相关"。即人具有什么样的品质就会体现出某种行为。儒家在这一点上体现

---

① ［德］黑格尔：《法哲学原理》，范扬、张企泰译，商务印书馆1979年版，第122页。
② ［古希腊］亚里士多德：《尼各马可伦理学》，廖申白译，商务印书馆2003年版，第42页。
③ ［德］黑格尔：《精神现象学》下，贺麟、王玖兴译，商务印书馆1979年版，第2页。
④ ［德］黑格尔：《法哲学原理》，范扬、张企泰译，商务印书馆1979年版，第116页。
⑤ ［古希腊］亚里士多德：《尼各马可伦理学》，廖申白译，商务印书馆2003年版，第23页。

得淋漓尽致,"内圣—外王"之道所强调的就是人的品质对人的行为的引领功能。亚里士多德也说,"人的德性就是既使得一个人好又使得他出色地完成他的活动的品质"①。除此以外,人的行为也在一定程度上确证并促进着人的品质。所谓"不享受履行高尚行为之人,根本不是一个好人"②。"我们应当重视现实活动的性质,因为我们是怎样的就取决于我们的现实活动的性质。"③ 当整个社会人的行为都得到某种引领和规范的时候,就能从整体上提升实践活动中人的品质境界。

当然,在实践活动中,也经常会出现人的品质与行为之间对立、冲突等不一致现象。如"好人做坏事"或者"坏人做好事"。但是,不管实践活动中的人的品质与行为是否一致,而"善是一个人的属己的、不易被拿走的东西"④。即是说,人的品质具有稳定性与恒常性,不会因为某种暂时行为的"假象"而改变其固有的内在品质。总之,"德性成于活动,也毁于活动;同时,成就着德性也就是德性的现实活动"⑤。因此,品质表现为行为,行为确证品质,这点具有现实确证性。

第三节 文化、品质、行为的逻辑演进

文化作为人为的程序与为人的取向,既是"人化"又是"化人"。⑥文化与人的这种二维建构所彰显的正是文化对人的重要价值。文化塑造人的逻辑进路是:文化→品质→行为。核心是塑造人的品质,表征是人的行为。一种现实行为并非仅仅体现着实践主体的品质,在一定程度上恰恰也是人获得其本质力量的方式。然而,"因为行为的始因在你自身之内"⑦。在各种行为表现的背后隐藏着至关重要的"精神"——文化。

---

① [古希腊]亚里士多德:《尼各马可伦理学》,廖申白译,商务印书馆2003年版,第45页。
② 同上书,第23页。
③ 同上书,第37页。
④ 同上书,第12页。
⑤ 同上书,第41页。
⑥ 郭湛:《文化:人为的程序与为人的取向》,《中国人民大学学报》2005年第4期。
⑦ [古希腊]亚里士多德:《尼各马可伦理学》,廖申白译,商务印书馆2003年版,第72页。

第六章 文化、价值、行为 / 93

　　文化、品质与行为三者之间并非彼此独立、悬置的孤立概念，彼此之间具有密切关联，构成文化→品质→行为的结构生态。在日常实践活动中，人以何种方式存在，人们如何评价他者，出发点首先就是人在日常实践活动中所表现出来的种种行为。而行为作为一种现实中的实践显现，所能呈现的仅仅是一个人"做了什么"或者是这种行为造成的实际效应。至于行为的动机是什么或者行为主体在何种境遇中实施该行为等一系列问题的解释，都不能通过直接的行为表象而直接感知，对这些问题的追溯则要依靠理性思维去把握。也就是说，只有通过对现实实践活动中所呈现出来的各种行为表象进行"去粗取精、去伪存真、由此及彼、由表及里"的慎思过程，才能真正洞悉各种行为背后所潜隐着的人的品质。"一个人做了这样或那样一件合乎伦理的事，还不能就说他是有德的；只有当这种行为方式成为他性格中的固定要素时，他才可以说是有德的。"① 黑格尔所强调的正是要从行为表象看到人的内在品质。

　　人的品质作为人所具有的稳定的心理、行为表征，在其固有属性上，并不是一种自然、天成的事物，在一定程度上，人的品质是后天造就的结果。所谓"能力是自然赋予的，善与恶则并非自然使然"②所说的也正是这个意思。人处在什么环境决定着其成为什么人，甚至于说，人存在于什么环境，就决定其能否成为人。印度作家辛格在《狼孩：对卡马拉和阿玛拉的抚养日记》中记载了"印度狼孩"的故事。在狼群中长大的"孩"所体现的不是"人"所具有的属性，而恰恰是动物的、狼的属性。因此，社会性正是动物与人的实质性分野。在影响人的品质生成的居多社会性因素中，文化作为"化人"与"人化"的存在，对人的品质生成具有决定性的意义。人以什么样态存在，实质是受其所处的文化环境所熏陶的结果。因此，可以说，文化是人的品质的灵魂。

　　从人的行为追溯到人的品质，再延展到文化，形成了文化→品质→行为的生态运动结构。在这个结构中，文化成为人的品质以及人的行为

---

① ［德］黑格尔：《法哲学原理》，范扬、张企泰译，商务印书馆1979年版，第170页。
② ［古希腊］亚里士多德：《尼各马可伦理学》，廖申白译，商务印书馆2003年版，第44页。

的实质性"精神"。作为人的行为的最终源头,文化刚开始只是存在于行为个体之外,所能体现的还是一种外在的"伦理精神"①。当文化通过各种途径被行为主体所接触、体验并获得自我认同以后,文化就沉淀为行为主体的内在品质,演化作主体内在的"德性",即"应当"怎样。然而,品质并不等于就是行为。"善在于拥有它的状态还是认为在于行动,这两者是很不同的。"② 也即是说,品质所能呈现的还是一种"应然",人唯有在他的实践活动中才能真正展现其存在,只有在行为中才能最终确证其品质,展现文化这种内在的"伦理精神"。

因此,文化→品质→行为所呈现的就是潜在→自在→自为的逻辑运动进路。诚如黑格尔所言:"行为就是单纯的转化〔运动〕,就是由一种存在着的现实变为一种被实现了的现实、由单纯关于对象的知识变为关于意识产物那样的现实的知识的一种单纯转化运动。"③ 面对现实世界中的种种行为失范,人们在感叹"世风日下"的同时,很多人习惯性地把责任"扣"到制度上,认为制度不健全、执行不力等是造成如今诸多不良行为的真正动因。这种观点看到了制度对行为主体的规范功能,然而,也忽视了一个至关重要的、根本性问题,就是不能看清制度的制定以及执行对作为主体——"人"的依赖这个事实。当实践活动中的人的品质出现问题,再好的制度也会只是一种摆设。在看到制度对人的影响的同时,更应该追溯各种人的行为背后所隐藏的"文化精神"。只有从源头出发,才能真正洞悉人的行为的真正本质。

跨文化心理学、文化心理学以及文化神经科学从"文化—行为—大脑"循环模型出发,引入脑神经科学,集中阐释文化如何以及在多大程度上制约着人的心理活动与行为模式。早期的跨文化研究显然已经洞察到文化对人的品质与行为的制约功能,提出"自我构念理论",代表就是马库斯(Markus)。但是这种理论的解释只是把人的行为与品质放到文化范畴中进行"静态"考察。当前,个体并非总是处在一种文化背景之中,

---

① 樊浩:《"伦理精神"及其"价值生态"——伦理精神的价值生态》(再版序言),《伦理学研究》2007年第4期。

② [古希腊]亚里士多德:《尼各马可伦理学》,廖申白译,商务印书馆2003年版,第23页。

③ [德]黑格尔:《精神现象学》下,贺麟、王玖兴译,商务印书馆1979年版,第169页。

而总是呈现出多元文化的复合体。面对文化多元化的伦理情境，个体的心理与行为又具有何种特征？文化动态建构论则认为：人们会随着文化情境的改变而发生相应的改变，只是存在着文化认同程度的区别。文化动态建构论虽然关注到个体的多元文化存在，并承认文化认同在人的心理与行为中的影响，但是对于行为如何反作用文化并没有涉及。"文化—行为—大脑"循环模型则依托现代神经科学的发展成果，认为文化与行为之间是相互影响与制约的，而中介就是人的大脑会不断地被形塑。这种理论认为，文化与大脑之间相互作用具有两种模式。一种是直接的，一种是间接的。直接的就是表征为不同的文化价值观塑造不同的大脑功能。而间接的文化—大脑交互则依赖于人的行为作为中介，其中涉及四个关键环节。一是文化情境化人的行为。比如，在个体主义价值占主导的社会语境中，父母对儿童的培养往往重视他们的独立性，如让他们独自住一个房间。而在集体主义社会语境中，父母则允许孩子与自己一起共享一个空间。二是文化情境化行为能够形塑人的大脑。即当一个人长期处在一种文化情境之中，则大脑的物质结构或者生理机能将会发生某种改变。三是大脑又会引发一定的文化自发性行为。被文化形塑过的大脑会让个体更容易接受一定文化情境下的行为。比如，在集体主义文化背景下，大脑颞顶联合区显著增大，在对社会附属性线索反应时，尾状核和内侧前额叶皮层显著增大，这些神经活动使得个体更容易采择他人的观点、与他人协作并按照社会关系强调的社会规范来行事。相反，个体主义文化背景下的个体在进行自我反思时，内侧前额叶皮层神经活动显著增强，在对社会主导性线索反应时，尾状核增大，这使得个体尽可能达到目标，并按照社会等级强调的社会规范来行为，而这些文化自发性行为可以独立于特定文化背景而发生。四是文化自发性行为又在一定程度上改变着自己所处的文化环境。如果用"文化—行为—大脑"循环模型来分析现在的网络文化环境与人的行为关系（见图6—1），则可以发现，随着互联网的普及，将会演变的一种趋势是，人们只需要记住操作的方式，而不需要记住操作的内容。这样的文化情境一定会引发用来储存和记忆语义的神经结构（如初级前额叶皮层、初级顶叶皮层和颞叶皮层）的发育，这也就必然意味着，人类的下一代或者下下代相关的大脑区域就可能不存在，或者演变为其他功能，也并由此改变现在的文化环境。① 因而，"文化—行为—大脑"的建构模型为"文化—品质—行为"的理解注入自然科学的理解模式，为"文化—品质—行为"合理性提供注解。

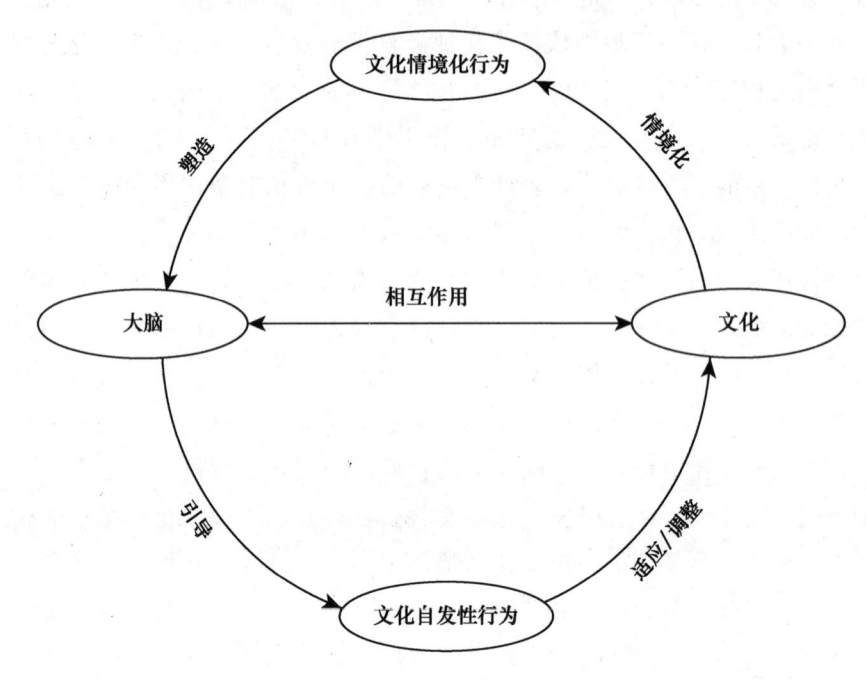

图 6—1 "文化—行为—大脑"建构模型

管窥中国社会的历史文化发展，可以较为贴切地诠释文化→品质→行为的逻辑演进。在中国社会历史发展的流变中，孕育了具有中国特色的儒释道文化。儒家文化因其与中国社会发展的"相对适应性"而成为中华民族文化发展中的主流形态。伴随历史的沉淀，儒家伦理也从外在的人伦规范衍化为中国人内在的精神因子，铸就了中国人特有的精神品质，从而影响与制约着人们的日常行为。毋庸置疑的是，与道家和佛家文化相比较而言，儒家文化是积极进取的文化，这

---

① 夏瑞雪、苏婉茹：《"文化—行为—大脑"阐释人自身发展》，《中国社会科学报》2016年6月13日。

一点在儒家典籍中无处不见。如《礼记·大学》中有"古之欲明明德于天下者，先治其国；欲治其国者，先齐其家；欲齐其家者，先修其身；欲修其身者，先正其心；欲正其心者，先诚其意；欲诚其意者，先致其知，致知在格物"。所彰显的无不是"刚健有为"的"人世"情怀。"儒家文化作为中国思想文化传统之内核，作为现实中国人文化生命之'真性'，是我们现在每个中国人真实的存在方式。"[①] 也正是这种文化铸就了中华民族勤劳勇敢、积极有为的民族品质，也造就了中国人忍辱负重的内在性格。

当然，在看到儒家文化的积极一面的同时，也必须正确面对其所固有的消极因素。儒家文化同样也是一种"差序"文化。这一点在儒家经典中也是屡见不鲜。比如孟子在谈到"仁"的时候说，"亲亲，仁也"（《孟子·告子下》）；《礼记·中庸》也指出"仁者，人也，亲亲为大"。凸显出"仁"对"人之为人"的价值意蕴。然而，儒家的"仁"并不仅仅局限于"亲亲为大"，"仁者爱人"所彰显的是一个由近及远、推己及人的过程。儒家"爱人"之"仁"肇始于"人人敬其亲，长其长"，却终于"不独亲其亲，不独子其子"（《礼记·礼运篇》）。含蕴于其间的就是"爱有差等"，直接滋生出依附性、私有性以及封闭性的人格品质，必然成为"各人自扫门前雪，莫管他人瓦上霜"消极行为的文化源头。因此，文化、品质与行为的多维辩证，在对中国文化的正反比较中得到了充分体现。

文化作为一种潜在要素，实际上就是实践活动中的人的品质与行为的"精神"。从"文化"发展到"行为"，文化经历了从"潜在"发展到"自为"的诸形态。因此可以说，实践活动中的人，在品质与行为上所体现出的差别在一定程度上就是潜隐于其间的文化的差别。作为"人"的具体形态的个体、群体乃至类莫不如此。塑造人的品质、规范人的行为就必须从"文化"这个源头着手。处在社会转型过程中的中国，所呈现的是多元文化之间的冲突与交织，文化形态虽"多"却少"一"。缺乏核心价值的支撑与引导，人就在实践活动中变得没有"精神"。而"精神既然是实体，而且是普遍的、自身同一的、永恒不变的本质，那么它就是

---

① 祖国华：《社会伦理学研究》，人民出版社2013年版，第34页。

一切个人的行动的不可动摇和不可消除的根据地和出发点"[1]。缺少"精神"也会使人变得盲目无助、无所作为；而缺少"精神"的民族也必然是涣散、缺乏朝气的民族。因此，没有"精神"的最终结果就必然导致品质异化、行为失范。

塑造人的品质、规范人的行为，必然是社会发展得以持续推进的强劲动力所在。因此，加强文化建设、塑造人的精神也必然成为当前的重大时代课题之一。当代中国社会，建立与现代社会发展相适应的文化，就是要正确面对与处理传统文化与现代文化、中国文化与西方文化等各种形态文化之间的关系。要积极进行传统文化向现代文化的转换，取其精华、去其糟粕；要科学借鉴西方文化，弘扬公平、公正与民主的时代精神，在多元文化整合中最大限度地激发人的潜能。在当代，尤其要发挥社会主义核心价值的引领功能。社会主义核心价值源于现实、高出现实，是人们认识世界、改造世界的科学智慧。也只有坚持社会主义核心价值的引领，才能最终确证人的本质，也才能实现人与自然，人与人以及人与自身的和谐发展。正如习近平同志所论述的那样："每个时代都有每个时代的精神。我曾经讲过，实现中国梦必须走中国道路、弘扬中国精神、凝聚中国力量。核心价值观是一个民族赖以维系的精神纽带，是一个国家共同的思想道德基础。如果没有共同的核心价值观，一个民族、一个国家就会魂无定所、行无依归。为什么中华民族能够在几千年的历史长河中生生不息、薪火相传、顽强发展呢？很重要的一个原因就是中华民族有一脉相承的精神追求、精神特质、精神脉络。"[2]

总之，只有文化发展实现与时代精神的契合，才能形塑人们的现代品质，也才能真正引领和规范现代人的各种行为，最终达到文化→品质→行为的有机发展，也才能真正实现个体至善与社会至善的有机统一。

---

[1] ［德］黑格尔：《精神现象学》下，贺麟、王玖兴译，商务印书馆1979年版，第3页。
[2] 《习近平在文艺工作座谈会上的讲话》(http://culture.people.com.cn/n/2014/1015/c22219-25842812.html)。

第四节　文化品行：中方与西方[①]

哲学家尼采对人的生存困境曾进行过这样的描述："我漫步在人中间，如同漫步在人的碎片和断肢中间……我的目光从今天望到过去，发现比比皆是：碎片、断肢和可怕的偶然，可是没有人。"[②] 伴随市场经济的蓬勃兴起，因"趋利"而衍生的人的生存困境，无疑成为当前中国社会有待破解的时代难题。因此，尼采的睿智描绘对当代中国社会的发展就具有深刻的警醒意义。在一定意义上，"文化是人的活动的内在规定性，……是社会的人的真正的奥秘"[③]。因此就可以说，人的存在是文化的存在，人的问题就是文化问题。"人创造环境，同样，环境也创造人。"[④] 正是文化环境的差异与变迁，导致不同时代人性与行为的差异与变迁。因此，对人的生存困境的深度理解，既要基于现实，更离不开历史、文化语境。通过孔子与柏拉图价值诉求的对比与分析，既利于对中国文化精髓与实质的透彻理解，也利于对当代人生存困境的历史文化理据的精准把握，进而也才能真正找到时代难题破解的科学路径。

孔子的伦理思想是基于以"仁"为中心的学说体系。对于"人性何以可能"问题的探讨，孔子只有"性相近，习相远"（《论语·阳货》）的论述，并没有如后来者那样明确指明人性何以生成的问题。但是，如果从孔子哲学体系的平实作风及其"入世"的价值取向考察就可以发现：对待人性"何以可能"的回答，孔子的价值取向偏向于行为主体的后天努力。这一点从孔子"笃信好学，守死善道"（《论语·泰伯》）的论述便可以得到确证。孔子认为，要实行"仁道"，做到"非礼勿视，非礼勿听，非礼勿言，非礼勿动"（《论语·颜渊》）的前提与关键，在于要让人懂得什么是"仁道"。即"仁者不忧，知者不惑"。（《论语·宪问》）

[①] 卞桂平：《价值诉求辩解及其时代意义论析——基于孔子与柏拉图的比较》，《扬州大学学报》（人文社会科学版）2015年第2期。

[②] ［德］尼采：《查拉斯图特拉如是说》，楚图南译，文化艺术出版社1995年版，第143页。

[③] 郭湛：《文化：人为的程序与为人的取向》，《中国人民大学学报》2005年第4期。

[④] 《马克思恩格斯选集》第1卷，人民出版社1995年版，第92页。

"不知礼，无以立也。"(《论语·尧曰》)"好仁不好学，其蔽也愚；好知不好学，其蔽也荡；好信不好学，其蔽也贼；好直不好学，其蔽也绞；好勇不好学，其蔽也乱；好刚不好学，其蔽也狂。"(《论语·阳货》)因此，在孔子的视界中，只有爱好仁德，同时也爱好学问的人，才有可能具有完善的道德修养与健全的人格品质。因此，对待人性"何以可能"，孔子所诉求的并非"先验性"，而侧重后天的"习"与"修养"。即"我非生而知之者"(《论语·述而》)。

对待人性实现的问题，孔子尤为强调"为仁由己"的修养方法。"君子求诸己，小人求诸人。"(《论语·卫灵公》)"为仁由己，而由人乎哉？"(《论语·颜渊》)孔子说："譬如为山，未成一篑，止，吾止也。譬如平地，虽覆一篑，进，吾往也。"(《论语·子罕》)这里以"堆土成山"进行比喻，也是对"为仁由己"的生动描绘，所凸显的是行为主体在实践活动中的主体性品质，以及在行为过程中主体的能动作用。正是基于"为仁由己"，孔子继而强调严以责己，宽以待人。正所谓"躬自厚而薄责于人，则远怨矣"(《论语·卫灵公》)。除此以外，孔子尤其强调"克己""正身"的修养功夫。"苟正其身矣，于从政乎何有？不能正其身，如正人何？"(《论语·子路》)实质上凸显的是后天努力在人性生成与实现过程中的重要作用。也正因为持有这种价值取向，孔子才对颜回处于"一箪食，一瓢饮，在陋巷"的艰苦环境而"不改其乐"，发出由衷赞叹："贤哉，回也！"(《论语·雍也》)当然，孔子也承认，人是会犯错误的，进而提倡"内省吾身，改之为贵"。在《论语》中也存有如下表述："吾日三省吾身：为人谋而不忠乎？与朋友交而不信乎？传不习乎？"(《论语·学而》)"闻义不能徙，不善不能改，是吾忧也。"(《伦语·学而》)不难看出，孔子把彼此学习，取长补短，视为提高自我品性的重要手段。同样的描述还有："三人行，必有我师也，择其善者而从之，其不善者而改之。"(《伦语·学而》)"见贤思齐焉，见不贤而内自省也。"(《论语·里仁》)综上所述，都可以看作"为仁由己"的细致阐发，是孔子有关人性理论的集中呈现。

与孔子不同的是，柏拉图则是通过理念论、灵魂论以及政治论等方面，阐发其对人性的基本观点。柏拉图认为："在凡是我们能用同一名称称呼多数事物的场合，我认为我们总是假定它们只有一个形式或理念的。"① 这里的"理念"并非是哲学家灵机一动的产物。"理念或形式本身则不是任何匠人制造得出的。"② 理念世界是绝对真实的、永恒不变的，现实世界则虚幻不定、流变不已。现实世界中的一切事物，不过是理念世界中这一事物理念的影子。"我们所说的猫是什么意思呢？显然那是与每一个个体的猫不同的东西。一个动物是一只猫，看来是因为它分享了一切的猫所共有的一般性质。"③ 不难发现，柏拉图的"理念论"与朱熹的"理一分殊"存在某种共通。朱熹认为："万物皆有此理，理皆同出一原，但所居之位不同，则其理之用不一。"（《朱子语录》卷十八）正是基于这种"理念"，柏拉图进而指出：善是最高的理念。"它的确就一切事物中一切正确者和美者的原因……是真理和理性的决定性源泉。"又说，"知识的对象不仅从善得到它们的可知性，而且从善得到它们自己的存在和实在，虽然善本身不是实在，而是在地位和能力上都高于实在的东西"④。"善的理念"进而在柏拉图的价值体系中成为现实世界最具终极意义的规定者。"每一个灵魂都追求善，都把它作为自己全部行动的目标。"⑤

从"灵魂论"来看，柏拉图依据"善的理念"对灵魂的三部分（理性、激情与欲望）进行不同的价值划分。认为只有理性有能力认识"善的理念"，获得真正的知识与智慧，欲望则被视为灵魂中最低的部分，应处于被领导地位。理性、激情与欲望在现实中的人格化分别是护国者、军人和生产者，甚至对这三种人性进行了"金银铜铁"的严格层次区分，并由此规定它们各自不同的职责与行为。柏拉图认为，哲学家的天然品质就是"永远酷爱那种能让他们看到不受产生与毁灭过程影响的永恒的实体的知识"，"他的注意力永远放在永恒不变的事物上，他看到这种事物相互间既不伤害也不被伤害，按照理性的要求有秩序地活动着，因而

---

① [英]罗素：《西方哲学史》，何兆武、李瑟约译，商务印书馆2011年版，第388页。
② 同上。
③ 同上书，第163页。
④ [古希腊]柏拉图：《理想国》，郭斌和、张竹明译，商务印书馆1986年版，第267页。
⑤ 同上书，第261页。

竭力摹仿它们，并且尽可能使自己像它们"①。由这些最不热衷权力的人去掌权，国家就会得到最善、最稳的治理。为了严防人性中所潜伏的恶端，他进而炮制出"共产公妻"制度，来严格禁止统治者（护国者和军人）的私有倾向。"因为人们之间的纠纷，都是由于财产，儿女与亲属的私有造成的。"这样做，就能"防止他们把国家弄得四分五裂，把公有的东西各各说成'这是我的'，各人把他所能从公家弄到手的东西拖到自己家里去"②。

从政治论来看，柏拉图把城邦的政治制度分为五种形式（贵族政治或好人政治、斯巴达和克里特政治、寡头政制、民主政制和僭主政制）。认为只有贵族政治或好人政治是真正的善，其他四种则依次一种比一种更邪恶，五种政体会因人性改变而发生次序上的依次嬗变。柏拉图认为人们在睡眠时"由于失去了一切羞耻之心和理性，人们就会没有什么坏事想不出来的；就不怕梦中乱伦，或者和任何别的人，和男人和神和兽类交媾，也就敢于起谋杀之心，想吃禁止的东西。总之，他们没有什么愚昧无耻的事情不敢想做的了"③。他由此推断，一旦人的灵魂被"非法的欲望"主宰，就会在醒着的时候干出只有在梦中才能干的事，成为世上最邪恶的人。然而，柏拉图对"建立在有完善的人的理想基础上"的"好人政治"也缺乏十足的信心。④ 尤其随着他的政治实践的挫折，对人性的幻灭感更与日俱增，直至最后直接用"恶"来规定人性，认为"人的本性是贪婪的和自私的"⑤。在其后所著《法律篇》中，柏拉图力主实行法治，反对人治，告诫人们应当服从法律而不应服从个人权力。因为在缺乏具有完美德性品质的人的领导下，法律就成了唯一能够把人们"拉向美德的理性的金线"⑥。求助于法律规避人性"恶"的风险。

综上所述，从孔子与柏拉图的人性思维所折射出的技术路线考察，

---

① ［古希腊］柏拉图：《理想国》，郭斌和、张竹明译，商务印书馆1986年版，第252—253页。

② 同上书，第201页。

③ 同上书，第352—353页。

④ ［英］莱斯利·史蒂文森：《人性七论》，赵汇译，国际文化出版公司1988年版，第34页。

⑤ 陈村富、庞学铨：《古希腊名著精要》，浙江人民出版社1989年版，第141页。

⑥ 同上书，第122页。

二者均呈现出"内圣—外王"的、德性主导的价值取向，都强调个体的道德品质对人以及社会发展所起的重要作用。体现在孔子就是"仁"，而柏拉图则为"善"。子曰："克己复礼为仁。一日克己复礼，天下归仁焉！为仁由己，而由人乎哉？"(《论语·颜渊》)"在凡是被定为统治者的人最不热心权力的城邦里，必定有最善最稳定的管理，凡有与此相反的统治者的城邦里，其管理必定是最恶的"①。虽然柏拉图晚年在《法律篇》中提倡"法治"，然而，其真实意图却在于用法律来确保统治者的道德品质，内中所蕴含的本质还在于对统治者"内圣"的期待。当然，中西方文化在源头上的这种"互通"，也正为二者做进一步的比较铺设了逻辑前提。

问题的关键是：无论是从人的内在品性与日常行为习惯，或者是社会发展模式与路径选择，现代视野中的中西方社会都呈现出各种差异，在某些方面甚至呈现"决然相反"的实践走向。对问题的科学、合理阐释就不得不再次追溯到中西文化的源头，去辨析蕴含于其中的内在奥秘。上文比较所呈现的结论是：作为中西文化源头的孔子与柏拉图，都呈现出"内圣—外王"的逻辑进路。因此，问题并不存在于是否存在"内圣"开出"外王"，关键却在于以何种"内圣"开出什么"外王"。所蕴藏的逻辑内涵是：作为中西文化的源头，孔子与柏拉图的价值理念中，内蕴着导致后来中西方文化社会发展差异的内在逻辑因子。从实质看，这种"因子"就存在于孔子的"仁"与柏拉图"善"的本质中。

孔子开创的儒家伦理实质怎样？社会学家费孝通先生的评价是："我们儒家最考究的是人伦，伦是什么呢？我的解释就是从自己推出去的，和自己发生社会关系的那一些人里，所发生的一轮轮波纹的差序。"② 这种"差序"体现之一就是孔子的"仁"。"樊迟问仁，子曰'爱人'。"(《论语·颜渊》)子曰："弟子入则孝，出则悌，谨而信，泛爱众，而亲仁，行有余力，则以学文。"(《论语·学而》)问题在于：孔子的"仁"是"泛爱众"吗？如果是，这里的所爱的"众"又指向哪些人？对这个问题的理解，或许能从孔子的另一处对话获知答案。颜渊问仁，子曰：

---

① [古希腊]柏拉图：《理想国》，郭斌和、张竹明译，商务印书馆1986年版，第280页。
② 费孝通：《乡土中国》，人民出版社2011年版，第30页。

"克己复礼为仁。一日克己复礼，天下归仁焉。"（《论语·颜渊》）孔子进一步说："非礼勿视，非礼勿听，非礼勿言，非礼勿动。"（《论语·颜渊》）因此，在孔子看来，依礼而行是"仁"的根本要求，礼才是"仁"的根本标尺。进而对另一个至关重要的问题追问是：孔子所言说的"礼"具有何种内容与特质？考察孔子所处时代背景不难发现，"礼"所指向的是封建社会贵贱、尊卑、长幼、亲疏有别的秩序，要求人们的生活方式和行为符合所在家族内的身份和社会、政治地位，不同的身份有不同的行为规范，这就是"礼"。荀子云："人道莫不有辨，辨莫大于分，分莫大于礼。"（《荀子·非相》）又云："故先王案为之制礼义以分之，使贵贱之等、长幼之差、知贤愚能不能之分，皆使人载其事而各得其宜。"（《荀子·荣辱》）董仲舒云：礼者"序尊卑、贵贱、大小之位，而差外内远近新故之级者也"。（《春秋繁露》）由此可见，"礼"的实质与功能在于维持建立在等级制度和亲属关系上的社会差异，并非普适于一切人的平等规范。

因此，孔子之"仁"肇始于"人人敬其亲，长其长"，却终于"不独亲其亲，不独子其子"（《礼记·礼运篇》）。这种"仁爱"毕竟不能等同于墨家的"泛爱众"，涵摄于其间的"爱有差等"更是显而易见。正所谓："君子之于物也，爱之而弗仁；于民也，仁之而弗亲。亲亲而仁民，仁民而爱物。"（《孟子·尽心上》）"老吾老，以及人之老；幼吾幼，以及人之幼。"（《孟子·梁惠王上》）从历史上看，"仁"所蕴含的"差序性"贯穿儒家历史的始终，并长期以来成为中国传统社会结构的构成原则。这种生长于特定历史时空中的伦理建构对社会的稳定具有不容忽视的功能。然而，更为重大的问题是，一旦"差序格局"的伦理建构遭遇"现代性"的时空语境，"传统"之于"现代"的局限性就表露无遗。其中，最为突出的就是传统"差序"伦理对现代公共精神生成的抵牾甚至于解构。具体而言，一是依附性。儒家伦理中的"差序格局"标榜君臣、父子、夫妇、长幼、上下、尊卑等森严的"等差"秩序，将每一个人都打造成他人的附属品，扼杀了个体的独立自主人格，磨灭了个人的自由创造精神。二是私有性。"私有性"在社会生活中的延伸就是"看人下菜"的处事原则。面对"圈子"内的人，以情代法，网开一面；对待圈子外的人则照章办事，严格把关。"因为在这种社会中，一切普遍的标准并不发生作用，一定要问清了，对象是谁，和自己是什么关系后，才能决定拿出什么标准来。"① 三是封闭性。"各人自扫门前雪，别管他人瓦上霜""鸡犬之声相闻，老死不相往来"就是典型体现。"封闭性"的伦理特质实际上是"己"向外在的投射。"在这种富于伸缩性的网络里，随时随地地有一个'己'作为中心的。这并不是个人主义，而是自我主义。"② 四是专制性。模式是以其"差序性"将权利由下向上、由"卑"向"尊"层层集中，并将集中起来的至高无上的权利赋予了尊长。"君者，国之隆也；父者，家之隆也。隆一而治，二而乱。自古及今，未有二隆争重，而能长久者。"（《荀子·致士》）"差序"式的专权也就由此而产生。

柏拉图所提倡的"善的理念"本质又怎样？与孔子的"仁"实质区分在哪里？对这些问题的认识必须谨慎、细致地考察柏拉图的时代境遇。雅典政治生活是民主制，这种民主制是雅典通过公元前6至公元前5世纪的一系列的政治改革所完成。这套民主制，可以用伯里克利著名的"葬礼致辞"的一段话来描述："我们的制度之所以被称为民主政治，因为政权是掌握在全体公民手中，而不是少数人手中。解决私人争端时，每个人在法律上都是平等的；让一个人负担公职优先于他人的时候，所考虑的不是某一个特殊阶级的成员，而是他们有真正的才能。"③ 这种民主制已蕴含着现代民主制精神，但也带有城邦政治的特点，即全体公民不仅议政，而且参政，在市场上和法庭里进行辩论，辩论成了雅典政治的一大特色。公民法律上的平等、民主政治以及以辩论方式解决争端，这都有利于粉碎个人崇拜和人们心中的"官本位"意识。柏拉图就曾说过："不管怎么说，我们一定不能把对个人的尊敬看得高于真理。"④ 当柏拉图开始探求他的理想国时，雅典已过了她的辉煌鼎盛时期，正在伯罗奔尼撒战争中走下坡路，现实提供的是问题而不是机会，内战使原先不明显或转嫁了的政治、道德隐患恶性爆发。国内，对道德伤害最深的短期心

---

① 费孝通：《乡土中国》，人民出版社2011年版，第42页。
② 同上书，第31页。
③ 包利民：《生命与逻各斯》，东方出版社1996年版，第92页。
④ 同上书，第387页。

理占上风，智者把现实中的变化用抽象了的一般人性论加以理论概括，论证遵守公正不给人带来利益，人们服从道德只是为了一己私利，如果能不被发现，人人都会弃道德而干利己之事（《理想国》第一、二卷）。在政治领域中，政治家以满足自己私欲为目的，对大众以讨好、煽动其私欲为宗旨。面对这种城邦道德生活混乱的状况，柏拉图却坚持他的理想："善本身并不是实在，而是在地位和能力上都高于实在的东西。"①

无论历史背景如何变幻，柏拉图及其追随者也依然执着地坚持他的"善的理念"以及理想国的图景。在柏拉图看来，"善"意味着或共享着一种好的或和谐的生活态度、生活方式、生活共同体，自然界或人类社会中的个体或群体能够获得某种善目，具备共同生活的能力。而"恶"，则意味着一种坏的生活态度、生活方式、生活共同体，破坏着一种好的生活方式，缺乏共享生活的能力。柏拉图认为，与自然界的"善"雷同，人类社会的"善"也在于其和谐特性的保持，即按照生活共同体（城邦）的规则行事，符合"善"的生活才是一种真正的、具有美德的生活。正义，在柏拉图看来，并不在于共同体（理想国）及其个体的社会经济方面的财富的多寡、社会政治地位的高低、义务和资源的获取，而在于共同体中的个体（根据其灵魂的正义原则）能够合理地、符合自然本性地各安其分、各守其道、各行其是，互不僭越，能够使得共同体处在一种和谐良序的社会形态当中。反过来，社会共同体（理想国）也应当通过稳定而有序的社会制度或社会组织模式的建立（如合理的职业划分、培养德性或善或正义的教育体制的建立和实施等）来保证社会共同体中的个体能够合理地或有节制地"各就各位、各尽所能、各取所需"。② 由此可见，柏拉图的"善"及其理想国涵蕴着公平与正义的理想，表征的是一种静谧而和谐的生活。无论是前期对"哲学王"的偏好，还是后期《法律篇》中对"第二好国家"的政治设想，都是这种理念的呈现。

因此，虽然都处在"内圣—外王"逻辑路径的开端，以孔子为代表的、儒家的"仁"和以柏拉图为代表的"善"，在本质内涵上却存在区

---

① ［古希腊］柏拉图：《理想国》，郭斌和、张竹明译，商务印书馆1986年版，第267页。
② ［美］列奥·施特劳斯、约瑟夫·克罗波西：《政治哲学史》，李洪润译，法律出版社2010年版，第38—40页。

别。"仁"的特质是"等级"与"差序",而"善"的本质却是"公平"与"正义"。经过封建的强化,"仁"的"等级性"变本加厉,乃至成为维护封建秩序的工具,最终所形成的是中国社会的"等级"惯性,这种惯性既体现在伦理规范的设置上,更体现为国民等级观念与人治思维的精神性格上。柏拉图的"善"作为一种价值诉求,虽然也经历了各种历史境遇,然而,作为西方历史文化发展的源头,所开发出来的却是现代西方"引以为豪"的伦理政治制度以及人的正义品质。也正是基于这种历史文化的惯性,最终导致中西方在社会发展中的种种差异。

对孔子与柏拉图进行文化区分的实质性意义在于:在当代中国社会现代化进程中所遭遇的现实问题,并不是一种偶然呈现,在其实质性意义上,而是具有深层的历史文化理据。因此,对当代中国社会现实问题的思考,不能简单地进行中外横向的粗劣对比,乃至盲目的追捧与吸纳,也更不能把各种事情单列,进行无视历史文化的、断裂式的思考。比较合乎理性的做法是:对中国现代化进程中所遭遇的一切问题,都要还原中国问题的历史语境,尤其是要还原中国问题的历史文化语境。因为,一切问题都可以看作历史文化问题。也就是要对中国现实问题进行历史的、同情的理解,而不是人云亦云的"乡愿",更不能随波逐流地模仿、照搬外国文化。孔子与柏拉图所开创的中西文化传统,虽然在某些方面呈现二者的"互通",然而,毕竟是两种在实质性意义上有所不同的文化背景。因此,只有在历史文化语境的对比与借鉴中,才能深刻理会中国当代问题的内在实质,也才可能找到解决中国问题的有效方案。

第 七 章

品质、行为、实践主体性[①]

主体性是指主体在对象性活动中所表现出来的自觉性、能动性和创造性。所表征的,既是主体的自觉意识,又是主体的社会物质性,是主观性与客观性、具体与历史的统一。[②] 人具有何种意义的主体性以及主体性彰显程度怎样,不仅影响与制约着人的自我本质力量的实现,也会直接制约着人类社会历史的发展进程,古今中外的历史无一例外地确证着这个道理。然而,"人实质上不同于主体,因为主体只是人格的可能性,所有的生物一般来说都是主体。所以人是意识到这种主体性的主体,因为在人里面我完全意识到我自己,人就是意识到他的纯自为存在的那种自由的单一性"[③]。黑格尔所要澄明的是:主体性作为一种哲学范畴,它仅仅具有属人的特性。因此,作为实践活动主体的人的诸种规定,就必定影响与制约着人的主体性实现程度。品质与行为作为人所具有的本质规定,所表征的不仅是人的实践存在方式,更为实质性的意义在于:人具有何种品质与行为,直接影响人作为实践活动主体的主体性进程。当代,健全的主体性必然是中国社会现代化持续推进的价值旨趣。依托实践语境,探讨人的品质、行为与实践主体性的内在关联,不仅对于人的全面发展,对和谐社会构建乃至小康社会的建成都具有极为深远的理论价值与实践意义。

---

① 杨艳春、卞桂平:《人的品质与行为的主体性之维》,《江西社科学》2013 年第 10 期。
② 李淮春:《马克思主义哲学全书》,中国人民大学出版社 1996 年版,第 859 页。
③ [德]黑格尔:《法哲学原理》,范扬、张企泰译,商务印书馆 1979 年版,第 46 页。

第一节 人的品质与实践主体性

对品质含义的注解，不同学科因所持立场的差异会有所不同。一般认为，品质是指"人在心理和行为方面带有稳定性倾向的个性特征，个人在其行为整体中所展示的素质、人品和价值意义"[1]。与"物品的质量"[2] 所凸显的"自然属性"不同的是，人的品质更多的是指向人的"社会属性"，是指人在"实践活动中"所表征的心理、行为上的个性特质。相比较而言，"品质"与"主体性"之间存有一定的意义相通性。即，都是行为主体（人）在实践活动（行为）中所展现的、稳定的、人的内在特质；都涉及三个关键要素——主体、中介以及客体。因此，就可以说，人的品质是主体在对象性活动中所展现的个性特质，或者说，主体性是人在对象性活动中所具有的实践品质。因此，人的品质是实践活动的品质，实践是人的品质所影响下的实践。人的品质与主体性所呈现的内在一致性的意义在于：作为人的基本规定的品质不是一种孤立、静止的抽象概念，而是一种具有实践指向性、对象性的概念或范畴。现实意义就在于：人的品质怎样，不仅仅是关切到人以何种方式存在，实质上，它会影响到人的主体性生成程度以及人的实践活动的效率与效果。

在实践活动的三大要素（主体、中介以及客体）中，作为主体的人是实践活动的"灵魂"，是最为能动的要素。"人在现实活动中，并不是单纯受制于外物或他人作用的被动存在，并不是听命于（与）某种命运的摆布。"[3] 人的这种"优势"地位，一方面是人对对象世界改造的先决条件，另一方面，这也是人能否改造客观世界的制约因素。亚里士多德说："德性成于活动，也毁于活动；同时，成就着德性也就是德性的现实活动。"[4] 这里所要阐明的，正是强调"人"在实践活动中的重要价值。

---

[1] 罗国杰：《中国伦理学百科全书·伦理学原理卷》，吉林人民出版社1993年版，第303页。

[2] 徐秀澎：《新课标小学生实用词典》，世界图书出版西安公司2004年版，第484页。

[3] 袁贵仁：《人的哲学》，中国工人出版社1988年版，第154页。

[4] [古希腊] 亚里士多德：《尼各马可伦理学》，廖申白译，商务印书馆2003年版，第41页。

在实践活动之先,人要确立一种行动的"意图",即目的。马克思在论述这一点时说:"蜜蜂建筑蜂房的本领使人间的许多建筑师感到惭愧。但是,最蹩脚的建筑师从一开始就比最灵巧的蜜蜂高明的地方,是他在用蜂蜡建筑蜂房以前,已经在自己的头脑中把它建成了。"① 黑格尔也说:"行为的规定性自身并不是限于外在单一性而孤立的内容,而是在自身中含有复杂联系的普遍内容。出自一个能思维的人的故意,不仅含有单一性,而且实质上含有上述行为的普遍方面,即意图。"② 行为人的这种意图、目的和故意所展现的恰恰就是实践活动中人的品质。"我的目的最初仅仅是内在的东西,主观的东西,但它也应该成为客观的东西,而摆脱单纯主观性的缺点。"③ "主观"与"客观"的内在一致所折射的,正是行为主体——人对行为本身所具有的重要性意义。因此,实践主体具有何种品质,持有什么样的目的或意图,直接会影响到人的主体性的现实进展。

从人的主体性所蕴含的三重维度(自觉性、能动性与创造性)来看,三者本身就是实践活动的主体所表征的品质形态。当然,自觉性、能动性与创造性并不是孤立的存在。行为主体如果在实践过程中仅仅具有自觉性而缺乏其他,则会导致夸夸其谈、一无所成;如果仅仅具有能动性,则可能导致盲目冲动、效率低下,也即"有勇无义为乱"(《论语·阳货》);同样,如果只有创造性而缺乏其他,不仅创造性受到局限,也容易陷入空洞的理想主义的沼泽。正所谓:"单纯志向的桂冠等于从不发绿的枯叶。"④ 总之,自觉性、能动性以及创造性三者之间所呈现的是主体与客体、主观与客观、历史与现实等多重维度的统一。缺乏三者之一,人的品质将会滑入片面性,也难以生成健全的主体性。孔子比较早地关注到了这种关系。在(《论语·宪问》)中,孔子曾言:"君子道者三:智者不惑,仁者不忧,勇者不惧。"由此可见,孔子的理想人格就是"智、仁、勇"的有机统一,三者缺一不可。一个人要想"仁",不仅要

---

① 《马克思恩格斯文集》第5卷,人民出版社2009年版,第208页。
② [德]黑格尔:《法哲学原理》,范扬、张企泰译,商务印书馆1979年版,第122页。
③ 同上书,第20页。
④ 同上书,第128页。

有"勇",更要具备"智"。唯有如此,才能真正实现人们所预设的行动目的。同样,人的主体性的发挥既不是夸夸其谈,也不是盲目冲动,更不是一种幻想,合理的主体性需要行为主体具备与时代发展相适应的诸种品质。当然,人是社会中的人,人的品质也相应地具有社会历史性,不同的历史形态对人的品质具有不同要求。然而,不管处于何种历史形态,人的品质建构必然要遵循主体与客体、主观性与客观性的内在逻辑一致原则。

总之,人的品质建构只有基于历史与实践的根基才具有客观现实性,也才能在实践中成就合理的主体性,最终达到实践活动的目的。

第二节 人的行为与实践主体性

一般性意义上,人的行为是指人类自觉的有目的的活动。作为人的基本属性,行为是人类特有的生存方式。从行为过程来看,一般由动机、目的与效果构成。实践活动中,人会产生一定的需要,构成行为的动机,进而产生一定的目的并对目的进行抉择,付诸行动达到目的,就完成一次性行为过程。因此,与动物盲目、被动相比而言,人的行为凸显出自觉性与能动性特质。[1] 作为主体在实践活动中所表征的个性特质,人的主体性的实质就是行为主体在实践过程中所体现出来的自觉性、能动性以及创造性品质。因此,人的行为与实践主体性之间的问题,实质上就是人的行为与人的品质之间的关系问题。

黑格尔在论及"行为"时说:"意志作为主观的或道德的意志表现于外时,就是行为。"[2] 黑格尔在这里对人的品质与人的行为进行了细致区分。意志作为一种人的品质,是"主观的""内在的",而行为则"表现于外"。因此,人的品质是内隐,而行为则是客观现实。显而易见,在黑格尔那里,行为只是外在的"单一物",而品质则是内在的"普遍物"。即,"但是单一物的真理是普遍物,行为的规定性自身并不是限于外在单

---

[1] 宋希仁、陈劳志、赵仁光:《伦理学大辞典》,吉林人民出版社1989年版,第441—442页。

[2] [德]黑格尔:《法哲学原理》,范扬、张企泰译,商务印书馆1979年版,第116页。

一性而孤立的内容，而是在自身中含有复杂联系的普遍内容。"① 当然，在观察到人的品质引领人的行为的同时，也应看到人的行为对人的品质的影响。人的品质并非自然天成，人以何种品质存在，后天环境的作用至关重要。"我们判断一个人的品质如何要根据他的品质的活动，正如判断他的身体如何要根据其身体的活动一样。"② 同时，人的品质养成很大程度上依赖于后天习惯。"我们是怎样的就取决于我们的实现活动的性质。""从小养成这样的习惯还是那样的习惯决不是小事。"③ 因此，也就可以说，品质是内在的尚未实现的行为，行为是外在的、客观现实性的品质。

因此，作为一种实践品质，人的主体性绝不是一个脱离于实践活动的抽象概念，相反，在一定意义上受到实践活动所制约。也正是基于这种意义，亚里士多德才认为"德性成于活动，要是做得相反，也毁于活动；同时，成就着德性也就是德性的实现活动"④。当然，在注意到人的行为的客观现实性的同时，也一定要注意到人的行为所具有的社会历史性。这一点，在马克思有关人的本质属性的论述中阐述得非常清楚。"人的本质不是单个人所固有的抽象物，在其现实性上，它是一切社会关系的总和。"⑤ 而人的社会性与人的行为的社会性是密不可分的。也就是说，一种行为是否恰当，在不同的历史形态中会呈现不同的标准，甚至于往往得出相反的答案。然而，不管历史如何变幻，有一点可以确证，那就是人的行为只能以当时或表征未来发展方向的伦理准则作为参考标准。当然，行为的相对性还不只是体现为历史发展中。在同一历史时期，因为人们所处的立场不同，会导致对同一行为的不同的价值评价。因此，人的行为取向就要体现出整个社会最大多数人的利益。在行为的选择上，只有体现前瞻性、发展性以及人民性等的行为，才能是真正的、符合社会发展需要的行为，也才能在行为过程中培育出与社会发展相适应的人

---

① ［德］黑格尔：《法哲学原理》，范扬、张企泰译，商务印书馆1979年版，第122页。
② ［古希腊］亚里士多德：《尼各马可伦理学》，廖申白译，商务印书馆2003年版，第123页。
③ 同上书，第37页。
④ 同上书，第41页。
⑤ 《马克思恩格斯文集》第1卷，人民出版社2009年版，第501页。

的品质，最大限度激发人的内在潜能，发挥健全的主体性。

当然，规范人的行为，铸就合理品质也并不能仅仅停留于"应然"维度上。实践活动主体采取何种行为，一般而言，受到两种情况的制约。一是源于内心的道德律，二是外在规范（法）的强制。依靠"德性"的自觉，往往仅仅依靠实践主体的"慎独"而呈现出一定困境。"即使人们在主观意志中被设定了善，但这并不就是实行。"① 行为主体是否实施某种行为仅仅有赖于"良心"。即，"见父自然知孝、见兄自然知悌、见孺子入井自然知恻隐"②。这种对"自觉"的依赖往往缺乏现实可操作性。而规范的强制也经常会出现"口服心不服"的现实难题。黑格尔在论述行为的时候就说："意图的法在于，行为的普遍性质不仅是自在地存在，而且是为行为人所知道的，从而自始就包含在他的主观意志中。"③ 因此，人的行为的规范最终还是要从行为的"普遍性"出发。即，"想要进行立法，不宜只看到一个环节，即把某物表达为对一切人有效的行为规则，而且要看到比这更重要的、内在而本质的环节，即认识它的被规定了的普遍性中的内容"④。总之，实践中的行为伦理，既不是单纯内在的"德"，也不仅仅是外显的"法"，而是"德—法"生态。唯有如此，才能实现人的行为与实践主体性的二维建构。

第三节 品质、行为与实践主体性的价值生态

作为主体与客体，主观与客观以及能动与受动等多重维度的统一，实践主体性内在地就已经含蕴着人的品质与人的行为的一致性。它所表征的正是品质见之于行为，行为确证并铸就品质的二维关系。当然，也正如前文所议，实践主体性绝不是一个"纯粹"的抽象，而是具有"活生生的"客观现实性。因为，实践主体性作为实践主体在行为过程中所表征的内在品质，离不开两种最为基本的要素——作为实践主体的人与

---

① ［德］黑格尔：《法哲学原理》，范扬、张企泰译，商务印书馆1979年版，第113页。
② 《王阳明全集》，上海古籍出版社1992年版，第6页。
③ ［德］黑格尔：《法哲学原理》，范扬、张企泰译，商务印书馆1979年版，第123页。
④ 同上书，第219页。

客观现实活动。马克思在谈到人的主体地位和主体能力的时候就说:"这些力量只有在这些个人的交往和相互联系中才是真正的力量。"①也正是基于此,作为人的品质与行为统一的实践主体性就被赋予了多重内涵,其中主体性与客观性、能动性与受动性、现实性与历史性是比较重要的几种属性。对这些范畴进行进一步的辩证省思,对于厘清人的品质、行为与实践主体性的内在关联及其现实向度,具有不可忽视的重要价值。

主体性作为人之为人的一种根本属性,不仅是人的本质力量的现实确证,在一定程度上更是表征着人与动物的实质性分野。因为,动物只能消极适应自然,而人则可以积极主动地认识与改造客观世界,以满足自己的各种需要。一部人类社会发展史,实际上也就是一部人的主体性不断生成的历史。在《政治经济学批判(1857—1858年手稿)》中,马克思从历史视角提出了著名的人的发展"三形态"理论。即,"人的依赖关系(起初完全是自然发生的),是最初的社会形式,在这种形式下,人的生产能力只是在狭小的范围内和孤立的地点上发展着。以**物的**依赖性为基础的人的独立性,是第二大形式,在这种形式下,才形成普遍的社会物质变换、全面的关系、多方面的需要以及全面的能力的体系。建立在个人全面发展和他们共同的、社会的生产能力成为从属于他们的社会财富这一基础上的自由个性,是第三个阶段"②。马克思对人的历史发展形态的"三阶段"界说,也就是表征人的主体性由"前主体性"到"主体性"再到"公共性"的历史进程,其实质也就是人的主体性从低级形态到高级形态的发展过程。

作为客观现实活动中的一种实践品质,主体性在一定程度上,成为文明进步的一种标志,表征着社会的历史与进步与发展。然而,实践活动中的主体性也并不是"为所欲为"的,因为,主体性不仅是属"人",更是"实践的",而"人"与"实践"却都是"社会"的。社会是遵循一定客观规律的社会,规律是客观存在的本质联系,不以人的意志为转移。社会客观规律的这些本质特性必然要求人的主体性的发挥要以遵循客观规律为前提。马克思说:"因为按人的方式来理解的受动,是人的一

---

① 《马克思恩格斯文集》第1卷,人民出版社2009年版,第580页。
② 《马克思恩格斯文集》第8卷,人民出版社2009年版,第52页。

种自我享受。"① 在一定意义上而言，人在何种程度上认识并遵循着社会发展的客观规律，直接制约着其在实践活动中的主体性发挥程度，也影响着实践主体认识与改造客观世界的程度。黑格尔在论述这一点时说："客观性的法所具有的形态在于，由于行为是一种变化，应发生于现实世界中，而将在现实世界中获得承认，所以它必须一般地符合在现实世界中有效的东西。谁要在这现实世界中行动，他就得服从现实世界的规律，并承认客观性的法。"② 黑格尔在这里所言说的"法"，实际上就是带有必然性的客观规律。总而言之，实践活动中的主体性既不是"凭空抽象"，也不是"为所欲为"，主体性与客观性、能动性与受动性并非彼此分离，而是相互依存，相互确证的存在。唯有如此，人的主体性品质才能在行为中得以确证，人也才能真正成为自由发展的、历史的真正主人。

主体性作为一种实践品质，它不仅是社会的、现实的，而且也是历史的、发展的。历史发展并不是孤立的，而具有一定的历史延续性。一定的历史阶段都是建立在以前历史发展的基础上，也进而成为以后历史的起点。马克思在论述这一点的时候就曾说，人的主体能力"它部分地以今人的协作为条件，部分地又以对前人劳动的利用为条件"③。也就是说，人的主体性能发展到何种程度并不是人的"主观臆想"，在实质上有赖于各个历史时期社会发展水平。主体性的历史特质表明：人的主体性伴随着历史的延展，会在不同的历史时空中展现出不同的历史形态。"随着新生产力的获得，人们改变自己的生产方式，随着生产方式即谋生的方式的改变，人们也就会改变自己的一切社会关系。手推磨产生的是封建主的社会，蒸汽磨产生的是工业资本家的社会。"④ 也就是说，生产工具怎么样会制约人的主体性发挥程度，也就直接制约社会发展程度。当然，历史是现实中的历史，现实也是历史中的现实，现实中的主体性也一定会伴随社会发展而呈现出与以往历史中的主体性的不同。在看到主体性的社会历史性的同时，更多地应该关注现实主体性。

---

① 《马克思恩格斯文集》第1卷，人民出版社2009年版，第189页。
② [德] 黑格尔：《法哲学原理》，范扬、张企泰译，商务印书馆1979年版，第134页。
③ 《马克思恩格斯文集》第7卷，人民出版社2009年版，第119页。
④ 《马克思恩格斯文集》第1卷，人民出版社2009年版，第602页。

美国学者英格尔斯在谈到人的现代化时曾这样说:"在整个国家向现代化发展的进程中,人是一个基本的因素。一个国家,只有当他的人民是现代人,他的国民从心理和行为上都转变为现代的人格,他的现代政治、经济和文化管理机构中的工作人员都获得了某种与现代化发展相适应的现代性,这样的国家才可能真正称之为现代化的国家。"[1] 英格尔斯所要表达的意义,在于社会现代化或社会进步对人的发展的依赖。从某种意义上看,也就是对人的现代品质与行为的依赖。只有社会中的人具备与社会发展相适应的现代性品质,并在实践中实施这种行为,这样的社会才能称得上是现代社会,也才是一个有发展的社会。

"单一物的真理是普遍物。"[2] 显而易见的是,英格尔斯看到了社会发展这种"单一性"背后所潜隐的"普遍性",即"人"或者说是"人的品质与行为"。中国的历史向来就是一个重视人的品质与行为的历史。"大学之道,在明明德,在亲民,在止于至善。"(《大学》)从儒家伦理"内圣—外王"之道对"德"抱以很高的期望就可见一斑。因此可以说,自古以来,中华民族也是一个重品质与修行的民族,从而也孕育出灿烂辉煌的中华文化。然而,现代社会是一个正处在"品质异化、行为失范"频发的社会。市场经济一方面确证了人的主体力量,与此同时,它所具有的弊端也同时暴露。对"物欲"的无限追逐,正在不断使人离"人之为人"的本质越来越远。工具理性凸显,人文价值失落。市场经济引发的各种负效应正如"洪水猛兽",肢解着现代人的主体性。在这种社会中,"每个人都以自身为目的,其他一切在他看来都是虚无"[3]。人的品质与行为的这种"原子化"和"反现代性",已经使得现代人举步维艰,人与自然、人与社会以及人与自身的冲突加剧使现代人本质力量难以获得确证。

社会的存在无疑的是"公共的"存在。黑格尔也认为:"个人主观地规定为自由的权利,只有在个人属于伦理性的现实时,才能得到实现,因为只有在这种客观性中,个人对自己自由的确信才具有真理性,也只

---

[1] [美] 英格尔斯:《人的现代化》,殷陆君译,台北:水牛出版社1971年版,第38页。
[2] [德] 黑格尔:《法哲学原理》,范扬、张企泰译,商务印书馆1979年版,第122页。
[3] 同上书,第197页。

有在伦理中个人才实际上占有他本身的实质和他内在的普遍性。"① 也就是说，人的主体性只有在公共性中才能获得其应有的价值和意义，离开公共性的主体性就好比离开水的鱼。这就必然要求现代人确立公共品质，培育公共精神，实践公共行为。"人之所以为人，正因为他是人的缘故，而并不是因为他是犹太人、天主教徒、基督教徒、德国人、意大利人等等不一。"② 黑格尔一语道破了人的本质。因此，人的品质与行为的公共性向度，必然是人发挥合理主体性的前提，也是社会得以持续推进的根本保证。

---

① ［德］黑格尔：《法哲学原理》，范扬、张企泰译，商务印书馆1979年版，第172页。
② 同上书，第217页。

第八章

群体、品质、行为

相对于一般动物而言,人是"能群"的动物。荀子在谈到这一点时就指出:人"力不若牛,走不若马,而牛马为用,何也?曰:人能群,彼不能群也。"(《荀子·王制》)由此可见,"能群"本来就是"人之为人"的固有特性。亚当·斯密在论述"分工"的时候也说:"可是动物的这些不同的种,尽管是同类,却几乎无法相互为用。家犬无法利用灵缇猎犬的敏捷以补充自己力气大的优势,等等。"[1] 群体,也正是基于人"能群"的特性的基础之上建立起来的。因学科背景的差异,不同学者对"群体"进行了多样注解。一般认为"群体"是"意指二人或二人以上具有直接或间接接触的人的结合。他们具有心理交互影响的确定模式和特殊类型的集体行为,通常被认为是一个结合紧密并具有一定组织形式的整体"[2]。

自人类社会出现以来,群体作为"人"的一种存在方式,成为社会发展的重要组成部分。群体的组织方式与凝聚程度怎样,具有何种品质与行为,不仅关系到群体以及群体内个体本质力量的实现,在更深一层次的意义上,群体因自身的影响力,也会关系到社会的进步程度乃至社会发展的未来走向。随着社会持续地发展与开放,尤其是科技发展的日新月异,群体从分类、组织以及行为模式,都呈现出与以往不同的样态,凸显出更为复杂化的一面。在当代中国社会,社会转型期的历史语境,也使得群体及其活动呈现多元杂陈的现代面向。因此,塑造与现代社会

---

[1] 马克思:《1844年经济学哲学手稿》,人民出版社2008年版,第135页。
[2] 李剑华、范定九:《社会学简明辞典》,甘肃人民出版社1984年版,第459—460页。

发展相适应的群体品质,规范群体行为,不仅是群体"自我"实现的需要,也是一定社会正常运转以及发展持续推进的必需。

第一节 群体、品质、行为的伦理生态

"品质"与品德、品格、品性等概念既存在联系,又有区别。"品质"是一个多学科交叉研究的对象。心理学、伦理学以及社会学都立足于本学科,对"品质"进行了不同视角的注解。纵观各种对品质的理解,大致上可以分作两大类:人文科学与自然科学。人文科学主要从人的心理、行为以及作风等方面对"品质"进行阐释。如伦理学的界定是:"人在心理和行为方面带有稳定性倾向的个性特征,个人在其行为整体中所展示的素质、人品和价值意义。"[1] 而自然科学则更多地关注到"自然属性",如"物品的质量"。[2] 相比较而言,从"人的心理、行为以及作风"上诠释品质内涵,更为突出的是品质的"属人"性,也就是"人的社会属性"。对品质做"社会性"意义上的理解,关键要看到品质所附属的主体——人。当然,这个"人"不是纯粹"抽象的人",而是活生生的、实践生活中的人。这里的"人",不仅仅指向个体,也包括群体与类。只有坚持对"人"进行唯物史观意义上的理解,才能真正洞察群体的品质与行为的内在本质,也才能对现实中人的行为进行合理注解。

人的品质生成并非某种"先验"的结果,而要受到后天社会环境的影响,这也是普遍的、人的品质生成的基本准则。正所谓"我们通过做公正的事成为公正的人,通过节制成为节制的人,通过做事勇敢成为勇敢的人"[3]。当然,作为"群体"的人,其品质生成也要遵循这个规律。即,群体能具有何种品质,并不是伴随群体组建就已经具有。实际上,群体的整体品质也是群体在实践活动中不断生成的结果。不同环境中的群体具有不同的品质,同样,同一群体如果处在不同环境,其本身所具

---

[1] 罗国杰:《中国伦理学百科全书·伦理学原理卷》,吉林人民出版社1993年版,第303页。
[2] 张清源:《现代汉语常用词词典》,四川人民出版社1992年版,第289页。
[3] [古希腊]亚里士多德:《尼各马可伦理学》,廖申白译注,商务印书馆2011年版,第36页。

有的品质也会呈现不同形态。群体品质的生成除了受外部环境影响之外，也会受制于群体成员的个体品质。当然，群体品质的判定所依赖的并不是群体成员品质的"整齐划一"，而只能是大多数。在群体品质生成的后天因素中，群体依赖何种伦理规范，以及执行情况对品质生成具有重要意义。作为群体品质生成的"导向标"，伦理规范具有何种性质，直接制约着群体品质的生成性质。群体伦理规范如能得到有效贯彻与执行，并得到成员的内在体认，群体整体品质必然得到相应提升。相反，就会走向反的一面。除此以外，群体的"核心成员"往往在群体品质生成过程中起着至关重要的作用。从一定意义上而言，群体品质怎么样，很大程度上就有赖于该群体"核心成员"所能发挥的作用，这一点在中国历史上的体现尤为突出。作为心理与行为的表征，活动主体的品质始终只能是行为中的品质。或者说，品质只有在实践过程中才能得以确证。诚如亚里士多德所言："慷慨的人的特征主要是在于把财物给予适当的人，而不是从适当的人那里，或不从不适当的人那里，得到财物。因为首先，德行是在于行善而不是受到善的对待，在于举止高尚［高贵］而不只是避免做卑贱的事情。"① 就是说，人是否具有"德"的品质，关键要看是否具有"德"的行为。"但是，认为最高的善在于具有德性还是认为在于实现活动，认为善在于拥有它的状态还是认为在于行动，这两者是很不同的。"② 同理，群体具有怎样的品质，并不是仅仅是"拥有它的状态"，所依赖的是群体的行为。"简言之，一个人的实现活动怎样，他的品质也就怎样。所以，我们应当重视实现活动的性质，以为我们是怎样的就取决于我们的实现活动的性质。"③ 与个体品质有所不同，群体往往因成员品质的多元化，在品质实现上呈现出一定的复杂情况。群体成员的品质如果整体趋向一致，那么群体的整体效应就会凸显。实际上，现实中的群体品质因个体的多样性与变动性，而只能趋向整体性，难以真正做到"整齐划一"。

---

① ［古希腊］亚里士多德：《尼各马可伦理学》，廖申白译注，商务印书馆2011年版，第97页。
② 同上书，第23页。
③ 同上书，第37页。

评价群体的品质，不是对品质进行某种抽象的、形而上学的沉思，而是要进行"生态式"考察。这种"生态"就体现为品质—行为、品质—社会、品质—历史，等等。总之，只有恢复品质所处的各种"生态语境"，才能对群体的品质进行合理评价。亚里士多德在谈到这一点时就说："我们称赞一事物，似乎是因为它具有某种性质而同某个其他事物有某种关系。我们称赞一个公正的人、勇敢的人，总之一个有德性的人，以及称赞德性本身，是因那种行为及其结果之故。"[①] 或者说，"一个人若不喜欢公正地做事情就没有人称他是公正的人；一个人若不喜欢做慷慨的事情就没有人称他慷慨，其他德性以此类推"[②]。当然，亚里士多德在这里只是从品质—行为的生态考察，强调对品质的评价离不开人的现实行为。黑格尔就认为品质的评价要看到行为主体的目的。"我的目的构成规定着我的行为的内容。"[③] 从某种程度上看，行为所具有的"目的"便成为考察人的品质的更为重要的依据。当然，群体品质的评价也要遵循历史的向度。在不同的历史语境中，同一群体的品质会得到不同的结论，或者是同一历史语境中，不同人由于所处立场的差异，也会对同一群体品质持有不同的评价结果。

总之，群体品质的生成、实现与评价，既要遵循"人"的品质发展所依赖的一般性规律，又要看到群体与个体在品质的诸特性中所存有的实质差别。唯有如此，才能真正洞悉群体品质的真正本质。

"行为"也是一个多学科考察的概念。《中国大百科全书·生物学卷》界定为"生物进行的从外部可察觉到的有适应意义的活动"。而《中国大百科全书·心理学卷》则解释为"完整有机体的外显活动"。由此可见，对"行为"注解的差异实质上源于对行为主体理解与界定的差异。从现实的人出发，行为所表征的是人所具有的存在方式，是人自觉的、有目的的活动。人的行为由一系列环节构成，包括需要动机、意志抉择、行动和效果。简化的形式是：动机—行为—效果。其中，动机根源于需要，

---

① ［古希腊］亚里士多德：《尼各马可伦理学》，廖申白译注，商务印书馆2011年版，第31页。

② 同上书，第23页。

③ ［德］黑格尔：《法哲学原理》，范扬、张企泰译，商务印书馆1979年版，第124页。

由动机而意识到要达到的结果就形成一定的目的。对目的做出抉择并付诸行动，达到目的，就是一个行为过程的完成。①

人的行为是存在意图的。"行为的外部定在是一种复杂的综合体，得被视为无限地分成各个单一性，因之行为可认为首先只是与其中一个单一性相接触。但是单一物的真理是普遍物，行为的规定性自身并不是限于外在单一性而孤立的内容，而是在自身中含有复杂联系的普遍内容。出自一个能思维的人的故意，不仅含有单一性，而且实质上含有上述行为的普遍方面，即意图。"② 显而易见，在黑格尔看来，行为作为"单一物"只是"普遍物"——"意图"的外显。群体作为"人"的特殊样态，自然要遵循并体现着人的行为的普遍性规律。即，群体的行为也具有一定的"意图"。当然，群体的这种"意图"并不是指群体内单个意图的叠加，而是整个群体所有成员的集体反映，这种"意图"必须要体现出群体成员的"公共价值"。群体"意图"实质上所彰显的正是群体的"实体性"（黑格尔）存在。在实践过程中，也会发生群体"核心成员"会因自身影响力，而用个人"意图"去"凌驾"群体意图的情况。意图是由成员决定，还是由某个人决定，既受到该群体的组织、规章制度影响，也受到群体成员素质以及所处环境与历史文化的影响。总之，群体"意图"既是衡量群体品质的重要尺度，也是人的行为评价的重要标尺。

仅仅具有行为的"意图"或"目的"，只是意味着行为的刚刚开始。也正如恩格斯所言："就单个人来说，他的行动的一切动力，都一定要通过他的头脑，一定要转变为他的意志的动机，才能使他行动起来，……"③ 这就表明，行为的"意图"或者"目的"还只是一种行为的"预演"，如果不付诸实际行动，那就只能是"空中楼阁"。黑格尔在谈到"志向与实行"的关系时候就说："从人们应该立志做伟大事业这个意义上来说，这话是对的。但是人们还要能成大事，否则这种志向就等

---

① 宋希仁、陈劳志、赵仁光：《伦理学大辞典》，吉林人民出版社1989年版，第441—442页。
② 黑格尔：《法哲学原理》，范扬、张企泰译，商务印书馆1979年版，第122页。
③ 恩格斯：《路德维希·费尔巴哈和德国古典哲学的终结》，人民出版社2005年版，第43页。

于零。单纯志向的桂冠就等于不发绿的枯叶。"① 因此,"意图"必须付诸行动才能体现其意义与价值。"行为"与"行动"是两个不同的概念。行动一般是指"为达到某种目的而具体地进行的活动"②。然而,无论是"行为"还是"行动",普遍地指向"人"的实践活动。在这一点上,低等动物一般性地只被描述成"动作",更多地指向动物所具有的本能特性。"行为"是指完成了的"行动",而"行动"是指正在实施过程中的"行为"。群体行为的完成,必然离不开"意图",也要付诸"行动",才能达到预期目的,取得相应效果。在实践活动中,群体的行动往往因为群体内个体的特殊价值取向,而分散群体的行动凝聚力,而导致群体行动迟缓,甚至于难以达到群体活动的"意图"。群体"意图"能否在行动中得到合理、有力贯彻,不仅仅依赖于群体成员的"慎独"与自觉,更有赖于群体伦理规范的高效制约以及群体"核心成员"的个人威信。因此,群体行动在一定程度上就体现出个体"特殊性"与群体"普遍性"的有机统一,进而成为一种良性生态。

衡量群体"行动"是否到达预定效果,主要地要把行为的"意图"与"结果"进行比较。如果行为的结果与行为的"意图"相一致,那就是达到了预定效果,这种行为就是被实现了的"意图",反之,则称为失败的"行动"。"行动"能否达到预定的"意图"和目的,离不开人的能动性。从某种程度而言,能动性是否具备,是"行动"能否达到预定目的的决定性因素。诚如马克思所言:"因此,人作为对象性的、感性的存在物,是一个受动的存在物;因为它感到自己是受动的,所以是一个有激情的存在物。激情、热情是人强烈追求自己的对象的本质力量。"③ 除此以外,"行动"要达到预定"意图",还必须具备自主性。自主性表明,人作为实践活动的主体能够正确认识和利用客观规律,并能在认识世界与改造世界的过程中,积极进行贯彻。因此,如果说能动性是"行动"达到预定"意图"的前提,那么自主性则是人能否达到预定"意图"的保证。就是说,"人作为自然的、肉体的、感性的、对象性的存在物,同

---

① [德]黑格尔:《法哲学原理》,范扬、张企泰译,商务印书馆1979年版,第128页。
② 郝迟、盛广智、李勉东:《汉语倒排词典》,黑龙江人民出版社1987年版,第156页。
③ 马克思:《1844年经济学哲学手稿》,人民出版社2008年版,第107页。

动植物一样，是受动的、受制约的和受限制的存在物……"① 只有"按人的方式来理解的受动，是人的一种自我享受"②。

群体作为"人"，仅仅是一种"特殊性"。即，群体只是"人"的一种存在形态。群体的"行动"能否到达预定"意图"，也必须有赖于群体的能动性与自主性。当然，群体的这种"激情与热情"的发挥，毕竟不同于"单一性"的个体，有赖于个体集体智慧的激发。"动物始终只是消极的，置身于异己的规定中，并且只使自己习惯于这种规定而已。"③ 与动物的消极适应性不同，人作为实践活动的主体，具有自身的利益诉求。即，"凡是人对某事物作为自己的东西感觉兴趣或应感觉兴趣，他就愿意为他进行活动"④。因此，群体的能动性能否得到有效激发，在一定程度上就依赖于群体能否满足个体的利益诉求以及满足到什么程度。从自觉性而言，群体对认识与利用客观规律往往要依靠群体"核心成员"的决策力及其职业精神。如果群体的"核心成员"仅仅把自我放在"被动"或者是"为我"的处境，就会削弱群体的凝聚力，也就根本谈不上群体的自主性与能动性，进而也无法论及群体实践活动的效果问题。总之，群体作为"人"的存在，行为体现出意图—行动—效果的连贯性以及内在一致性。能否达到预定效果，既取决于"意图"确立的合理性，也有赖于行动的合理实施。当然，群体作为个体的共同依赖，具有个体不具有的复杂性。因而，在整个的"行动"过程中也就呈现出与个体活动所不同的意义与张力。

品质与行为并非彼此悬隔的存在，二者呈现出相互依存的结构性表征。"德性在我们身上的养成既不是出于自然，也不是反乎于自然的。首先，自然赋予我们接受德性的能力，而这种能力通过习惯而完善。其次，自然馈赠我们的所有能力都是先以潜能形式为我们所获得，然后才表现在我们的活动中（我们的感觉就是这样，我们不是通过反复看、反复听而获得视角和听觉的。相反，我们是先有了感觉而后采用感觉，而不是

---

① 马克思：《1844年经济学哲学手稿》，人民出版社2008年版，第105页。
② 同上书，第85页。
③ [德]黑格尔：《法哲学原理》，范扬、张企泰译，商务印书馆1979年版，第15页。
④ 同上书，第125页。

先用感觉而后才有感觉)。"① 在一定程度上,亚里士多德呈现出与孟子"四端说"(《孟子·公孙丑上》)的理论趋向。不过,除了强调品质的"自然馈赠",还突出了品质生成"不是反乎于自然",而要依赖后天习惯来完善。"正是由于在危境中的行为的不同和所形成的习惯的不同,有人成为勇敢的人,有人成为懦夫。"② 直接点明品质生成对实践活动的依赖,要依靠行为来体现。当然,亚里士多德也同时指出:"我们称赞一事物,似乎是因为它具有某种性质并同某个其他事物有某种关系。我们称赞一个公正的人、勇敢的人,总之一个有德性的人,以及称赞德性本身,是因那种行为及其结果之故。"③ 就是说:"我们判断一个人的品质如何要根据他的品质的活动,正如判断他的身体如何要根其身体的活动一样。"④ 突出的是行为对品质的评价功能。

行为也不是独立的存在,是行为主体在实践活动中的实施。行为主体具有何种品质,也就必然影响着行为主体的意图、动机与目的,制约着行动实施的手段以及效果。诚如亚里士多德所言:"怯懦和不公正并不是在于这些事情(除非偶性地),而是在出于一种品质地做这些事情。这正像做一个医师和治疗一个病人并不在于开不开刀或用不用药,而是在于以一种特定的方式来做这些事情。"⑤ 黑格尔在论及这一点时也说:"主体就等于它的一连串的行为。如果这些行为是一连串无价值的作品,那么他的意志的主观性也同样是无价值的;反之,如果他的一连串的行为是具有实体性质的,那么个人的内部意志也是具有实体性质的。"⑥ "但是单一物的真理是普遍物,行为的规定性自身并不是限于外在的单一性而孤立的内容,而是在自身中包含有复杂联系的普遍内容。出自一个能思维的人的故意,不仅含有单一性,而且实质上含有上述行为的普遍方面,即意图。"⑦ 依照黑格尔的看法,作为"单一性"的行为,其内核与实质

---

① [古希腊]亚里士多德:《尼各马可伦理学》,廖申白译注,商务印书馆2011年版,第36页。

② 同上。

③ 同上书,第31页。

④ 同上书,第123页。

⑤ 同上书,第159页。

⑥ [德]黑格尔:《法哲学原理》,范扬、张企泰译,商务印书馆1979年版,第126页。

⑦ 同上书,第122页。

在于行为的"普遍性",这种"普遍性"实质指向就是人所具有的"意图"。黑格尔又说,"所以更精确些说,行动的动机就是我们叫做道德的东西……"① 这也就意味着品质在整个行为过程中的引领功能。

品质—行为的二维建构的方法论意义是:对群体的考察,不能做孤立的、静止的、片面的考察,既要看到群体品质中的行为,也要看到群体行为中的品质。也就是说:"德性成于活动,要是做得相反,也毁于活动;同时,成就着德性也就是德性的实现活动。"② "品质"正是在与"行为"的二重建构中不断得以生成。群体的总体品质要得到整体提升,所依赖的不仅仅是各种设计严谨的群体伦理规范,而是要在实践活动中,也就是在群体的"行动"过程中,通过各种有效措施规范群体成员的行为,使群体的伦理规范从对群体成员外在行为的规约,变成行为的"内心自觉",从而达到"慎独"(《礼记·中庸》)境界。唯有如此,群体的整体品质才能真正得以提升。当然,对群体整体品质提升最具有"破坏力"的是,群体规范的制定者与执行者率先违反群体的伦理规范。比如"以情代法""网开一面",等等。这就必然会强化群体成员对群体规范的不信任感,结果必然是群体伦理规范影响力的日渐式微,乃至作为群体的个体对群体的"逆反"。因此,群体行为的规范,除了刚性约束与道德教化之外,群体成员的有效监督必不可少。只有监督渠道的通畅与高效,才能真正对群体成员的行为具有约束力,最终达到提升群体品质的目的。当然,对群体成员的优秀品质要进行多渠道的奖惩与宣传,以实现品质引领行为的现实功能。

群体是社会中的"个体"。群体也就必然要遵循社会中的"人"的一切规定。"但是,人的本质不是单个人所固有的抽象物,在其现实性上,它是一切社会关系的总和。"③ 因此,从唯物史观视角去解读群体,群体就是现实的群体、是对象性的群体、是历史中的群体……实践活动中的群体就要遵循主体性与客观性的统一,能动性与受动性的统一。简言之,

---

① [德]黑格尔:《法哲学原理》,范扬、张企泰译,商务印书馆1979年版,第124页。
② [古希腊]亚里士多德:《尼各马可伦理学》,廖申白译注,商务印书馆2011年版,第41页。
③ 恩格斯:《路德维希·费尔巴哈和德国古典哲学的终结》,人民出版社2005年版,第54页。

就是要做到"群体—社会"的辩证统一。因此,讨论群体的品质及其行为,必然离不开实践、离不开历史、离不开社会……唯有如此,才能真正洞察作为"人"的群体的品质与行为的内在意蕴。

当代中国社会,无疑是群体普遍生成的社会。群体活动的日益频繁一方面推动着社会现代化的持续发展,另一方面,受时代发展境遇的制约,群体的品质与行为也深受社会的负面影响,滋生出不利于社会进步的诸种因素。"而生产生活就是类生活。这是产生生命的生活。一个种的整体特性、种的类特性就在于生命活动的性质,而自由的有意识的活动恰恰就是人的类特性。"① 群体也是"类"的存在形态,正是无数个群体推动着整个社会的发展。群体的这种特性必然要求其品质与行为呈现"类"的价值取向。唯有如此,才能真正确证群体所存在的价值与意义。

第二节 伦理形态一:农民群体[②]

主体意识是指人对自身的主体地位、主体能力和主体价值的自觉意识,以及在此基础上对外部世界和人自身自觉认识和改造的意识。[③] 它是主体对自己生命活动的自觉认识和自由支配的能力,即人全面占有自己的本质,实现自由发展的能力;是实践主体活力的源泉,是实现人与自然、社会的和谐,推动社会向前发展的重要保证。作为新农村建设的主体,农民主体意识的生成与发展程度将成为制约农村经济社会发展的直接因素。当前,如何高扬农民主体意识,塑造农民精神世界,"充分发挥广大农民群众的主体作用,是建设社会主义新农村成败的关键"[④]。

一 历史回顾:现代化进程中农民主体意识建构的历史成就

改革开放 30 多年来,农村社会经历着前所未有的从传统农业社会向

---

① 马克思:《1844 年经济学哲学手稿》,人民出版社 2008 年版,第 57 页。
② 卞桂平、焦晶、杨艳春:《回眸与展望:现代化进程中农民主体意识建构的理性审视》,《湖北社会科学》2009 年第 5 期。
③ 张建云《主体意识与人的全面发展》,《中共四川省委省级机关党校学报》2002 年第 4 期。
④ 胡锦涛:《在省部级主领导干部建设社会主义新农村专题研讨班上的讲话》,《人民日报》2006 年 2 月 14 日。

现代文明农业社会的转变，农民的主体意识也由此经历了从"束缚"到"松绑"再到"觉醒"的深刻变化。一是农村市场经济的发展使得当今的农民不仅是传统意义上以土地为生的"雇佣者"，同时又是现代意义上生产的所有者、经营者。不同身份、等级和不同利益群体的人们在市场经济运行机制下进行自我决策、自担风险、自谋生存、自我发展，主体意识从而得以生成。二是家庭联产承包责任制的推行把农民从旧有体制压抑下解放出来，使每个农户变成了独立的利益主体，尤其是当主体利益与其他利益发生冲突或互动的时候，权利意识与自我保护意识得以凸显，农民主体意识得到进一步的激发与强化。三是村民自治制度的实施使广大农民开始以主人翁的姿态积极投身到政治活动中去，在民主选举、管理、决策以及监督的实践中，主体意识得以进一步增强。四是农民生产方式与交往方式的变化使得农民在民主的、大众化的、平等式的社会结构中获得了依靠自己勤奋与能力发展成功的机会，张扬个性、发挥潜能、实现价值逐步成为他们新的人格取向。具体而言，农民主体意识的发展主要体现在以下几个方面：第一，懂市场、会经营，市场意识强烈。当前，农民作为社会主义市场经济的重要主体，已经能够积极主动地走入市场，遵循价值规律，参与市场竞争，自主地支配和使用所拥有的劳动力、资金等生产要素，独立地决定生产和销售；自觉地利用市场机制分享主体权利，并履行相应义务；能自主地对市场行情及时做出判断，适时地调整生产和销售，实现农业与市场的结合，促进农村经济发展。第二，谋发展、讲合作，现代意识突出。与现代化和新农村建设相适应，当前农民初步具备了较新的现代观念，有专业化、集约化的生产意识、市场开拓意识、规模经营意识和开放竞争的精神，他们不再是作为单个农民的简单相加，更不是一群乌合之众，而是具备了一定的集合意识、协作精神和集体观念的新群体。第三，求主动、敢挑战，创新意识凸显。作为新农村建设的主体，农民已具备相当的创新意识和首创精神，善于对周围的世界和环境进行主动探索和灵活反应，善于抓住机遇，突破僵局，超越常规，寻找出路，勇于挑战，具有敢斗争、敢于胜利的决心，有坚韧不拔的勇气和斗志。

二 现实考量：现代化进程中农民主体意识的缺失与成因

近 40 年的改革开放，农民主体意识的生成与扩张获得了充分土壤，主体作用也日渐彰显，然而，由于多种制约因素的长期并存，人们作为社会发展的设计者和建设者的主体地位并没有得以真正确立，思维方式与价值观念没有彻底实现由"传统"向"现代"的转型，主体意识的相对薄弱将直接成为推动农村社会发展和进步的潜在阻力。具体而言，一是依附性意识。农民依附性意识主要体现为对权力的依附、对金钱的依附以及对环境的依附。对权力的依附大致有三种心理：敬畏、顺从权力的心理。对权力的尊严和威力顶礼膜拜，对掌权者总是"惹不起、碰不得、笑脸相迎"；寻求权力庇护的心理。逢迎、讨好权力，为了得到权力的庇护，或者攀高结贵，或者请客、送礼；羡慕、追求权力的心理。把做官视为人生理想和目的，甚至于把精力与才智都用在谋取、巩固和扩大权力上来。对金钱的依附主要体现为把金钱视作衡量一切的标准，追逐金钱却忽略了人间公正，忘记了人生价值与追求。对环境的依附体现为遇事习惯于折中调和、"随大流"，缺乏真知灼见，以丧失自身利益来换取周围的和谐。二是保守性意识。农民保守性意识主要体现为自我封闭、缺乏进取与创新精神。不少人总是骄傲自满、固执己见，拒绝吸收和借鉴别人的意见和建议，奉行"各人自扫门前雪，别管他人瓦上霜"的处世哲学，与人"鸡犬之声相闻，老死不相往来"，宁愿维持现状，也不愿与人搞协作；不少人做事谨小慎微、"求稳怕乱""不求无功，但求无过""能忍自安、知足常乐"，奉行"三亩地、一头牛，老婆孩子热炕头"的价值观；还有人习惯于搞人际关系不愿去搞发明创造、习惯于依附群体却不敢标新立异、习惯于整齐划一却少有研究与质疑等。三是淡薄的权利意识和社会责任感意识。权利意识淡薄主要体现为人们内心深处潜藏着深重的臣民意识和等级观念，"畏官""盼官"，寄希望于"清官"为自己做主，习惯了对权力的依赖，主人翁意识的缺乏使得他们难以正确行使自己的权利。责任意识的缺乏一方面体现为农村领导干部中官僚作风、形式主义等现象在一定范围内存在，一些领导干部想问题办事情总是习惯于规避风险，逃避责任。另一方面，"事不关己，高高挂起"的价值观在农村还大有市场，个人主义、利己主义盛行，对坏人坏事视而不见、避而远之，自己做了违背道德之事，不是主动承担责任，而是为逃避了责任而暗自庆幸等。

主体意识总是根源于社会存在，即人们在社会实践中取得的主导地位的程度。人在什么程度上成为活动的主体，也就在什么程度上意识到自己的主体地位。作为现代化的建设者与设计者，人们在实践活动中主体地位的确立程度及主体意识的生成与扩张程度必然要受一定的政治、经济及文化等多种因素制约，这主要体现在：第一，农民自身素质的欠缺。一是农民受教育水平低。现有教育体制使得农民接受教育的机会与年限以及提升科技素质的有效途径比城镇居民要少得多，一些受教育较好的农民也早已跳出"农门"，留在农村的仍然是自身素质低、致富技能不高的农民。据相关机构统计，在中国4.9亿农村劳动力中，高中以上文化程度的仅占13%，小学以下文化程度的占38%，不识字或识字很少的占7%，接受过系统农业职业技术教育的不足5%。相对偏低的农民素质与农村的发展进程之间产生了尖锐矛盾，成为解决当前农村问题的瓶颈。二是农村科技培训教育流于形式，针对性与实效性不强。农村科普有待从工作人员素质、工作机制、工作投入等方面加以改进。三是农村缺乏健康向上的文体活动，群众一时还难以改掉旧有的生活陋习（比如赌博），日子久了，难免不思进取，意志消沉，很容易形成对人和物的依赖，缺乏做事的勇气和魄力。第二，经济发展水平的制约。传统农业社会生产落后、物质贫乏，从而形成了中国农民传统的人格特征。农业社会的封闭性使人们倾向于孤立、默从与惰性，时间观念淡薄，生活节奏缓慢，对公共事务不感兴趣，社会关系贫乏单一；农业社会的保守性使人们习惯于遵循历史上传递下来的规范与习俗，养成了按部就班、循规蹈矩、因循守旧的心理；农业社会的落后性使人们对于天灾人祸无能为力，养成了他们胆小怕事和顺从天命的软弱性格。这种社会环境在保证中华民族长期稳定发展的同时，又使人们迷信权威、崇古尊老、封闭保守，具有浓重的服从心态，压抑了主体精神。第三，传统文化的消极影响。作为精华与糟粕并存的结合体，传统文化对农民主体意识的生成与扩张有诸多不利。一是"家族本位主义"抑制了主体意识的生成。"家族本位主义"中"忠孝节义""三纲五常"等思想扼杀了人的个性解放与精神自由，从根本上破坏了主体意识的生成土壤。二是"中庸之道"使主体意识的生成发生了偏差。中庸之道强调折中调和、因循守旧，以静待动、墨守成规，压制了个体自主思维、开拓创新的欲望。三是迷信对主体意识生成的否定。部分落后地区迷信盛行，"佛"与"菩萨"成为许多人心中的救世主。盲目地崇拜否认了主体的作用与地位，对神灵作用的高扬实质是对主体意识生成的否定。四是"无为""柔弱不争"对主体意识生成力量的弱化。"无为而治""柔弱不争"等思想提倡遇事退缩不前，退让避祸，容易导致个体的自我满足以及主体性的缺失，从而阻碍个体主体意识的生成与扩张。[1] 第四，"城乡二元"制度的局限。"城乡二元"结构的制度性壁垒使农民的主体地位难以得到保障：一是农民的根本利益得不到保障。农民没有医疗保险、失业保险，农民到城市打工同工不同酬，甚至于工资报酬都得不到有效保障。二是农民没有充分享受国民待遇。现在国家实行的仍是城市财政，大量资金投向城市，即使现在搞新农村建设，农村的道路、教育、改水等，虽然有国家补贴，但大部分仍然需要农民出资出劳。三是农民创业缺少政策支持。在农村建设过程中，农民想发展新产业，却没有资本，也得不到信贷、税收等政策的支持，不可以用信誉，也不可以用土地承包权、房产权等做抵押贷款，很大的一部分人只有靠出卖体力为别人打工赚钱。可以说，"城乡二元"管理体制的长期存在使人们普遍认为农村不如城镇，农民就是不如城镇居民，自信心的缺乏与对自身主体能力的认识不足使他们逐渐习惯了逆来顺受，主体意识被逐步消解。第五，基层民主的管理缺失。当前，农村基层民主管理水平还处于初级阶段，与新农村建设的要求还有差距，不利于激发农民群众责任意识和自强、自主意识。一是农民对村里的事不闻不问，认为村事就是村干部的事，不能主动地行使、维护自身权利；二是村干部忽视了农民在新农村建设中的主体地位，工作中征求意见较少，包办代替较多，不会去调动农民的积极性、主动性、创造性。三是民主管理重形式、轻内容。虽然实行村民自治、村务（财务）公开已有多年，但村务公开和民主议事制度不够完善，农民群众参与决策不够，未真正享有知情权、参与权、管理权、监督权等。

---

[1] 谭千保、陈梦稀：《论传统文化对个体主体意识生成的影响》，《湖南师范大学教育科学学报》2002 年第 6 期。

三 展望未来：现代化进程中农民主体意识的培育进路

唤醒农民主体意识，发挥农民的主体性是新农村建设的必由之路。在新农村建设的过程中要通过各种有效方式让农民深刻地感受到，他们既是新农村的建设者，也是新农村建设的受益者，既是创造的主体，又是价值的主体；要坚持以农民为本，认真考虑农民的现实需要，充分尊重农民的意愿。也只有当农民意识到自己就是新农村建设的主体，把新农村建设转变为自觉的行动，农民的主体作用才能得到最大限度的发挥。

第一，普及农村教育、提高农民素质。意识的形成有赖于思维方式的转变。农民只有习惯于以主体的姿态去思考和解决问题，才能形成相应的主体意识。思维方式的改变依赖于农民自身素质的提高，经济学家舒尔茨曾说"不要总念念不忘土地面积，这并不是决定性的"，关键在于人的素质，或者说在于对农民进行人力资本投入。[1] 因此，大力发展农村教育，着力提高农民的思想道德素质、民主法制素质、科学文化素质以及心理调适素质就成为当前迫切任务。当前，要进一步巩固和普及农村九年制义务教育，发展职业教育，办好学前教育和特殊教育，开展多样化的成人教育和继续教育，加快发展农村现代远程教育。通过多层次、多形式的农民教育，使农村大批劳动力的科技文化素质达到新型农民的培养要求。进一步加大对农村教育事业的投入，加强农村教育基础设施建设，继续实施农村中小学危房改造工程，切实改善农村办学条件。认真落实农村贫困家庭学生"两免一补"政策，全面实行教育收费公示制，保证农村适龄青少年上得起学、念得起书，保证家庭经济困难的学生不失学、不辍学，从小抓起，确保农民整体素质的提高。

第二，发展农村经济、夯实物质基础。按照马斯洛需求层次理论，物质需求是最基本、最核心的需求。只有达到物质上的满足，个体才会追求个人价值，社会地位及社会权利。从这个意义上讲，农村地区贫困落后的经济状况从最根本上制约了农民的发展和对自我地位的追求，只有积极发展农村经济、夯实物质基础才是提升农民主体意识的有效手段。当前，农村经济还未完全摆脱自然、半自然经济的影响，农民还是传统

---

[1] [美]西奥多·W.舒尔茨：《改造传统农业》，商务印书馆1987年版，第146页。

意义上的小生产者，生产方式的落后导致自给自足、自私自利思想的滋生，与社会主流的生产方式显得格格不入。因此，必须加大力度、积极引导农民致富，大力发展农村经济，让农民充分参与到社会主义市场经济条件下的社会大分工，促使"传统农业"向"现代农业"的转变，让农民摆脱自然经济，逐步树立与社会化生产相适应的主体意识。农村经济越是发达，农民参与社会分工就越多，农民与社会的联系就越密切，与政府的共同利益就会越多，就会更加关注社会集体利益，农民主体意识的社会化程度就会越高。

第三，弘扬先进文化、培育主体精神。只有在传统文化的基础上大力弘扬先进文化，培育农民的独立自主精神，培养他们的社会责任感和自我责任感，才会使农民的主体意识得到进一步加强与提升。一是要始终坚持用正确的思想引导农民，用健康的东西吸引农民，帮助农民自觉抵制落后、丑恶思想的影响；应传播先进文化，弘扬社会正气，倡导科学精神，达到以高尚情操塑造农民现代人格的目的。二是要注重创新文化活动形式，加强城乡文化活动联动，促进农村文化繁荣。以城乡互动为重要途径，突出群众性和广泛参与性，动员组织农村青年结合当地实际，创作音乐、诗歌、戏曲、快板、小品、相声、剪纸、编织、绘画等新作品；通过文艺会演、作品展览、文体大赛、挂主题年画、贴时代春联等丰富多彩的艺术形式，宣传党的"三农"工作方针政策，展现农村改革开放的巨大成就和法制宣传；动员组织城市文艺工作者送歌下乡、送戏下乡、送电影下乡，与农村党、团组织共同开展乡村文化活动，丰富和活跃农村青年的精神文化生活。三是抓住寒暑假大学生回乡的有利时机，组织他们进行文艺演出，义写义送春联等社会实践活动。动员组织广大进城务工青年利用假节回乡机会，开展健康向上的文娱活动，交流务工信息，传授劳动技能，把科学文化、致富技能和文明习惯带回家。

第四，加强制度建设、确保农民权益。富有效率与充满活力的体制是人的主体意识得以生成与扩张的重要保障。如果人民群众作为主人但又不能充分行使主人的权利，其结果必然是人们主体意识的淡化，对社会、国家及集体的冷漠和责任心的日益丧失。因此"必须切实保障农民权益，始终把实现好、维护好、发展好广大农民根本利益作为农村一切工作的出发点和落脚点"①。当前，必须尊重和保障农民的民主权利有：一是平等权。农民应平等地享有《宪法》赋予的平等权利。在迁徙、就业、教育、医疗等方面，城乡应一视同仁，不能对农民降等相待。二是选举、决策、管理和监督权。在新农村建设中应坚持公开透明的原则，按事先确定的议事规则，让农民共同参与讨论、研究和决策。尤其是与农民生产、生活息息相关的事情，必须让农民广泛参与，问计于民、问需于民，根据多数农民意愿办事。三是社会保障权。要尽快建立健全包括农民在内的全国统一社保体制，逐步加大公共财政对农村社会保障制度建设投入，有条件的地方要探索建立与农村经济发展水平相适应、与其他保障措施相配套的农村社会养老保险制度、探索建立农村最低生活保障制度。此外各级政府都要增加对农村卫生事业的投入，规划农村医疗服务，切实解决农民看病难、看病贵、因病致贫、因病返贫现象。只有把制度建设作为落实农民民主权利的基础性工作，加大建章立制的力度，用好的制度管人和管事，才能保证农民的民主权利落到实处。

第三节 伦理形态二：农民工群体[②]

作为当今社会涌现的特殊群体，新生代农民工已然成为推动我国经济社会发展不可或缺的生力军。由多种因素引发的主体意识的消极样态必将影响到这一特殊群体内在潜能的有效生长。积极探索新生代农民工群体的精神世界，培育他们健全的主体精神品质，必将对新时代新农村建设、人的自由与全面发展及社会主义和谐社会建构都具有重大意义。

一 农民工群体的伦理问题（一）：基于主体意识视角

作为人对自身的主体地位、主体能力和主体价值的自觉意识，以及

---

① 《中国共产党第十七届中央委员会第三次全体会议公报》，《人民日报》2008年10月12日。

② 卞桂平：《新生代农民工的精神世界：主体意识及其培养》，《理论导刊》2011年第6期。

在此基础上对外部世界和人自身自觉认识和改造的意识,① 主体意识表征着主体对自己生命活动的自觉认识和自由支配的能力,是实践主体活力的源泉,是实现人与自然、社会的和谐,推动社会向前发展的重要保证。据统计,我国有 1.5 亿外出农民工,其中"新生代农民工"——80 后、90 后的农民工有近 1 亿人,约占农民工总数 67%。② 由于特殊的生存境遇,新生代农民工主体意识的生成与扩张受到制约,势必成为抑制他们健全人格生长及社会和谐发展的实现。2010 年中央一号文件曾明确提出,要"着力解决新生代农民工问题"③,传递出中央对新生代农民工的高度关切。当前,高扬新生代农民工的主体意识,塑造他们健全的精神世界,必然成为新农村建设及和谐社会实现的动力保证。相比老一代农民工而言,新生代农民工具有乡土记忆淡薄、城市情结浓厚、人生阅历单纯及整体素质较高等复合特征,居住空间、生存环境、生活方式及思想观念等正逐步趋于城市化,权利意识、发展意识及进取意识等比较突出。然而,在"扎根"城市的"奋争"中,由于特殊的生存境遇使得他们的主体精神的困惑日渐凸显,思想观念与价值取向的偏失势必导致他们主体意识的式微,个体生存与发展及所处社会的既有秩序也将随之面临深刻挑战。

一是物化意识凸显。随着物质财富的增长,新生代农民工对金钱的渴望和追求达到了前所未有的程度。在他们眼中,个人能力的大小不再在于知识、智慧和能动性、创造性,而在于他能否赚取大量的金钱,金钱占有量成为他们人生价值、人生意义和人在社会上是否成功的主要标尺,有钱人被视为社会中的成功者而备受羡慕与尊重,成为他们心中理想人格的典范。因此,"看看世界,享受生活"成为大多数新生代农民工务工的动机,"灯红酒绿"成为他们内心的向往与追求,城里人的"潇洒"成为他们的预想目标与竞相模仿的对象,"下馆子、光顾网吧、迪厅、酒吧、溜冰场、K 歌、看电影及聊 QQ"等成为他们"引以为豪"的

---

① 张建云:《主体意识与人的全面发展》,《中共四川省委省级机关党校学报》2002 年第 4 期。
② 《新生代农民工调查:人数近亿占比 6 成,爱吃麦当劳》(http://www.dzwww.com/rollnews/finance/201002/t20100202_ 5573890. htm)。
③ 《中共中央 国务院关于加大统筹城乡农村发展力度 进一步夯实农业发展基础的若干意见》(http://news.xinhuanet.com/politics/2010 - 01/31/content_ 12907829. htm)。

身份标志，尤其是尚未结婚的新生代农民工，更是把所谓的传统责任与美德抛到脑后，不少人还是"月光族"，他们手机的拥有比例高达72.9%[①]，绝大多数人的通信方式都很现代化，部分人还染上了吃喝玩乐、游手好闲的不良习惯，富裕起来的他们会在穿着打扮、交通工具、"红白"喜事、彩礼、酒席等方面大肆攀比，一旦囊中羞涩，物质欲望与虚荣心得不到满足便以身试法，走上不归路。二是自卑思想较浓。与全国平均农村人口的受教育水平相比，新生代农民工受教育程度高，属于"草根精英"，但与城市同龄人相比，他们所受的教育程度及受教育的水平则相对偏低，进入城市后，他们的这种优势消失了，渐渐产生了自卑心态。在就业方面，由于文化程度普遍偏低，使他们只能找到一些不算稳定、经济收入低、劳动强度大、环境条件相对脏、乱、差的工作，工作的等级性和经济条件的制约使他们总觉得低人一等。在户籍和社会福利方面，新生代农民工与其父辈一样也难以取得城市居民所享受的待遇。最后，必要的人际交往经验和知识的缺失导致许多新生代农民工产生不适应感，他们的交往圈子非常闭塞与狭隘，大多局限在亲戚、过去的同学、朋友和现在工作的同事，与邻居、传统城市居民的交往都非常少。正常交往的缺乏，使得他们与城市居民的误会、隔阂与日俱增，形成恶性循环。一方面是羡慕城市的繁荣，向往城市生活；另一方面却是因难以融入主流的城市生活而逐渐产生的回避意识，"城市过客"的消极心态便潜在滋长。三是务实精神不足。新生代农民工一般而言对工作岗位比较挑剔，对大量缺工的家政、餐饮等服务业兴趣都不大；工作缺乏持久性，不能踏实工作，不是因为待遇低，就是觉得没面子，受不了一些客户的脸色等；遇到不顺心的事就闹情绪、提要求，甚至辞职，对企业的计划执行不认真，不能按时、按质、按量完成本职工作，经常让企业蒙受损失等。一项调查表明，新生代农民工敬业精神差，且职业流动率最高，平均每人每年换工作0.45次，而20世纪50年代出生的老一代农民工仅为0.08次，其跳槽频率是其父兄辈的近6倍，即使能够做到"敬业"，也很难做到真心"爱岗"。这其中，近一半的人是因为"生活、生

---

① 《新生代农民工面临城市困境，想当城市人门槛多多》（http：//www.dzwww.com/rollnews/finance/201002/t20100202_5573890.htm）。

产环境和闲暇时间不足"而跳槽，17%的人提出"自己不喜欢那个工作"或者只是"想换个环境"。① 除此以外，新生代农民工在获得工作的同时，对得到尊重，在文化、娱乐、健身等精神方面的需求也不断增强。技能学习时，只愿意学电脑、开车、外语等看似轻松时髦，实际却是普及性、缺乏特色专长的本领，而不愿意学焊工、厨师等真正为社会需要的专业本领，缺乏踏实做事的务实品格。

除此以外，新生代农民工主体意识不足还表现在一定程度的上进心不强、依赖思想残存、忧患意识不足、得过且过以及功利性与保守性等一系列的消极心理品质，使得他们在面对急剧变化的社会环境时缺乏足够的信心和勇气，进而呈现精神上的乏力感而对未来不敢抱太多、太高的奢望与想法。主体精神的式微势必会使他们长期被置于社会正常秩序与制度之外，而成为经济社会发展的潜在阻力。

"精神生活本质上是现实的个人从内心对客观现实在认知基础上形成的体验、反思和诠释。人的社会实践活动的不同，必然会形成不同的精神生活。"② 成长于农村的新生代农民工受传统小农思想影响至深，加之后天教育不足及城乡二元体制束缚下自身权益的相对缺失等多重因素的存在使其主体意识的生成与扩张受到一定程度的制约，从而造成主体精神的式微。主要体现以下几个方面：一是成长环境的变迁。新生代农民工与传统农业是疏远的，多数人出了学校门就进了城市、工厂，有的还是与务工父母在城里长大，就业观念、生活方式及消费理念基本上与城市人趋同，对城市的认同意识远远高于农村，渴望融入现代都市社会、成为真正的市民成为他们的价值诉求；老一代农民工虽然对城乡二元体制造成的客观歧视不满，由于在城里务工会直接带来生活的改善，最终还是认同了自己的农民身份，逐步容忍和习惯了二元体制带来的困难乃至痛苦。而新生代农民工大多没有经历生活环境变迁的感性经历，他们是现实与横向的比较，认为自己和城里从学校毕业参加工作的新生代没

---

① 《新生代农民工面临城市困境，想当城市人门槛多多》（http://news.sohu.com/20100112/n269512925.shtml）。

② 王秀敏、张梅：《现代人精神生活质量内涵的理性阐释》，《理论与改革》2008年第3期。

有什么不同，不应该受到不公正待遇，这种深层意识下的公正渴望与现实存留的城乡客观差异使得他们倍感彷徨与无奈。由于大多数人直接从学校跨入到社会，艰苦创业的意识与吃苦耐劳的精神远不及他们的父辈，又由于缺乏必要的专业技能和进入正规就业市场的本领，在城市难以实现真正立足，但也不愿甚至没有能力回到农村务农，因此，逐渐成为城市和农村之间真正的"摇摆人"，过高的期望与现实的境遇形成巨大落差，不免产生消极自卑意识。二是教育状况的不良。对教育状况现实关切的诸多要素中，最主要的是受教育对象在何种条件下接受了什么样的教育。由于受客观条件不同的影响，新生代农民工与新生代的城市市民在教育方面存在明显差异，这种不同不仅仅在于公众舆论所普遍关切的局部教育资源的分配不公，更是区域间经济发展状况的差异所导致的"根源性"不公。与城市相比，农村教育因物质条件的限制而相对落后，存在着硬件设施跟不上、教师水平素质普遍偏低以及教育观念的相对滞后等诸多问题，标榜"促进人的全面发展"的"素质教育"的"阳光"始终无法在落后的农村地区得以"普照"，"应试教育"指挥棒依然是"我行我素"，许多人更是禁不住外部环境的诱惑而中途辍学。农村教育中客观存在的"人学空场"必然导致学生素质无法得到"质"的提升，因此，大多数人在成为新生代农民工以后便在"物质需求"与"精神提高"这两种与个体发展密切相关的取向上"失衡"，成为物质"奴役"的对象而失去了自我。也因为所受教育的不同，那些农村新生代"草根精英"们在"人才林立"的都市必然黯然失色，综合素质、就业机会、举止谈吐等许多方面无不让他们"望尘莫及"，同一个生存背景下的"无情较量"无时无刻不在催生他们本来就脆弱的自卑心理。应试教育背景下成长起来的新生代农民工普遍存在着综合素质的偏失与实践能力的低下问题，这也必然诱发他们在城市务工过程中逐渐形成"高不成低不就""这山还看那山高"的浮躁心态，缺乏踏实奋进的主体精神。三是消极文化的影响。中国封建文化向来标榜"钱"与"权"的交互作用，宣扬"权"与"钱"的"互通"功能。几千年的历史积淀已然转化为难以消磨的"钱"与"权"的交互意识，内化为中国人的内在性格特征，日常生活中的表征就是人们向往"权"，更向往"钱"，相信有了二者之一即可拥有一切。封建意识的盘驻地是农村，新生代农民工虽已具备一定的文化素养，而内化于深层意识中的那些消极思想一时之间难以消除，再加上在现代"物化"都市的耳濡目染，由此滋生出对"物"的刻意追求，出现"高消费""炫耀、攀比"等不良心态。另外，传统文化提倡与践行"学而优则仕"等观念，作为"跳龙门"的手段之一，农村社会对"读书"寄予厚望，对于学历高的人既"崇拜"却又自愧不如，在人才会聚的现代都市，新生代农民工相对偏低的文化程度及相关的附带效应必然使他们在激烈的竞争中相形见绌，产生自卑心态。同时，由于传统文化中"万般皆下品，唯有读书高"的文化思想一直深深影响着中国的农民，通过读书改变自己的农民身份成为他们的理想。作为农村社会走出来的"草根精英"，具有一定的文化素养一直是他们内在的信心与骄傲，当与"城市市民"在"平等"竞争中屡遭挫折之后，自卑与沮丧便可想而知，而内心所固守的"读书人"的"清高"也使他们不愿再回到农业社会，更不愿意去重操祖辈"日出而作，日落而归"的"田园"生活模式，"高不成低不就"的心态使他们难以认同现状而踏实工作。四是现存体制的局限。长期存在的城乡分割体制已然转化为人们习惯性的思维意识。面对新的环境与生存机遇，新生代农民工大多是"胸怀大志"与"满腔热情"，换来的却是那些城市人不愿意做的最苦、最累、最脏、挣钱最少的工作。而对于城市市民而言，农民工对城市所做的贡献在他们眼中却是"理所当然"，对于他们所造成的一些不便却"颇有微词"，无论在日常交往或内心认同方面都显露出他们对农民工的"拒斥意识"，尤其是在各方面的待遇上，农民工总是被认定为与城市居民不一样的"二等工人"，同工不同酬、不同权、不同福利保障等现象始终存在，部分就业单位的管理人员还把他们当作另类工人管理，甚至有的城市规定限制他们进入某些行业就业，有个别城市还想着法子，拆迁"城中村"，让流动人群无容身之地。诸如此类现象，不仅违反了劳动者享有的相关权利，而且背离了现代社会通行的文明准则，伤害了农民工的尊严，固化了城乡二元结构，妨碍了城市的正常化发展。正是因为在城市始终不能找到"家"的感觉，无法获取融入城市的"钥匙"。那些"看得见"与"看不见"的屏障使满怀希望的新生代农民工们无所适从，城市的"冷漠"也在一定程度上催生了他们的消极心态。

新农村与社会主义和谐社会建设离不开"农业、农村与农民"。作为现代化进程中的生力军，新生代农民工的精神样态将是决定未来农村经济社会发展的关键因素。当前，需要在政府的主导下，综合各方面力量，充分挖掘深藏于新生代农民工内在的潜能，培养他们与时代发展相契合的主体精神品格，使其在现代化的进程中发挥应有的价值。一要创设教育环境、提高农民素质。首先要不断改善新生代农民工的学习环境。应该创造条件，让农民工接受各方面的培训，各级用人单位都应办培训班和补习班，有条件的用人单位还可以选送优秀农民工到各级培训部门深造。与此同时，条件允许的地方还可以把农民工教育培训纳入市、镇（区）成人学校规划。尽量安排好农民工的教育经费，把镇（区）成人学校和有关企业作为农民工培训基地，采取多种办学模式，如集中办班、分散办班，送教上门和个别辅导相结合，在不影响他们经济收入的前提下，为他们业余学习创造机会。其次要丰富农民工业余文化生活，充实农民工的精神世界。用工单位可以拨出一些资金建立诸如灯光球场、阅览室、阅报栏、休闲影视室、乒乓球场、文艺演出舞台，或组建业余文艺演出队及体育队等，定期组织举办与农民工生活相关的文艺晚会、田径比赛、征文比赛、演讲比赛及书画比赛等；还可以在农民工中评选"爱岗敬业优秀员工"活动；也可以定期与有关部门一起，在农民工中开展法制、交通、卫生知识讲座，经常举办各种知识竞赛活动，创建和倡导积极向上的企业文化，使农民工在学习、娱乐、消遣、强身健体中增长知识，陶冶性情，净化灵魂，从而变得积极进取、乐观向上。二要注重人文关怀、拓展归属意识。第一，要积极引导新生代农民工走出心理误区，树立其自强自立的信心，帮助他们树立正确的人生理念，让他们正视差别，承认差别，努力提高自身素质，积极地参与社会，实现自我。第二，要运用情感关怀激活新生代农民工的精神动力。要注重感情上的传递与感应，通过政策引导、文化互动、社会舆论等，让人与人之间多一点鼓励、多一点关怀帮助、多一点换位思考、多一点相互信任，在全社会形成关心新生代农民工的良好氛围，内化为社会成员的应有修养，从而拨动新生代农民工的心弦，拉近他们的心理距离；要不断完善社会心理救济体系，使农民工在遇到心理问题时可以找到倾诉和帮助的对象，从而缓解心理压力，看到生活的希望；要想办法解决他们的贫困，树立其生活的信心，从而从源头上真正消除他们的贫困和由此滋生的种种不满和怨恨情绪；应对那些在新生代农民工队伍中涌现的先进人物和先进事迹大力宣传和表彰，使他们能感受到社会对他们的认同，使其摆脱物质与精神的"贫困"，形成积极的人生态度。三要消除制度壁垒、确保农民权益。化解新生代农民工的消极心态，政府必须清除这种心态所产生的"制度性"根源，适时地制定并落实一系列有利于改善或改变他们弱势境遇的政策，使他们能切实感受到党、国家和社会对他们的关怀和爱护，树立生活的信心。首先要改革现有的户籍制度。当前，应放宽对农民工获得城市户籍的限制，在条件允许的情况下逐步废除户籍制度，使农民工获得正式的市民身份。其次要消除对农民工的就业限制，促进城市劳动力市场的整合，保护农民工的平等竞争权。用社会的公平公正原则去确保新生代农民工免受经济利益或是心理上的伤害。第三，要逐步将农民工纳入城市社会保障体系的覆盖范围，为农民工提供失业、养老、医疗、住房等社会保障，消除对他们的社会保障障碍。第四，要加大劳动监察力度，维护农民工的合法权益。第五，是要将农民工子女纳入城市义务教育体系，对其实行与城市学生一视同仁的政策，保护其受义务教育权利，如此等等。也唯有如此，新生代农民工在政治生活中才能够以不同形式和途径充分享有并行使"当家做主"的权利而成为现实的"权利享有者"，在经济生活中才能够享有广泛、可靠保障的自由平等权利而分享经济社会发展的成果，新生代农民工的现代公民意识才能得以形塑。

"人的本质不是单个人所固有的抽象物，在其现实性上，它是一切社会关系的总和。"[①] 新生代农民工主体精神品性，根源并非一种或几种因素使然，是多因素共同作用的结果，有一般因素，也有特殊因素，既有现实因素，更有历史因素。因此必须把问题放在包括政治、经济、文化、历史等多重视域下进行"总体性"的理性考量，也唯有如此，新生代农民工的精神世界的健全发展也才有可能获得解决的实现基础。

二 农民工群体的伦理问题（二）：基于自由悖论视角[②]

毋庸置疑，农民城市化是现代社会得以持续发展的动力源泉。然而，

---

① 《马克思恩格斯选集》第 1 卷，人民出版社 1995 年版，第 60 页。
② 卞桂平：《自由与孤独：农民工生存困境的心理机制探析——从弗洛姆〈逃避自由〉一书说起》，《理论导刊》2010 年第 8 期。

中国1亿多农民工却在城市的多年奋争中无法实现在城市里的积淀，在年复一年的拼搏中，农民工总如"候鸟"般迁徙，始终无法脱离"土生土长"的农村及土地……即便是经过多年努力在城市富裕了的农民工也宁可放弃城市的"灯红酒绿"，而选择在农村建"高级别墅"，难以实现从"农民"向"市民"的转变。因此，农民工的城市化也仅仅停留在"进城"状态，无法真正完成"市民化"角色的真正转换。城市化速度的滞缓势必成为中国现代化宏伟战略实现的潜在阻力，进一步探讨问题的成因与现实对策，对民工群体健全品质与行为形成显得尤为重要。本书拟以弗洛姆的心理分析机制为资源，对此进行尝试性探讨。

《逃避自由》一书是新精神分析学派代表人物弗洛姆的代表作，该书在继承弗洛伊德的精神分析法的同时，也对弗洛伊德的很多观点做出了重大修正。弗洛伊德的人性观基本上恒定不变，即人性本质上是受其各种生物欲望尤其是自我保存欲望和性欲望所支配。弗洛姆则认为人性既有生物性一面，也有社会文化性一面，认为人性中最基本的欲望除了自我保存的欲望外，还有逃避孤独的欲望。作者写道："感到完全孤独与孤立会导致精神崩溃，恰如肉体饥饿会导致死亡。"在弗洛姆看来，自由是把双刃剑。一方面，自由增强了单个个体的自主性和独立性；另一方面，自由也割断了个体与自然及社会的纽带，使个体的孤立感和孤独感空前强烈。作者将自由所带来的孤独感称为"自由的重负"，当这种重负达到一定程度时，人就会选择逃避自由。在《逃避自由》一书中弗洛姆区分了两种自由：消极自由和积极自由。前者是指摆脱束缚，获得自由；后者是指积极运用自由去发展自己，充分实现自我的完整人格。人类自由的历史首先起源于摆脱自然界的束缚。弗洛姆将这种个人日益从各种纽带中脱颖而出的过程称为"个体化"过程。"个体化"过程造成两方面影响：一方面是个人力量的不断增长，另一方面是个体独自面对世界时的孤独感也日益加深。前一方面表明伴随"个体化"过程，个人的消极自由不断增大；后一方面则表明个人消极自由增大的同时，积极自由并没有同步增长。割断了与世界的纽带，却又不能离开这个世界；摆脱了束缚，随之增加的不确定感和孤独感却又常常使人无法承受——"个体化"过程使消极自由和积极自由之间的鸿沟越拉越大，自由越来越成为一种不堪承受的重负。造成的结果便是人们疯狂地逃避自由，从而摆脱自由带来的孤独感和不安全感。作者认为这种孤独感是我们积极自由滞后所造成，如果通过改进社会条件能使得积极自由和消极自由同步增长，那么人类的很多社会问题便可得以解决。因为积极自由要求我们自发地通过劳动和爱，将独立的、自我充分发展的个体重新和世界联系起来。通过这种联系，"自由扩大的过程并非恶性循环，人们可以自由但并不孤独，有批判精神但并不疑虑重重，独立但又是人类的有机组成部分"。可是该如何改进我们的社会条件从而实现积极自由呢？作者认为最基本的方法是发展一种真正的民主，因为"只有在高度发展的民主社会里，自由才有可能取得胜利"。作为一种独特分析视角，作者在进行心理分析时非常注重其经济、政治、文化等背景性因素，旨在全盘考量中实现人的自由全面发展，他的整个社会理论体系所带给我们的启示为研究重大社会问题提供了有效的借鉴资源，尤其是作品中所体现出来的热忱的人文关怀和美好的社会憧憬将给我们以永远的激励。

在城市奋争与拼搏的农民工，其生存方式与思想势态与农业文明下的传统农民有很大不同。在传统农民文明下，真正"自由"的个体尚未生成，然而，同自然的原始关联（原始束缚）及社会整体对人的天然约束却给人以极大安全感。传统的农业社会，人的确缺少个体自由，但究其原因不只是外在的，同时也是内在的，自由缺乏的主要根源在于那时自由的个体尚未生成，人仍然靠"原始的束缚"关系与外在世界相联系。他尚未认识到自己是"个人"，也未想到他人是"个人"。虽然传统农业社会的人缺乏独立和自由，但并不感到孤独和焦虑，这是因为，传统的农业社会秩序、稳定的社会制度、狭小的生存环境以及不变的社会地位都给人一种原始的束缚，同时也是一种天然安全感。在那种传统社会中，人从生下来开始，便在社会中有一个明确的、不会改变的和没有疑问的位置，他或是作为一个农民、一个工匠，或是作为一个小商人，他生根在"一个结构固定的整体中"，这一结构给他提供自在的生活意义，从而获得一种生存的安全感。"社会秩序被视为如同一种自然秩序，而人成为社会秩序中的一个确定部分，使人有安全和相属之感。"[①]

"民工潮"的出现在某种意义上成为传统农民"个体化"的重要表

[①] [美] 埃里希·弗洛姆：《逃避自由》，北方文艺出版社1987年版，第18页。

征，这一个体化过程使传统农业文明下的农民成为自由、积极能动的创造主体，给社会发展带来了前所未有的内驱力，但是，城市文明以个体化的竞争为显著标志，那种传统农业文明下的统一性和集中性开始走向微弱，资本、竞争、个人利益动机开始变得日益重要。因此，标榜个人主义的文化精神在城市生活各个方面得以体现。在这一个体化的历程中，个性和自由得以普遍增长，已然成为现代新农民的典型特征。然而，原有固定经济地位的改变、狭小生存空间的打破、宗法社会关系等原有态势的变迁在一定程度上造成了农民工前所未有的生存压力，他们感觉失去了生活的意义，对自己和生活的目的倍感怀疑，始终感觉遭到威力庞大的"超人力量"、资本及市场的威胁。"由于每一个人都成为一个潜在的竞争者，人与他人的关系成为敌对的和疏远的；他自由了，但这也就表示他是孤独的、隔离的，受到来自各方面的威胁……失去与人及宇宙的同一感，于是，一种他个人无价值和无可救药的感觉压倒了他。天堂永远地失去了，个人孤独地面对着这个世界——像一个陌生人投入一个无边际而危险的世界。新的自由带来不安、无权利、怀疑、孤独及焦虑的感觉。"① 由于必须在新的制度中扮演积极和独立的角色，他们在获得积极自由的同时，也脱离了赋予他们安全感及相属感的那些关系。他们不再生活于一个以人为中心的封闭社会里，世界成为没有边界的，同时也是危险的。"一方面，他变得更加自立自主，而且不满现实，喜欢批评。另外，他也觉得更加孤单无依，并产生一种惶恐不安的心理。"②

自由与孤独之间张力的加大与增长的结果是逃避自由，这种心理机制在越来越大的程度上影响和决定着现代农民工的生存方式，为了消除在城市拼搏中所形成的自由和责任所带来的重负和孤独，他们往往采取与世无争或者沉溺、封闭于内心世界的方式来摆脱，主动放弃自己的个性和主体性，变成无主体的"常人"③。表现之一是退回原有生活圈。据相关调查，农民工除了必要的与外界业务往来以外，接触最多的、感觉

---

① [美] 埃里希·弗洛姆：《逃避自由》，北方文艺出版社1987年版，第35—36页。
② 同上。
③ [德] 海德格尔：《存在与时间》，陈嘉映、王庆杰译，生活·读书·新知三联书店1987年版，第155—160页。

最可信的还是务工老乡,只有在那个特有的"原始关系"的"场域"中,他们才可以释放压力,找回"自我",感觉重新获得自尊、自信与自由。二是委身于虚拟世界。为了消除个体化的自由所带来的孤独与彷徨感,许多农民工习惯于在虚拟世界中去确证自己的位置,K歌、QQ、时尚游戏等,正逐渐成为农民工(尤其是新生代农民工)引以为豪的身份标志,在虚拟世界中可以获得现实矛盾中无法获取的一种心理满足感。三是寻求"理想靠山"。被排除在城市生活圈外的农民工们为了能在"边缘化地带"得以生存与发展,往往刻意去"攀亲结贵",在与城市群体的"接洽"中获得前所未有的"满足与安全感"。正如弗洛姆所指出:"这个逃避现实的心理机制,是大多数正常人在现代社会中所发现的解决办法。简而言之,就是:个人不再是他自己,他完全承袭了文化模式所给予他的那种人格。因此他就和所有其他人一样,并且变得就和他人所期望的一样。这样,'我与世界之间的矛盾就消失了'。"①

个体化进程不可避免地给人的生存带来自由与孤独并存的生存悖论,但是,人并不是命定地要走逃避自由的道路,人面前总存在着选择的空间。逃避自由并不能使人获得真正的安全感,人的真正出路在于确立"积极自由"的生存状态。因此,解决农民工在"城市化"进程中所产生的"自由难题"及心理冲突,只有在体制、观念等多维视角的协同整合中才能真正确立他们"积极的自由"状态,从而促进个体"自我"的实现,不断展示自身的个性和挖掘内在的潜能。除上文所提及要"注重人文关怀、拓展归属意识"与"消除制度壁垒、确保农民权益"两点之外,群体积极自由的养育必须依赖的核心要素在于:提升自我素养,确立群体的积极心态。面对两难的生存境遇(自由与个性的日益增长以及孤独和不安的不断加剧),现实困境中的农民工只有两条道路可以选择:一个自然是摆正心态,积极面对在城市化的历程中所遭遇到的一切困惑,积极去适应与改变,在与城市的共生共长中实现个体价值。另一个就是消极逃避因个体化的自由而带来的困惑。对于逃避自由的后果,弗洛姆曾清楚表示:"为了求生,人试图逃避自由。他不由自主地又套进新的枷锁。这种枷锁与原始的约束不同,原始的约束还能给他一种安全感,而

---

① [美]埃里希·弗洛姆:《逃避自由》,北方文艺出版社1987年版,第111页。

逃避自由并不能使人们复得已失去的安全感，而仅能帮助他忘记他是独立的个体。他牺牲了个人的自我完整性，所得到的不过是不堪一击的安全感。因为他忍受不了孤独的滋味，他宁愿失去自我。因此，自由又使人再度套入新的枷锁中。"① 因此，对于农民工而言，保留与发展个体化进程中所发展了的自由与个性的积极成果，而又不陷入孤独和不安的生存境遇，唯有确立"积极自由的存在状态"才能真正摆脱面临的困境；要积极主动地适应新的城市环境，在不断地与城市生活的融合中提升自身素质，在保留自己个性和肯定他人独立性的前提下"把自己与他人合为一体"，实现个体潜能的有效生长。

马克思曾言："在真正的共同体的条件下，各个人在自己的联合中并通过这种联合获得自己的自由。"② 农民工在城市奋争中所产生的消极自由与彷徨心态，以及伴随而至的主体精神式微，究其根源，并非一种或者几种因素使然，实质上是多种因素共同作用的结果，既有一般的因素，也有特殊因素；既有现实因素，更有历史因素。积极自由的实现"离不开对经济和社会的变革"。③ 因此，问题的解决必须把放在包括政治、经济、文化和历史等"共同体"中进行"总体性"考量，也唯有如此，农民工精神世界的健全发展以及城市化的有效推进才有可能获得解决的实现基础，人的自由与全面发展及社会和谐建构才有可能。

第四节　伦理形态三：留守儿童群体

由于城乡二元结构长期影响及东西部经济差距的进一步拉大，从20世纪80年代中期开始，已有大量农村剩余劳动力涌向城市。部分进城务工人员由于各方面原因，不得已将子女留在家乡，成为留守儿童。作为"三农"的衍生品，留守儿童的大量存在不仅关系到农民下一代的健康成长及农村教育的可持续性发展，更关系到社会主义新农村建设、小康目标及和谐社会的实现。因此，深入探讨农村留守儿童教育问题的现状、

---

① ［美］埃里希·弗洛姆：《逃避自由》，北方文艺出版社1987年版，第133页。
② 《马克思恩格斯全集》第1卷，人民出版社1995年版，第119页。
③ ［美］埃里希·弗洛姆：《逃避自由》，中国工人出版社1987年版，第109页。

成因及对策,在当前就显得尤为迫切与重要。本书将以江西省为例,对此做出理性思考。

一 留守儿童群体的伦理问题(一):基于道德教育视角[①]

一般认为,农村留守儿童是指"由于父母双方或一方外出打工而被留在农村家乡,并且需要其他亲人或委托人照顾的处于义务教育阶段的儿童(6—16岁)"[②]。据全国妇联发布的《全国农村留守儿童状况研究报告》,目前全国农村留守儿童约5800万人,其中14周岁以下的农村留守儿童4000多万,在全部农村儿童中,留守儿童的比例达28.29%。[③] 留守儿童的父母外出务工,一定程度上改善了家庭经济条件,为子女接受教育提供了较大空间和可能性。但是,从总体而言,家庭成员尤其是父母角色的长期缺位,导致大量农村留守儿童缺乏父母的亲情呵护与完整的家庭教育和监管,致使他们在很多方面存在问题。一是行为失范、成绩欠佳。由于临时监护人监管不到位,加上父母由于情感亏欠而在物质、金钱等方面的无限补偿,导致许多留守儿童出现不同程度的摆阔攀比、贪图享乐及好逸恶劳等行为,少数留守儿童甚至时常偷盗、打架及斗殴等。相关机构在赣州市全南县的调查显示,31%的农村留守儿童平时有说谎习惯,30%的人有过打架斗殴经历,15%的人有过偷盗、破坏公物及抽烟喝酒等不良行为。另据对莲花县农村留守儿童行为习惯养成情况的摸底调查,有较好行为习惯的留守儿童占总数的38%,行为习惯一般的占总数的40%,行为习惯较差的占总数的22%。[④] 亲情的缺失加上平时临时监护人的监管不力,导致不少农村留守儿童学习习惯不良、兴趣下降、成绩滑坡,厌学逃学、沉迷网络、自暴自弃等行为频发,甚至有少数留守儿童受父母等周围人群影响,从小就崇尚打工赚钱,认为读书

---

① 卞桂平、焦晶:《农村留守儿童教育问题:现状、成因与对策——基于江西省部分市县的分析》,《宁波大学学报》(教育科学版)2009年第6期。
② 吴霓等:《农村留守儿童问题调研报告》,《教育研究》2004年第10期。
③ 《全国妇联农村留守儿童状况调查》(http://gongyi.sohu.com/20140904/n404065868.shtml)。
④ 程方生:《农村留守儿童教育问题的调查与思考——江西的案例》,《教育学术月刊》2008年第6期。

无用。据吉安市的统计，2005 年小学毕业考试中，该市总分在 120 分以下（满分 200 分）的农村留守学生为 15391 人，占全市小学应届毕业生总数的 20.88%；同年初中升学考试中，总分在 408 分以下（满分 680 分）的农村留守学生为 7814 人，占全市初中应届毕业生总数的 12.59%。[①] 由此可见，农村留守学生已经成为学业不良的主体。二是亲情缺失、心理失衡。据萍乡市莲花县教育局对全县 9852 名农村留守子女父母（双亲外出与单亲外出各占一半）回家探亲频度的调查发现，一年回来一次的留守儿童父母为 6278 人，占总数的 63.72%；两年回来一次的为 1896 人，占总数的 19.24%，两年以上回来一次的为 1678 人，占总数的 17.03%。另据对吉安市万安县 204 名留守儿童心理健康状况的抽查结果发现，行为退缩、感情脆弱、耐挫力差的留守儿童为 64 人占 31.4%；对自己评价偏低并伴有不安、失望等不良情感体验的为 50 人占 24.5%；办事刻板、谨小慎微、自我封闭的为 27 人占 13.2%；虚荣心强、过分以自我中心、喜欢诋毁他人的为 15 人占 7.4%；易激惹、具有较多攻击性行为的为 10 人占 4.9%。心理健康状况不良的农村留守学生的比率已经超过 80%。[②] 由此可知，长时间的亲子分离已使农村留守儿童失去了情感和精神的依托，很多留守儿童都觉得自己很孤单、寂寞，他们会担心被父母遗弃，父母不再爱自己，不回家了，他们承受着本不是他们这个年龄所承受的心理压力，并由此导致了自卑、冷漠、孤僻乃至偏激等不良心理情感状态的出现。这是农村留守儿童人格发展上存在的最主要问题，也是导致其相关偏差行为的心理根源。三是道德滑坡、价值扭曲。留守子女由于长期与父母分离，得不到有效监护与合理引导，在道德素养及价值取向等方面发生了偏离甚至于扭曲。首先是放任自流，我行我素。部分留守儿童缺乏自控、不服管教、约束力差，不遵守校纪校规，有的甚至养成凡事都以自我为中心、专横跋扈的恶习。有调查资料显示，"义务教育阶段中的留守儿童学生 38.09% 行为表现好，43.97%

[①] 程方生：《农村留守儿童教育问题的调查与思考——江西的案例》，《教育学术月刊》2008 年第 6 期。

[②] 同上。

行为表现较好，14.95%存在违纪行为，0.15%存在违法行为"①。其次是奢侈浪费，好逸恶劳。有的留守儿童生活上爱攀比、奢侈浪费，缺少社会责任感、依赖性强、生活自理能力差等。再次是不尊敬长辈，狭隘自私。据在赣州市的相关调查发现，有65%的留守儿童不愿意与监护人进行心灵沟通，其中12%的留守儿童甚至很少与监护人交谈；54%的留守儿童和他们的临时监护人有矛盾，其中15%的留守儿童经常有。最后是价值观念的偏差。部分父母因无法照顾孩子产生负疚感，长期不合理的物质补偿方式使得一些留守孩子拥有过多零花钱，极易形成好逸恶劳、奢侈浪费的陋习，甚至形成功利主义、享乐主义及读书无用等价值观念。将100名留守儿童与100名非留守儿童的教育情况进行对比发现：在外出务工人员子女100人中，想学习的占34.3%，成绩好的占29.5%。而非外出务工人员子女中，想学习的占57.7%，成绩好的占58.6%。② 四是教育单一、安全难保。江西渝水罗坊镇妇联提供的资料显示：95%的监护人没有参加过家长会，15%的监护人有时辅导孩子学习，仅有5%的监护人主动和老师联系。也正是由于学校对留守儿童的教育常常得不到监护人的配合，学生违纪或者受到侵害后就常常无法得到及时有效的处理。留守儿童是弱势群体，自我保护意识和能力又极为缺乏，没有父母的直接监护，就很容易成为不法分子侵害的对象。加上学校、家庭之间存在安全衔接上的"真空"，学校不可能事无巨细，监护人又普遍缺乏安全教育的意识和能力，以致留守儿童容易受到非法侵害，或由于行为失控，走上违法犯罪甚至自杀轻生之路。在全国，留守儿童溺水、触电、打斗等意外伤亡事件屡见不鲜，甚至被拐卖、被侵犯的恶性案件也屡见报端。通过对九江、吉安等地的调查发现：经常受邻居、同学以及社会上青年欺负的占61%，偶尔或多次遭遇危险的占33%，留守儿童溺水身亡、打斗致残等意外伤亡的比例明显高于其他儿童，留守女童被拐卖、被侵害的恶性案件也发生多起，安全状况令人担忧。

现代教育是一个大系统，家庭教育、学校教育、社会教育作为教育的三种基本形态在各自的领域担负着培养人的使命。家庭教育是人生教育的

---

① 《大丰市关于留守儿童情况的调研与对策措施》，2007年5月30日，江苏妇女网。
② 《农村留守儿童问题的探索与思考》，2006年5月18日，中国妇女网。

起点,是儿童社会化的关键。学校教育是儿童学习的主要场所,在整个教育体系中居于主导地位。社会教育是学校教育的重要补充,时时刻刻影响着儿童的生活和学习。通过调查分析,农村留守儿童存在诸多问题正是由于家庭教育缺位、学校教育主导性不强、社会教育的环境不利造成的。一是家庭教育严重缺位。第一是亲子教育陷入困境。农村留守儿童家庭内部亲子之间的交往具有时间上的间断性、空间上的远距离性、交往的非面对面性以及互动频率低等特点,致使亲子之间的交往几乎成了一种正式的"次级群体交往模式"①,外出务工家长实际仅是孩子学习与身心发展的旁观者。据调查:在留守儿童父母中仅仅5%在本县城工作,95%都在外地。他们因经济拮据而极少回家,与孩子沟通大都以电话进行,所涉及内容也只不过是对学习与生活的简单询问,长期情感交流的缺失导致彼此之间陌生感的滋生。第二是单亲教育力不从心。单亲(指父母一方在家陪伴孩子的情况)监护人因家务负担较重而无暇顾及孩子的情绪与情感变化,对孩子的照料和教育也缺乏耐心。部分单亲监护人几乎不与孩子沟通,很少顾及孩子的内心感受,稍有不如意,便实行"呵斥教育"。残缺的家庭教育给留守子女带来的消极影响不可低估。第三是隔代教育难以胜任。部分祖辈对留守子女过分溺爱,仅仅注重物质生活的全方位满足,却缺乏道德和精神上的正确引导。也有部分隔代监护人教育观念保守落后,对孩子要求甚严,一旦犯错非打即骂,容易导致留守儿童敌视或报复心理的产生。同时,由于隔代之间年龄相差较大,且监护人大都受教育程度不高,难以科学合理地对孩子进行有效监管,不利于孩子身心健康发展。第四是亲友教育形同虚设。作为代管人的亲友因与留守儿童不是亲子关系,在留守儿童教育问题上存在着"不敢管"和"不愿管"的心理。对他们而言,孩子安全是第一位的,至于留守儿童的行为习惯及心理需求却极少关注。除此以外,部分留守儿童会与亲友子女一起生活,如果在各方面的待遇不公平,就会让他们产生"寄人篱下"的感觉,长此以往就会养成不良的性格倾向。二是学校主导教育不强。其一是学校对留守儿童关注不够。虽然学校也认为家长长期外出务工会对孩子的学习及品行发展带来一定的影响,但从未想到这是一个"问题",很少有学校对留守儿童采取有针对性的举措。在问及

---

① 于慎鸿:《农村"留守儿童"教育问题探析》,《中州学刊》2006年第3期。

"学校对你关心吗？"时，有73%的留守儿童回答是一般，15%的回答不关心，仅有12%的回答关心。其二是应试教育仍占主导。在调查中发现，"入学率"依然是不少学校衡量教师的唯一标准，许多教师普遍认为"带好一个差生，不如培养一个好学生"，那些成绩较差、升学无望的留守子女必然在教师放任自流中受到伤害甚至滋生厌世心理。其三是农村师资队伍弱，教学质量差。江西省教育厅关于教师教育工作调研的情况报告显示，全省农村小学教师具有专科以上学历占教师总数的40.52%，低于国家平均水平；代课教师占小学教师的3.81%，这些教师多数学历不合格，且未经过专业培训，部分教师的教育理念、知识结构和教学能力与当前教育改革发展的要求不相适应。[1] 正是由于农村教师文化素质偏低，缺乏激发学生学习兴趣的活力，学生学习积极性普遍不高，失学、辍学现象严重。其四是学校德育教育的弱化。由于长期受应试教育体制影响，农村中小学德育教育大多是"纸上谈兵"。从调查中我们发现，城市重点小学思想品德课是一周三节，而农村学校多为一周一节，且这一节品德课时常被语数外等所谓的"主课"替代。正是由于家庭与学校德育的双重缺失导致农村留守儿童道德状况的急剧下降。其五是学校心理教育的空白。农村学校中几乎没有一所学校有专门的心理课程并配备心理教师，没有对学生有组织、有计划地进行心理教育，留守儿童生理、心理上的困惑无法得到有效的疏通，就不可避免地滋生这样或者那样的问题。三是社会教育环境不利。首先是户籍制度的缺陷。城乡二元体制使城乡之间存在着难以逾越的鸿沟，农民们仍然游离在城市体制之外，由此派生出一系列诸如教育、住房及社会保险等政策，形成了强大的阻止农民工及其子女融入城市的制度性障碍。虽然教育部门也三令五申要求各公办学校要一视同仁，出台政策取消"借读费""赞助费"等，但实际上收费这道无形门槛依然存在，许多务工子女不得不远离父母留在农村接受教育，成为留守儿童。其次是农村基层政府部门重视不够。一般而言，农村基层政府比较关注的是劳动力的转移所给地方发展带来的经济效益，而对伴随而生的留守儿童教育问题，既缺乏认识，更谈不上相应的政策和措施，从而使留守儿童的社会教育和管理处于真空、自发状态。再次是大众传媒的不良影响。在社会呈现多元性和不确定性态势

---

[1] 《江西省教育厅关于教师教育工作调研的情况报告》（http://www.jxjsjy.com/）。

背景下，部分大众传媒不负责任的宣传与炒作使得一些庸俗无聊的文化充斥校园，真、善、美与假、恶、丑等被有意或无意地模糊，对缺乏正确引导的留守子女而言，他们的价值取向容易发生扭曲变形。最后是农村人文环境的恶化。农村的老弱妇孺由于难以从事繁重的体力劳动，除了照看好留守子女以外，聚众打牌娱乐几乎成为他们的主要生活方式，长期的潜移默化使得一些留守子女很快被同化，再加上农村经济条件有限，缺少诸如少年宫等公共活动场所及设施，电子游戏室、网吧等就成了部分孩子主要的活动方式，久而久之，一些孩子便沾染上了恶习，有的沉迷于网吧或赌博而无法自拔，有的受凶杀、暴力、色情等游戏或录像的影响而走上违法犯罪道路。

正是由于家庭教育的缺位，学校教育主导性不强，社会教育环境不利，使农村留守儿童存在着诸多问题，成为人们眼中的"问题儿童"。这就需要我们教育工作者端正态度，做更深层次的研究，从而找出能够切实解决农村留守儿童教育问题的对策。留守儿童已经在困扰着农村的教育发展，困扰着一部分家庭，影响到一部分孩子的健康成长，影响着农村剩余劳动力的顺利转移，更影响着中国现代化的成败。因此，彻底解决好农村留守儿童的教育管理问题，需要家庭、学校、社会各个部门和各级政府的协作与支持。首先要改革相关制度。一是要着力打破城乡二元制的户籍壁垒，确保劳动力的合理流动，制定优惠政策，采取配套措施，鼓励引导有条件的农民工融入城市，帮助他们适应城市生活环境，接受留守儿童在父母务工所在地入学。在现阶段，可以借鉴上海管理模式，改"户籍制"为"居住地制度"。实施流动儿童的教育"以流入地政府管理为主、以全日制公办学校为主"的政策。只要是已经在同一个城市居住达到一定年限就给予农民工子女和城市子女同样的入学受教育机会。各地政府特别是教育部门应该进一步加大对接收流动儿童学校的督导，对他们的工作进行定期检查，对一些违规学校要进行严厉查处和处罚，从根本上杜绝城市学校对流动儿童歧视性待遇和收费，确保流动儿童教育政策实施。[①] 二是要改革不公正的教育体制，力争做到"在教育

---

① 《江苏省妇联：关于农村留守儿童教育问题的对策》（http://www.cnr.cn/2008zt/fnsd/pljd/200810/t20081024_505133278.html）。

面前人人平等"。当前，应实行以公办学校为主，调整并完善现有义务教育格局，合理配置教育资源；适当发展寄宿学校，从根本上解决流动人口子女九年义务教育的公平问题。另外，政府应加大对农村学校的教育投入，积极改善教育设施、教职工的福利待遇；培养一批心理老师，着重关注留守儿童心理教育。除此以外，要加大推进农村素质教育的力度，改革农村学校传统考评制度，坚决摒弃"为考试而考试"的做法；要改革教学方法，立足实践，依托情感，让留守儿童感觉到人性的关怀及情感的滋养，认识自己、认识社会，从而树立正确的人生观和价值观；要拓展教育内容，对留守儿童进行心理健康教育、公民道德教育等，培养他们的健康心理和健全人格。其次要改善教育环境。一是要改善农村经济环境。政府应大力发展地方经济，增加农民就近就业的机会，从而减少农村留守儿童的数量，从而为从源头解决此问题提供契机。二是要净化农村人文社会环境。要根治农村精神污染对孩子的毒化，让留守儿童能在良好社会环境中接受教育和熏陶；对赌博、迷信等活动要坚决取缔，开展健康有益的活动，创造积极向上的人文社会氛围；广大媒体应多开展一些健康有益的宣传，净化农村社会风气，防止丑陋、腐朽的思想的泛滥。除此以外，还可以组织社会热心人士及寒暑假返乡大学生等人员在各自合适的时间参加到帮助留守儿童的队伍中来，为他们提供必要帮助。三是要改善家庭教育环境。外出父母应以身作则，本着积极心态为孩子灌输正确的学习观念，关注孩子的身心发展。对于监护人而言，应注重言传身教，在生活中要予以关心，在学习上尽量引导，使他们养成良好习惯。四是要加强校园文化环境建设。学校要开展健康活泼的集体活动，积极营造活泼、有序的文化氛围，增强留守儿童的集体观和荣誉感。另外，学校还可以通过多种形式宣扬外出务工人员给社会发展所做出的积极贡献，提高留守儿童对务工现象的认识，激发他们对劳动的尊重，对务工人员及其子女的尊重，消除他们之间的歧视，构筑彼此间的平等意识。再次要转换教育观念。一是家庭教育理念的转换。留守儿童父母要从那种"读书无用""重智轻德"的片面观念中转变出来，着眼未来，根据孩子的不同特点为他们全面发展创造良好环境。二是教育态度的转变。要克服"家长专制"和"无限放任"的作风，使家庭教育建立在科学、民主的基础之上，形成家长与孩子之间平等和睦的融洽关系。

另一方面，要奖和惩结合。父母要善于用"物质"或"精神"的奖励原则，使孩子真正认识到自身的内在价值。同时，父母也要针对孩子的缺点与错误，采取适当的批评和惩戒的方法，帮助子女从内心深处真正认识自己，树立科学的世界观与人生观。三是学校教育理念的转换。其一，学校不能将"留守儿童"等同于"问题儿童"。留守儿童是社会化进程中出现的一个弱势群体，因情感缺乏而存在着一定问题，但这并不意味着他们就是"问题儿童"，教师应从各个角度出发去激励、关心他们，以激发他们内在的发展潜力。其二，要树立师生平等观。留守儿童较常态儿童而言，心理更为脆弱，传统的"绝对服从""体罚"为特征的师生关系必然会严重伤害他们的自尊心。因此，教师要有爱心，要尊重留守儿童的人格，让他们在学习和生活中有愉悦感、安全感及尊严感，充分发挥自己的才智与潜能。除此以外，教师作为人类灵魂的工程师，应"为人师表，率先垂范"，对自己要高标准、严要求，在思想道德、精神面貌等方面都为儿童树立良好榜样，让那些缺少亲情的留守儿童们从中感受到教师的人格魅力，从而走上正确发展轨道。其三，要创新教育模式。在农村留守儿童教育问题的处理上，有必要设立一个"留守儿童教育管理中心"（以下简称"中心"），它是政府、社会、家庭、留守儿童的连接点。政府是主导力量，主要负责对留守儿童情况做详细调查与分析，并根据调查结果出台相应政策与法规，为留守儿童教育工作项目划拨必要经费。"中心"将政府相关政策直接传达给学校，并将政府调拨的经费直接用于留守儿童教育基础设施建设。学校主要负责在教学中收集、提供相关信息，定期向"中心"汇报留守儿童的教育成果，并将新政策的教育得失由"中心"反馈给政府。另外，"中心"将制定详细考评制度，定期对学校工作进行考评，确保相关政策的有效实施与贯彻落实。"中心"将建立留守儿童档案，掌握留守儿童父母外出务工的详细资料，及时与家长沟通，加强对家长的再教育，使他们能够正确地对待孩子的教育问题，发挥亲子教育的作用。"中心"也会定期组织培训留守儿童的代理监护人，提高他们自身素质，使他们能担负起教育留守儿童的重担。除此以外，"中心"将通过广泛宣传，动员社会各界力量参与到留守儿童的教育中来，着力从社会筹集资金，组建留守儿童教育活动中心，丰富学生的各种校外活动，补充学校教育管理服务功能。本模式的核心即是留守儿童教育管理中心,它将政府、社会、学校、家庭有机联合在一起,形成各方齐抓共管的局面,使留守儿童无论是在学校、家庭及社会都能感受到关心关爱,增长知识,和常态儿童一样得到健康的发展,留守儿童教育管理朝着科学化、规范化的方向发展。(见图8—1)

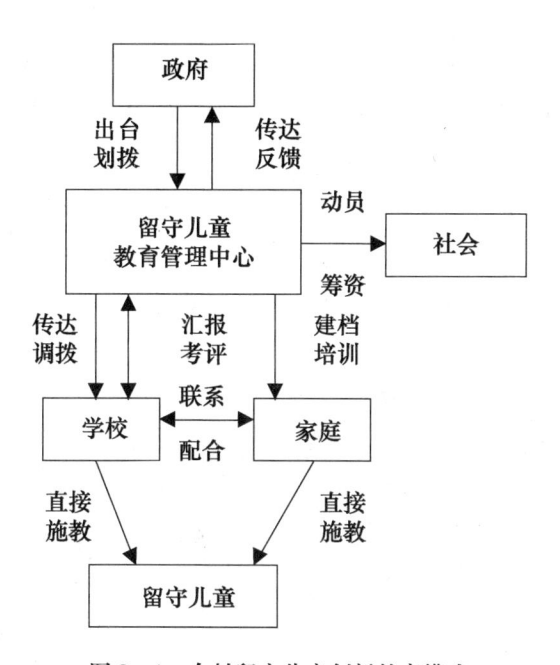

图8—1 农村留守儿童创新教育模式

二 留守儿童群体的伦理问题(二):基于精神世界视角[①]

据全国妇联在2009年的统计数据,全国农村留守儿童约5800万人,其中14周岁以下的农村留守儿童4000多万。[②] 农村留守儿童的精神状况如何,不仅关系到农村未成年人的全面发展及社会主义新农村建设的成败,更关切到全面建设小康社会及社会主义宏伟目标的实现。而基于相关数据的追踪分析,随着农村经济社会的发展,未成年人思想道德素质建设成绩显著。热爱祖国、积极向上、团结友爱及文明礼貌是当代农村

---

① 卞桂平、焦晶:《农村留守儿童精神世界:困境与多方协同治理》,《湖北社会科学》2010年第4期。

② 《全国妇联:我国目前农村留守儿童约5800万》(http://news.xinhuanet.com/society/2009-05/26/content_11440077.htm)。

未成年人精神世界的主流。然而，科技的发展及农村经济条件的改善使人们接触外界的渠道与机会空前增多。各种思想纷至沓来，相互激荡，冲击着价值观尚处在成长阶段的农村留守儿童，再加上特殊的生存境遇，使农村留守儿童群体无论是内在品质或行为都出现殊异。

一是消极依赖意识。大多数留守儿童在父母外出后，与（外）祖父母一起生活的比例最高，为调查总数的66.9%。① 而"大部分留守儿童的祖父母'年迈体弱'，且受教育程度偏低"，其中"祖父中只念过小学和未上过学的比例为74.96%，祖母的该比例为84.02%"②。由于传统观念或文化结构的差异，习惯对孩子进行"不恰当"的教育，容易陷入无原则的迁就和溺爱，尤其是农村留守男孩，在世俗偏见下，总是被赋予"传宗接代"的特殊意义，由此获得格外宠爱。也有部分监护人因害怕对孩子照顾不周而引起儿女的责怪，对留守儿童无原则地"妥协"。另据调查：31%的留守儿童父母每年回家1次，21.4%留守儿童父母几年回家1次；47.9%的儿童从来没有随父母在城里生活过。③ 许多父母为了弥补对孩子的亏欠，对他们的要求总是无原则地顺从。长期的"风调雨顺"使得农村留守儿童形成了"狭隘"的"自我"，依赖性人格的形成导致他们遇事犹豫不决，缺乏独立自主意识。有的留守儿童长大以后甚至难以正常料理自己基本的日常生活，不能有效处理各种人际关系，抗挫折能力差，丧失了应有的社会适应能力。二是自我封闭意识。亲情教育的长期缺失，使留守儿童内心会产生一种严重的失落感，集聚的情感无法得以正常宣泄，导致他们性格孤僻，不爱交谈，自我封闭，自惭形秽，害怕参加集体活动，与人"鸡犬之声相闻，老死不相往来"，把自己严实地封闭起来，甘心生活在被人遗忘的角落。据相关调查，19%的儿童从不与同学、父母及监护人谈心，46%的儿童偶尔与别人谈心。④ 另据中国社

---

① 徐文娟、汤谦繁、徐文虎：《江西省农村留守儿童教育现状调查》，《素质教育论坛》2007年第11期。

② 《全国农村留守儿童状况研究报告》（http://www.1818008.com/topic/topicContent.php?id=3&degreesid=4）。

③ 《留守儿童：半数以上人父母每年或几年回家一次》（http://news.memail.net/051214/120,2,2197013,00.shtml）。

④ 《政府能做些什么》（http://news.sina.com.cn/c/2006-04-19/11119661843.shtml）。

会调查所 2004 年的调查：50% 的儿童表示遇到烦心事或困难会闷在心里，只有 7.1% 的儿童表示会和父母联系。① 性格的孤僻与自我认同感的缺乏导致他们不能正确对待挫折与失败，很难形成良好的兴趣爱好和集体主人翁精神。与此同时，监护人出于万无一失的"安全"顾虑，总是习惯于把孩子进行"宠物"式的"圈养"，导致留守儿童缺乏正常的外界交流，在他们的精神视域中，只有自己的兄弟姐妹，甚至是终日陪伴他们的花草树木和心爱的宠物，遇到问题无处可说，只能用自己幼嫩的双肩扛下所有问题，从而形成精神或人格上的障碍。三是唯我独尊意识。精神世界的孤独导致留守儿童存在一定的抑郁心理，性格内向、不善沟通，情感世界出现空白，存在着严重的"亲情饥渴"，看着别的孩子与父母亲密接触，自己更显孤独和失落，有一种被遗弃的感觉；与同学在一起时总是甘心做默默无闻的听众，感觉自信心不足；逆反心理较强，内心比较敏感，往往因一点小事而有强烈的反应；心理承受能力差，情绪消极，对别人批评教育接受认可程度不够，甚至产生对抗行为。在他们幼小的心里他们宁愿相信，自己才是自己的保护神，责任感在他们"目中无人"中丢失了。在学校，他们可以旁若无人地在课堂上大声讲话、做小动作，丝毫不顾及同学与老师的感受，甚至于有意挑起事端，很难与同学及朋友正常相处；在家里更是得到监护人的"宽容"，成为"独霸一方"的"小皇帝"，不懂得孝顺老人，更不会顾及左邻右舍的感受；在社会中，他们更是"不听话""不礼貌""不谦虚"及"恶作剧"的代名词。据在江西全南县留守儿童的调查资料，在所调查的对象中"30% 有过打架斗殴的经历，31% 的人平时有说谎的习惯，15% 有过偷东西、破坏公物等不良行为"②。有的更是走上了违法犯罪的道路。四是放任自流意识。由于心理安全感和自我认同感的缺失，再加上同伴们的冷嘲热讽以及学业不良而招致老师的消极注意，留守儿童更易表现出胆小怕事、行事畏缩等消极自卑心理，在自律水平较低的情况下，很容易受到外界不良因素的干扰而走上放任自流、自甘堕落的道路。据相关调查，"有 20% 的人经

---

① 《关于农村留守儿童思想道德教育状况的调查》（http：//www.whfz.gov.cn/shownews.asp？id=27360）。

② 《政府能做些什么》（http：//news.sina.com.cn/c/2006-04-19/11119661843.shtml）。

常迟到旷课，22%沉迷于打游戏"①。学习上自觉性和主动性的缺失又加上缺乏有效的管理机制和监督体系，以至他们成为网吧、游戏厅甚至赌博场的常客，更有甚者，因花钱无度而欠债。另外，在打工浪潮的冲击下，部分打工者的暴富和大多数打工者过年"衣锦还乡"的风光极大地刺激了农村留守儿童，从而滋生了"读书无用论"的思想，他们脑子里充满的是将来"暴富"的种种幻想，于是在学校里混日子，不求上进就不可避免了。据《齐鲁晚报》记者于 2009 年 7 月从聊城市政协的一份呼吁解决留守儿童问题的提案中获悉，在该市的留守儿童中有 32% 的留守儿童学习成绩较差，48% 中等偏下，15% 成绩较好，仅有 5% 的学习成绩优秀。"虽然留守儿童中不乏品学兼优、独立能力强的学生，但很多还是处于中下游。"② 许多留守儿童在自我放任的道路上越走越远。"精神生活本质上是现实的个人从内心对客观现实在认知基础上形成的体验、反思和诠释。人的社会实践活动的不同，必然会形成不同的精神生活。"③ 在农村留守儿童这一特殊群体形成与发展的历程中，始终关切着几种要素：父母、监护人、学校、政府及社会等。正是因为这几种现实力量的相互交织，才引发农村留守儿童群体在特殊生存境遇中精神世界的失范。具体而言，主要存在以下几种情况：

一是教育观念偏差。解决家庭的经济困扰无疑是大多数农村外出务工人员的目的之一。与此同时，由于文化素养及自身成长与所处环境的影响，许多留守儿童父母"满眼尽是黄金甲"，他们所闻所见都是外出务工而"买车""买房"过着"奢靡"生活的人们，刺激并膨胀了他们对物质欲望的追求，身边发生的一切使他们相信"读书无用"，"物质的富有"才是一个人成功与否的价值标准，"长大赚钱"成为很多父母教育子女的观念，而对留守儿童成长过程中所存在的学习、生活及思想意识问题则不闻不问，必然导致留守儿童理想的偏失，从而自暴自弃。与此同时，"物质+放任"的不合理的教育方式也必然使儿童在过分"溺爱"的

---

① 《政府能做些什么》（http://news.sina.com.cn/c/2006-04-19/11119661843.shtml）。
② 《九万留守儿童渴望更关爱》（http：//www.qlwb.com.cn/display.asp? id=420963）。
③ 王秀敏、张梅：《现代人精神生活质量内涵的理性阐释》，《理论与改革》2008 年第 3 期。

环境中形成霸道、任性等不良性格。另一方面,农村学校拮据的经济条件也直接导致学校师资力量的薄弱与教学设施的落后,文化素质较高的教师偏少,"重智轻德""重教学轻实践"成为当前农村学校教育的特点,教师很难从专业教育的视角去理解和解决留守儿童所产生的一系列问题,不能积极合理地引导留守儿童健全精神的生长。二是管理理念不当。在隔代监护人中,"绝大部分祖父母年龄在50—70周岁,其中50—59周岁的祖父、母分别占43.19%和47.64%"①。因尚具备一定的劳动能力,大多数人都承担了繁重的农村体力劳动任务,尤其是农忙季节,根本没有时间照顾留守儿童。相关调查显示,"有56%的临时监护人经常关注并采取措施预防留守儿童意外伤害发生,但也有34%的人只是有时会注意,还有8%明确表示顾不过来"②。为了确保孩子们的留守"安全",监护人会把留守儿童锁在家里或是庭院中,单调、闭塞与枯燥无味的环境必然催生儿童的不健全心理。同时,随着教育发展以及舆论监督力度的加强,农村教师已经没有了过去的"独裁与专制",多了些"谨慎",把留守儿童看作"问题儿童",不管不问,害怕触及这块"烫手的山芋",在管理上"宁可少一事不可多一事",只要保证留守儿童在校期间的"安全"就是万事大吉,更不可能针对留守儿童特殊身份开展相关活动。正是因为长期生活在家庭与学校这两个"牢笼"中,本该无拘无束、自由奔放的农村留守儿童却异常渴望自由,渴望朋友。长期的封闭也必然使得多疑、焦虑及暴躁等不良人格取向滋生。三是责任意识淡薄。在留守儿童的监护人中,"和祖父母生活在一起的留守男童比例为37.38%,女童比例则更高一点为38.73%"③。"重养轻教"成为许多祖辈的监护方式,他们认为只要让留守儿童"万无一失""确保安全"就算完成了任务,对留守儿童的消极人格取向则听之任之,"一代管一代","留待他们父母去教育"是农村隔代监护人常有的观念。据某市的相关调查数据,在心理沟通方面,69.8%的监护人表示"很少与孩子谈心",只有11.3%的留守儿童表

---

① 《全国农村留守儿童状况研究报告》(http://www.1818008.com/topic/topicContent.php?id=3&degreesid=4)。
② 同上。
③ 同上。

示"烦恼的时候会和照顾我的人说说"①。调查结果还显示,70.8%的隔代亲人及73.1%的亲戚表示"只照顾生活,别的很少管"②。由于直接家庭教育的缺失,道德管束缺乏,一些留守儿童容易产生消极自卑、内心封闭、情感冷漠及行为孤僻等心理问题和性格取向。同时,也很少有学校就留守儿童的问题主动联系留守儿童的家长及监护人,而本该定期召开的家长会也因多种原因而变成了每学期期末的"告家长的一封信",绝大部分监护人由于沟通意识的薄弱很少主动与学校联系,加之留守儿童父母又长期在外地打工,因此,家庭教育、学校教育及社会教育各行其是,难以形成有效合力,导致留守儿童精神世界的失范。除此以外,由于父母长期不在身边,农村留守儿童成为被社会所忽视的边缘群体,经常受到其他儿童甚至大人的歧视与排斥,使他们产生自卑、孤僻的不良性格。更容易沉迷于学校周围的游戏厅、网络等现代大众传媒。据中国农业大学"中国农村留守儿童研究"课题组日前公布的一项最新调查,"有4.5%的留守儿童在放学后上网,有6.3%会去打牌"③。而充斥于其间的暴力、色情等低俗不健康的内容必然使尚处在青春期的孩子们易陷其中而深受其害。

不言而喻,作为特殊历史条件下衍生的特殊社会群体,农村留守儿童精神世界的长期残缺,必然在某种意义上导致与现代社会发展相适应的主体精神的长期式微。从长远而言,也必然在一定意义上影响和制约中国农村社会人的精神生活与人的整体素质的质量提升。当前,要把培养农村留守儿童的自立意识、责任意识及进取意识等作为留守儿童教育问题的出发点,着力实现留守儿童精神世界的良性发展。一是转变家庭教育观念,着力提升留守儿童独立自主意识。康德曾言:"人只有通过教育才能成为一个人,人是教育的产物。"家庭教育要冲破传统的枷锁与观念,重视孩子的个性培养,未来社会各行各业都需要能自己制约和支配自己的"自律性"个人;能自己支配自己的生存条件和活动的"自主性"

---

① 《九万留守儿童渴望更关爱》(http://www.qlwb.com.cn/display.asp?id=420633)。
② 同上。
③ 《调查显示:五成留守儿童对家人"逆向监护"》(http://cohd.cau.edu.cn/main/html/meitijujian/2009/0402/1229.html)。

个人；有一定才能、能力和品质充分发展的"能动创造性"个人。① 因此，作为留守儿童的父母，在外出务工前应该有意识地创造条件让孩子多锻炼和实践。掌握生存的基本生活技能，能充分挖掘自身的潜能，完善自己的人格，不断增强自主性、判断力和个人责任感，使留守儿童获得"学会求知""学会做事"及"学会共处"的能力，帮助他们克服不善交际或因不善言辞、或因知识面不宽、或因兴趣不广泛、或因读书成绩不好而造成的自卑心理。要让他们学会为自己的学习创造条件，勇于面对和克服在学习和生活中遇到的问题。而绝不是"在一个世界里，儿童像一个脱离现实的傀儡一样，从事学习；而在另一个世界里，他通过某种违背教育的活动来获得自我满足"②。二是扎实推进素质教育，创新留守儿童德育培养新模式。苏联教育家苏霍姆林斯基说过："如果你能让每一个学生在学校里抬起头来走路，那你就是一个成功的教育工作者。"③对于留守儿童而言，农村学校教育工作者的任务就是让每一个留守的学生在学校里能"抬起头"来走路，让他们找到自信的感觉，有能力、有信心成为班级或者学校里优秀的一员，不断找回自我的归属感。杜威曾言："任何主张将（道德）知识灌注在一无所有心灵上的各种教育方法，都应该被扬弃。"④ 因此，针对农村留守儿童特殊情况，学校教育方式应有针对性地改变，注重心理疏导，加强思想道德教育和心理健康教育，加强日常行为规范的指导和训练，培养他们形成良好的行为习惯，努力构建学校、家庭及社会共同关心的教育网络。有条件的学校，可设立"心理咨询室"或"倾诉信箱"等，有针对性地开展心理咨询活动，增强学生的心理调适能力。通过定期举行文艺、体育、科技和社会实践活动，让留守儿童在欢乐和睦、积极向上的环境中学习与成长。同时，学校也要注重对留守儿童监护人培训和指导，要主动寻求各有关部门的支持，

---

① ［苏］古留加：《康德传》，贾泽林译，商务印书馆1981年版，第86页。
② 联合国教科文组织国际教育发展委员会：《学会生存》，上海文艺出版社1979年版，第14页。
③ ［苏］苏霍姆林斯基：《给教师的建议》（修订版），教育科学出版社2000年版，第10页。
④ ［美］杜威：《民主主义与教育》，林宝山译，台湾：五南图书出版公司1992年版，第359页。

共同营造有利于留守儿童健康成长的社会环境。三是落实政府相关决策，夯实留守儿童精神关爱的现实基础。要着力破除城乡二元体制的户籍壁垒，落实进城农民工子女教育政策。现阶段，可以借鉴上海管理模式，改"户籍制"为"居住地制度"，实施"以流入地政府管理为主、以全日制公办学校为主"的政策。只要是已经在同一个城市居住达到一定年限就给予农民工子女和城市子女同样的入学受教育机会。[①] 各地政府特别是教育部门应加大对接收流动儿童学校的督导，对一些违规学校要进行严厉查处和处罚，从根本上杜绝城市学校对流动儿童的歧视性待遇和收费，确保流动儿童教育政策实施。要加大对农村学校教育的扶持力度，不断调整并完善现有的义务教育格局，合理配置教育资源，适当发展寄宿学校，加强对学校与教师的考核与监管，增强他们的使命感与责任感，确保农村留守儿童在教育面前所享有的平等机会。要加大农村人文社会环境的治理力度，对黑网吧、赌博、迷信等活动要坚决取缔，根治农村精神污染对留守儿童的毒化。同时，可以组织各种社会资源在合适的时间积极开展针对农村留守儿童的健康有益的活动，让留守儿童能在良好社会环境中接受教育和熏陶。当然，问题的根本还在于政府要积极推动农村经济的发展，增加农民就近就业的机会，为从根本上减少"留守儿童"的数量提供契机。除此以外，社区和村级组织也要充分利用假期或春节家长回家的时机，召开留守儿童家长会，指导家长外出务工期间和孩子的联系。农村基层组织应在管理机制上督促家长关注留守儿童的道德建设，建立农村留守儿童教育和监护体系，积极组织基层党政机关的富余人员及退休人员从事农村留守儿童的监护和教育工作。基层教育部门可以联合共青团、妇联及关工委等相关群众性组织，共同构建农村留守儿童的社会化教育和监护体系，起到沟通家庭、学校及留守儿童关系的桥梁作用，在各种力量良性互动中实现农村留守儿童精神世界的健全发展。

"人的本质不是单个人所固有的抽象物，在其现实性上，它是一切社会关系的总和。"[②] 面对留守儿童精神世界的失范，观念的转变固然重要，

[①] 《江苏省妇联：关于农村留守儿童教育问题的对策》（http://www.cnr.cn/2008zt/fnsd/pljd/200810/t20081024_505133278.html）。

[②] 《马克思恩格斯选集》第1卷，人民出版社1995年版，第60页。

然而问题的根本还是伴随社会经济发展而导致的"民工潮"。因此，留守儿童精神世界的重塑离不开现实的社会生活与实践，除了父母、监护人、学校、社会及政府等各种与之相关切的要素外，更要把问题放在农村经济社会发展的政治、经济与文化大环境中考察。只有农村经济社会发展得到整体加强，留守儿童的健全发展才有可能有解决的实现基础。

第五节 伦理形态四：青年群体

现代化的实践进程表明，当一个国家的现代化进程开始加速，或者说当一个社会正在急剧转型，这个国家或社会的各个领域必将发生深刻变化。当前，我国社会正处在一个大转型、大变革时期。一方面，人们的思想、价值观念及生活方式等发生了巨大变化；另一方面，社会成员的心理适应性正经受着严峻挑战。青年期个体生理和心理迅速发展，正处于求学、就业、婚恋的关键时期，社会转型给青年心理造成巨大冲击和影响，外界的压力及内心的种种矛盾冲突，往往引起青年不同的生存困惑。中华全国总工会在2010年5月29日发出的《关于进一步做好职工队伍和社会稳定工作的意见》中指出"要不断满足职工日益增长的精神文化需求"，"加强对青年职工特别是新生代农民工的心理疏导，关心职工的生产生活，使广大职工有尊严地生活，实现体面劳动"[1]。因此，在社会快速发展、物质生活日益丰裕的同时，深度剖析当代青年生存困惑所蕴含的深层因素、探讨解决问题的可行性举措对保持社会的和谐稳定以及国家宏伟战略的实现具有重要意义。本书试图以儒释道"三位一体"的精神结构为资源对此进行尝试性探讨。

一 青年群体的伦理问题（一）：基于文化生态视角[2]

儒家直面现实社会，力求探索一条改造客观世界的道路，即便是个

---

[1] 《全总：加强青年职工心理疏导 尊严生活 体面劳动》，2010年5月29日（http://news.sohu.com/20100529/n272432275/）。

[2] 卞桂平：《"三位一体"的精神形态与当代青年的生存困惑及自我调适》，《理论与改革》2011年第2期。

人的修身养性，最终也是为了治国平天下。子贡曾请教于孔子："有美玉于斯，韫匵而藏诸？求善贾者而沽诸？"孔子毫不犹豫地回答："沽之哉！沽之哉！我待贾者也。"① 孔子以"贾沽者"自居，期望得到当政者重用，可见其积极用世的良苦之心与迫切之情。孔子对自己的治国才能也颇为自信："苟有用我者，期月而已可也，三年有成。"② 当是时，周室衰微，诸侯争霸，礼崩乐坏，孔子希望通过他的努力，挽狂澜于既倒，扶大厦于将倾，将尧、舜、禹、文武、周公之道传下去。《东周列国志》戏曰："孔子周游列国，弟子满天下，国君无不敬慕其名，而为权贵当事者所忌，竟无能用之者。"③ 甚至在自己曲高和寡、知己者鲜的时候，孔子仍然强调"知其不可为而为之"。尽管最终孔子的政治生涯以失败而告终，但他仍然给出了"出世"与"入世"的回答："笃信好学，守死善道。危邦不入，乱邦不居。天下有道则见，无道则隐。"④ 孔子不反对世道混浊时的出世者，但对"达则兼济天下"的儒者而言，出世是不得已的选择，因此对于那些在"邦有道"时仍然隐身不出的人，孔子是竭力反对的，这正是儒家入世思想的反映。

　　道家哲学的真谛在于"有"与"无"、神虚与形实的整合。"有"指的是有形、有限的东西，指的是现实性、相对性、多样性；而"无"则是指无形、无限的东西，指的是理想性、绝对性、统一性。"有"是多，"无"是一；"有"是实有，"无"是空灵；"有"是变，"无"是不变；"有"是内在性，"无"是超越性。道家认为，不仅宇宙之有、现象世界、人文世界及其差异变化，即存在的终极根源在寂然至无的世界；不仅洞见、察识富有万物、雷动风行的殊相世界，需要主体摆脱诸相的束缚，脱然离系，直探万有的深渊；而且习气的系缚、外物的追索，小有的执着，会导致吾身主宰的沉沦、吾与宇宙同体境界的消亡。因此，老子主张"挫锐解纷""和光同尘""谷神不死""复归其根""为学日益""为道日损""无为而无不为""无用而无不用"。这种"无为""无欲""无

---

① 杨伯峻：《论语译注》，中华书局1980年版，第91页。
② 同上书，第137页。
③ 冯梦龙：《东周列国志·第七十八回》，岳麓书社2005年版。
④ 杨伯峻：《论语译注》，中华书局1980年版，第82页。

私"，救治生命本能的盲目冲动，平衡由于人的自然本性和外物追逐引起的精神散乱，也正是道家道德哲学的基本内容。而道家澄心凝思的玄观，老子"涤除玄览"的空灵智慧意在启发我们超越现实，透悟无穷，然后再去接纳现实世界相依相待、迁流不息、瞬息万变、复杂多样的生活，以开放的心灵破除执着，创造生命。

佛教创始人释迦牟尼总结出"四谛"以论定人生的价值是苦，继而以此为出发点，以指示解脱诸苦的途径为中心，以达到解脱境界"涅"为归宿，构成了早期佛教的基本教义。大乘佛教要求普度众生，其修行并不脱离世间，而是积极参与世间的各种善举，从而体现佛教以大慈大悲为本的思想。佛教智慧启发人们反观自己心灵上的无明，用否定、遮拨的方法，破除人们对宇宙人生一切表层世界或似是而非的知识系统的执着，扩阔自己的心灵，从种种狭隘的偏见中超脱出来，使自己日进于高明之境，而不为无明所系缚，获得某种精神的解脱和自由。佛家既讲"空"，又讲"有"。此所谓"空"，是启迪人们空掉一切外在的追逐、攀援、偏执，破开自己的囚笼，直悟生命的本性或本真。佛教，特别是禅宗的返本归极、明心见性、自识本心、见性成佛之论及一整套修行的方法，旨在启发人内在的自觉，培养伟大的道德人格。

儒家的人生智慧是德性的智慧，通过修身实践的功夫，尽心知性而知天。道家的人生智慧是空灵、逍遥的智慧，超越物欲与自我，强调得其自在，歌颂生命自我的超拔飞越，肯定物我之间的同体融和。佛教的人生智慧是解脱、无执的智慧，启迪人们空掉外在的追逐，消解心灵上的偏执，破开自己的囚笼，直悟生命的本真。这种"德性、道心与佛性""三位一体"的内在精神结构既能自我进取又能自我保护，使人们在反求自身之中实现精神的平衡与社会的和谐。所不同的是，道家是通过精神与肉体的分裂即肉体上的随波逐流与精神上的清高脱俗达到这种平衡；佛性是通过人生过程的延长与因果报应的机制达到这种平衡。这样，二维结构就成为一个无所不具，无所不能的"道德小宇宙"，使人们无论遇到何种情况都不失去安身立命的基地。

"市场法则"在不断给现代社会带来创造丰腴物质财富机会与可能的同时，其负面效应亦不可避免地对现时代人们的生活法则及其精神世界形成冲击，滋生种种"困惑"与"彷徨"，其中，社会转型时期的当代青年对此感受更是最为直接与深刻,"新旧交替"的历史背景与思想意识及价值观念"尚不定型"的个体特质使得当代青年面对社会生活的急剧变迁深感困惑。普遍而言,主要有如下几种:一是感情世界的困惑。现代文明是一种重智能、轻情感的文明,竞争的压力使人与人的关系普遍紧张。现代社会只相信实力,不相信感情,更不相信眼泪。不仅真正的友情、爱情没有了,甚至亲情也正在日益消逝,而至于同情已正在成为达到某种功利目的的手段。所有这些情感最后都汇聚成了急切要求宣泄的激情。青年时充满梦幻的时代,他们渴望友谊和爱情,珍视家庭温情,当他们看到现代社会的友情、爱情、亲情及同情这些美好的东西都已经或正在异化、变形,被淹没在利己主义的冰水之中时,源自他们内心的梦想就会破灭,会感到冷漠的社会现实与他们热烈的情感需求格格不入,并因此感到困惑与迷茫。作为一种反叛,他们可能由理想主义走向自我中心主义、颓废主义甚至发生一系列反社会行为。二是自我欲望的偏差。在应试教育体制下,青年人朝气蓬勃,从小就有很强的竞争意识和成才愿望,受过高等教育的青年尤其如此,他们对自身的社会地位和收入水平都有着较高的目标追求。但是,随着社会转型的行进,多年来积累起来的矛盾和问题比较集中地显露出来。特别是近年高校毕业生人数迅猛增加,对青年最直接、最重要的影响就是就业压力空前增大。他们逐渐发现,这是一个充满了竞争和挑战的社会,无论曾经的人生目标多么宏大,大多数人都要面临就业问题,要起步于较低的职位、较低的收入。他们中的相当一部分人一方面强烈地渴望取得成就,报效祖国、人民、家庭,实现人生价值;另一方面在纷繁的社会环境中会感到茫然,不知如何融入社会,如何找准自己的角色定位,充满了对未来的未知性和不定性。当对岗位、成就、财富等方面的期待遭受挫折时,就会产生较大的心理落差,或调整缓慢,或对社会、人生产生怀疑甚至自暴自弃。三是社会生存的压力。转型期的青年虽然成长于"日新月异"的时代,但自我的意识观念却留有传统的影子,传统的家庭成长环境、传统的学校教育方式等让新时代成长的青年无法适应快速变化的世界,应变能力的"相对"欠缺与信仰价值的"摇摆"和"不确定",让他们面对与传统殊异的现实世界时感觉"无所适从",尤感社会生存的压力。其一是求职的压力。学历"泛滥",竞争日益激烈的现时代,求职的行情"水涨船高",

理想的工作不仅要具备名牌高校的学历,更要求具有工作经验或者"实用"的经验技能等,这对于大多数青年而言却是难以逾越的门槛。其二是难以融入复杂人际关系网的压力。由于不谙现实生活与工作中的种种人际关系处理技巧,大多数青年总是在工作中处处碰壁,难免对工作乃至生活产生抵触情绪。其三是身份认同的艰难。现代青年大多向往城市文明,然而,居高不下的房价与较低的薪水总是难以形成正比;与此同时,城市对外来人口的"不友善"的排斥,更是使得怀有理想的青年们难以从"身心"方面彻底融入城市,从而滋生自卑及自弃心理。青年面临的生存困境不只是理论层面的探讨,而是活生生的现实。当然,面对生存困境,并非所有青年都畏惧退缩,绝大多数都能勇敢地面临挑战,最终走出困境,健康成长。但是,也有相当数量的青年面临或陷入生存困境时代,感到孤独、苦闷、烦恼、厌倦、恐惧、绝望而发生心理闭塞和反社会行为,如逆反心理、精神空虚、精神忧郁、歇斯底里、末日感,以及吸毒、性乱、自杀、凶杀、信奉邪教、抢劫等。这些问题虽然绝大多数是个体性的,但却是在日常生活中普遍发生的,不仅对社会的主流文化构成冲击,而且会严重破坏社会秩序。

青年问题正成为现代社会突出的问题之一,各种解决问题的途径也在各类研究中层出不穷,众说纷纭、莫衷一是。然而,随着现代文明的不断推进,青年问题却变得有禁无止、日趋普遍和深重。因此,反思与调整研究问题的思路势必成为当前的必需。源于传统文化的内在精神结构体系无疑为我们分析当前青年生存困惑提供了有效借鉴资源。然而,当前的难题在于如何用"三位一体"的精神结构对当代青年生存困境做出合理性解释,并为重构当代青年合理性的精神结构提供理论依据。以问题的原因为探讨的视角,大致有以下三方面:一是家庭因素。随着社会发展的提速,生活成本的增加,许多城市家庭倍感生活的艰难,为了摆脱生活的困境或是让子女不再过艰难的生活,许多家长在教育孩子方面从小就对他们寄予厚望,在他们眼中,孩子只能成功,不能失败,造就了孩子"争强好胜"的心理。同时,许多新生代农民工为了摆脱落后的农村生活,实现自己过上"体面"的都市生活理想,"宁做鸡头,不做凤尾",在城市奋力拼搏,只求获得一席之地。最后,随着独生子女的增多,很多家庭在教育孩子方面,娇生惯养,溺爱放纵,对子女百依百顺,造成子女"只能获得"而不能面对挫折与失败等多种不良的人格取向，一旦在一定的情况下达不到自己的理想要求便产生消极念头，难以面对各种失败与挫折，不能合理地调适自己的心态。二是学校因素。由于历史与现实等多种因素局限，城乡教育均在一定程度上呈现出"应试教育"取向。一方面是以纯粹考试为指挥棒，为了知识而知识；在教育教学的方式与方法上，把学生只是当作听话的"客体"，"四脚书柜"，进行"单向"式"灌输"。在课程设置方面，一切以"升学率"为标准，凡是与考试科目无关的、那些真正能培养学生品性、陶冶情操的课程都被一定程度地"边缘化"，也正是受这种教育制度与观念制约，导致许多大学教育仅仅强调"专业化"培养，使与专业无关的课程遭到"放逐"而被"边缘化"，人文素质拓展课程地位的弱化也势必导致任课教师地位的相应弱化，在"教师—课程"的恶性循环中，学生只是为了"考试""升学"及"相关专业"而学习。体制的缺陷导致教育中"生活世界"和"意义世界"的缺失，受教育者难以从单纯的学习中得到调适生活的"人文智慧"，遇到困难与挫折时必然要转向消极。三是社会因素。现代化宏伟目标的实现离不开市场经济，作为一种资源配置的有效手段，市场经济除了公平、公正、法制等以外，典型特征必然是竞争，而当代青年无论是来自城市家庭，还是农村的青年农民工，他们在城市的奋争绝不只是个体的事情，背后往往关切到家庭等多种社会关系。他们在都市的拼搏不仅诉诸着美好的个人理想，更是身负"面子"等社会评价角色的重任。尤其是80后、90后的青年他们大多受过"昂贵"的高等教育，本身已经"负债累累"，再加上城市生活成本的与日俱增，在他们心中已然形成一种"只能成功，不能失败""成者王、败者寇"的固执观念。来自不同方面的社会压力俨然成为他们内在的心理负担，面对压力，他们只能翘首"成功"，而不能眷顾"退守"与"超脱"，当压力到达一定时候，必然演变成消极心态。

　　面对日益激烈的社会竞争而导致的个体精神的消极态势，重新恢复并确立儒释道"三位一体"的良性精神形态在当前就显得尤为重要，它是当代青年在面对生存压力时的一种有效的"自我消解机制"，在"儒—道—佛"的合理生态中做到"刚柔相济、进退互补"，从而实现智慧人生。但也正如马克思所言："人的本质不是单个人所固有的抽象物，在其现实性上，它是一切社会关系的总和。"① 因此，个体合理精神形态的构建必然建立在与之相关切的相关因子上，当前，必须在"学校—家庭—社会……"等多元生态中实现当代青年精神形态与社会发展之间的良性互动。具体而言：一是家庭教育要培育青年的自我调适能力。儒家就认为："物之不齐，物之情也"（《孟子·滕文公》），强调事物本身所具有的"多样性"与"差异性"，主张教育应尊重人的自然本性，"因材施教""因长施教"，挖掘学生的潜质与特长。因此，家庭教育在重视青年进取精神培育的同时，要因材施教，根据青年特质的不同，科学合理地策划他们未来的人生道路，在兴趣的指引下掌握一技之长，从而在日益激烈的社会竞争中占得一席之地。那种"盲目跟风""东施效颦"的家庭教育做法，无疑会成为当代青年成长路上的隐形"杀手"，他们在成长的历程中失去特色，而在社会竞争中处于劣势，加大心理负担，形成非理想的"负面人格"。合理的做法应该恪守道家"生而不有"的人生智慧，根据教育对象的实际潜能制订合理的教育计划。与此同时，除了培养当代青年的事业心、进取心之外，家庭教育要注意在青年人格中植入"弹性"因子，教会他们面对挫折时要具有道家"上善若水"的心态、"柔弱不争"的调适策略，既要"拿得起"也要"放得下"，使他们在宽松的家庭氛围中学会自我调适的技能，在"进退互补"的精神结构中实现智慧人生。二是学校教育要致力于青年的全面发展。学校教育要在与社会发展的良性互动中成为输送与社会发展相适应的健全人才的基地，要极力破除以往"应试教育"的弊端，真正领会"教书"与"育人"的本真含义。首先要科学界定学校教育的战略和目标，要在与社会发展"相适应"的动态考量中去夯实教学质量，要把"德智体美劳"全面发展的人才作为学校教育培养的目标，使学生得到更加健全的发展。其次要注重教学方法与教育观念的更新，极力破除那种"灌输"式"知识教育"，教师与学生之间不平等的人格教育，交叉学科之间的隔离教育，学校教育与社会实践相脱节的教育……努力实现学科—学科，教学—生活，学校—社会，教师—学生等相关因子的高度整合，丰富学生的知识结构，扩展他们的知识视野，在知识的融会贯通中增强与社会的"适应力"，在

---

① 《马克思恩格斯选集》第1卷，人民出版社1995年版，第60页。

开阔的思维中增强自身面对不利因素的"调适"能力,从而形成弹性的精神品格,实现健全发展。三是社会关注要对青年多些理解与支持。在个体非理性因素的诱发条件中,外在的社会因素至关重要。对于各种企事业单位而言,要遵循道家"长而不宰"的智慧,本着爱惜、培养人才的目的,对刚踏入社会不久的青年在业务与人际交往过程中的"不足"与"过失"要"宽容"对待,要循循善诱,助其成长,让他们真正找到自身的兴趣与发展平台,从而"在实践中发现人才、培育人才、锻炼人才、使用人才、成就人才"①。实现"人尽其才,物尽其用"的良好局面;要关心青年的心理诉求与精神生活,开展形式各样的、积极向上的业余文化活动;"要注意加强青年特别是新生代农民工的心理疏导,加大对他们心理健康的关注和投入,帮助他们搞好自我管理、自我调适,缓解心理压力,提高耐挫能力,营造良好的人际关系,使广大职工有尊严地生活,实现体面劳动"②。社会要以"宽容"心态对待每一个奋力拼搏的青年,要加强对他们的人文关怀,增强他们的社会归属感,从而"在全社会形成爱护青年、关心青年和鼓励青年成才、支持青年干事业的良好氛围"③,也只有在这样的社会环境中,青年才能以轻松愉悦的心情从事工作,挖掘内在潜能,"身"与"心"才能实现协调发展。

儒道释"三位一体"的传统文化内核历经时代的积淀已然成为中国人内在的精神因子,"进取—逍遥—超脱"的共生互动让人们既具有"雄图伟略"的"入世"情怀,也让人们在遭遇挫折时能启动"撤退"机制,使人们在世俗沉浮中体验智慧人生,不失安身立命的基地。当然这种"瑰宝"式的民族精神资源的积极效应需要在"个体—家庭—学校—社会"良好生态中才能在当代青年的成长中得以实现。正如江泽民同志所指出:对青少年的教育,全党全社会都要来做,学校、有关部门、家庭、社会各个方面都要一起来关心和支持,校内校外,课内课外,都要

---

① 胡锦涛:《破除论资排辈观念 加强培养造就青年人才》(http://www.chinanews.com.cn/gn/news/2010/05 - 26/2306411.shtml,2010 - 05 - 26)。

② 《全总:加强青年职工心理疏导 尊严生活 体面劳动》(http://news.sohu.com/20100529/n272432275.shtml,2010 - 05 - 29)。

③ 胡锦涛:《破除论资排辈观念 加强培养造就青年人才》(http://www.chinanews.com.cn/gn/news/2010/05 - 26/2306411.shtml,2010 - 05 - 26)。

抓紧。"只有加强综合管理,多管齐下,形成一种有利于青少年学生身心健康发展的社会环境,年轻一代才能茁壮成长起来。"① 也唯有如此,才能在"个体至善"与"社会至善"的良性互动中实现社会的和谐发展与青年的智慧人生。

二 青年群体的伦理问题(二):基于大学生就业心态视角②

所谓"精神"主要是指对人的主观存在状态的描述与定位,是人所具有的一种基本属性以及发展过程的理想归属。它是人生命的意义和价值的主观理解、感受、向往和追求,是人不同于物的根本标志,也是人不断超越物质世界,包括超越人自身的动力因素。③ 当前,物质财富丰裕的同时也催生了现代人精神生活的困惑,"精神"问题也由此成为人们讨论的热点话题。其中因就业形势的严峻而引发的大学生群体的精神问题尤为凸显。据统计,2010年普通高校毕业生已达630余万,就业形势异常严峻。④ 外界压力与内心矛盾的冲突,让现代大学生面对日益艰难的就业市场无所适从,凸显与时代发展难以适应的消极精神样态。党的十七届五中全会明确提出:要把促进就业放在经济社会发展优先位置,把解决高校毕业生就业问题作为工作重点。⑤ 因此,重塑现代大学生的"精神"世界,探索破解就业难题就成为现时代的必需。

"精神"的生成源于现实社会的客观基础。市场经济的不断确立及现代化进程的持续推进在很大程度上催生了现代人的主体精神,主体的自主性、能动性及创造性已具备生成与扩张的土壤。"市场经济体制的表层是'物'的问题,深层却是'人'的问题,市场经济体制与人的问题更

---

① 《毛泽东邓小平江泽民论青少年和青少年工作》,中央文献出版社2000年版,第329页。
② 卞桂平、焦晶:《精神症候与消解路径:毕业生的就业心态分析》,《南昌工程学院学报》2012年第2期。
③ 王坤庆:《精神与教育:一种教育哲学视角的当代教育的反思与建构》,上海教育出版社2002年版,第19页。
④ 袁贵仁:《2010年大学生就业形势严峻》,《河南日报》(农村版)2009年12月7日第3版。
⑤ 袁贵仁:《全力以赴做好2011高校毕业生就业工作》(http://edu.people.com.cn/GB/79457/13267652.html)。

具内在本质联系,这必然促使人的自我觉醒。"① 当前,就业制度由"定向分配"到"双向选择"的转换,为现代大学生主体意识的生成提供了必然与可能。然而,转型期的人们在主观意识的转换上总需要特定的适应期,作为价值观尚不定型的大学生而言就更为如此。面对就业市场的机遇与挑战,大学生在就业观念中表现出种种"不适应",在某种程度上阻碍着他们作为现代主体价值观的生成。一是紧张焦虑心态。紧张与焦虑是因为胆怯、畏难等情绪而形成的一种紧张不安的心理态势,它是由心理冲突或遭受挫折所引发的一种复杂情绪反应。行为上表现为烦躁不安、无所适从、爱发牢骚、抱怨社会及难以控制情绪等。焦虑心理在择业时主要表征为:希望尽快走向社会,谋求到理想职业,同时又担心不能找到合适的岗位和工作;害怕被用人单位拒之门外,十几年的寒窗苦读付诸东流;认识到求职择业事关重大,又担心一时失误造成终身遗憾;对走向社会缺乏应有预期,对择业准备感到无所适从。尤其是那些来自冷门专业、边远地区或性格内向的学生群体,或者是学业不佳、能力不强、综合素质较差的学生,毕业前尚未落实单位的学生,大专生以及部分女大学生等,焦虑心态表现得更为严重。过度的焦虑情绪将会使大学生背上沉重的心理负担,意志消沉,对待事物缺乏应有的热情与兴趣,惶惶不可终日,尤其是当择业屡遭挫折后,将会导致严重的心理障碍或疾病,从而在一定程度上阻碍主体意识的生成。二是依赖从众心态。就业者的依赖心理表现在缺乏主动参与意识,独立性不强,信心和勇气不足,在社会为其提供的就业机会面前心存依赖,不主动参与就业市场的竞争,不敢向用人单位展示和推销自我,不是依靠自身努力去赢得竞争、赢得用人单位青睐,而是一味地依赖亲戚、朋友、社会关系给自己找门路,或依靠家长代替自己去奔波。有的毕业生自以为具备某些优越条件,依赖自己较好的成绩或是优秀毕业生称号等,坐等学校落实单位。这种消极被动的求职方式与当今激烈竞争的社会现实难以合拍,最终可能错失良机。从众心理即指个体在群体压力下,在认知、判断、信念与行为等方面与群体多数人保持一致的心理。主要表现为不充分考虑自身实际

---

① 韩庆祥:《人学是时代的声音——当代人类发展的深层问题与人学回应》,《中国社会科学》1998年第1期。

情况（如专业范围、职业兴趣与事业追求、实际能力与综合素质等），在择业过程中盲目从众，不管是否适合自己，是否与自己的兴趣爱好相关，都趋之若鹜。这种缺乏缜密思考、不切实际的从众心态与行为往往在择业时会经受不必要挫折，延误或丧失就业机会。三是自卑畏怯心态。自卑心态属于一种弱化的个性，消极的自我评价或自我意识。严重的自卑心态会导致个体精神不振、心灵扭曲以及沮丧、孤寂等不良心理。怀有这种心态的大学生害怕名校、高学历以及所谓的"金牌专业"，总感觉低人一等；面对部分单位"重男轻女"的性别取向以及就业市场上的"人情"与"关系"，很多人会发出诸如"学得好不如长得好、学习好不如家庭好"等之类的感叹，缺乏竞争的勇气和信心，不能适时地展现自己的才华与能力，在就业过程中踌躇不前。还有一些学生在求职中往往会因为不为用人单位认可、接受，而情绪低落，愁眉不展，抑郁寡欢，意志消沉。他们往往会产生一种怨天尤人的悲观失落情绪，缺乏继续作战与战胜困难的勇气，有的甚至会表现为饮食失调，身体消瘦，彻底失去继续参加择业竞争的信心，较长时间陷于择业失败事件的阴影中而难以自拔。正如弗洛姆所感叹："我们生活中的大多数人在生活还没有开始的时候就死去了，这是一个悲剧。"[①] 四是自负功利心态。怀有自负心态的学生会因自己的"热门"专业、家庭、社会关系甚至自己的长相或才识而自高自傲、沾沾自喜，"皇帝的女儿不愁嫁"，从而对自己的职业理想期望过高，眼高手低，期盼一步到位，总期望到高科技公司、跨国公司或者高层政府职能部门等单位任职，对那些所谓的"苦差事"不屑一顾，宁可失业或者待业都不愿意委曲求全。有的同学认为自己在就业中具备种种优势：学习成绩优秀，政治条件好，学校牌子亮，专业需求旺，求职门路广等，因而盲目自信，择业胃口吊得很高，到头来往往会由于对自己优势过高估计，而对自己的弱势和困难认知不足，从而在就业中受挫。也有学生在职业选择上往往以金钱的多少和物质待遇的好坏作为衡量标准，讲实惠、怕艰苦、轻贡献、重功利，只注重自身感受和体验，不考虑社会需求和实际，在价值取向和道德选择上呈现出唯我独尊、个

[①] 郭永玉：《孤立无援的现代人——弗洛姆人本精神分析》，湖北教育出版社1999年版，第40页。

人至上的狭隘思想，导致就业面越来越窄，严重影响了就业成功率。五是攀比嫉妒心态。攀比实际上从属于盲从心理，也是自我认知缺位的一种反映。表现为毕业生选择就业单位时忽视自身特点，对自我缺乏客观正确的分析，不从自身实际出发，往往拿别人的择业标准来定位自己的择业取向，争强好胜，不想差人一等。盲目攀比的心理使得许多大学生迟迟不愿签约，导致与适合自己的就业岗位失之交臂。嫉妒就是对他人的成就、特长、优越的地位及条件持羡慕又抱以敌视的情感。这种心理主要是把别人的优势视为对自己不利和威胁，因而感到心理不平衡，甚至恐惧和愤怒，于是借助贬低、诽谤甚至报复的手段来摆脱愤怒和困扰，求得心理补偿或达到自身的心理满足。日常表现为：看到别人某些方面求职条件好，先是羡慕、转而痛苦、后又不甘心，个别人为了不让他人超出自己，可能采取背后拆台等手段；当别人成功时，说风凉话、讽刺挖苦等。嫉妒心理的产生会导致个体人际关系的冷漠，团队凝聚力的涣散，且加重人的内心痛苦和烦恼，以至影响就业的顺利进行。

"精神生活本质上是现实的个人从内心对客观现实在认知基础上形成的体验、反思和诠释。人的社会实践活动的不同，必然会形成不同的精神生活。"[①] 在传统向现代转型的过程中，现实生活的诸多不确定性势必引发人们精神视域的不稳定，造成精神生活的彷徨与困惑。现代大学生正是基于这种"不确定性"的特殊历史境遇，从观念的生成到实践操作都感到难以适从，从而表现出形态各异的消极精神样态。一是现行体制缺陷。目前的就业市场普遍存在因体制缺陷及规范缺失而造成的不公，在不同程度上引导着大学生的就业心理与就业观念。比如户籍歧视：有的地方公务员考试明确要求必须为某地户口才可报考该职；[②] 比如地域歧视：有的企业招聘时标明某省籍贯的勿投简历；比如性别歧视：一些单位明确表示不要女大学生，另外一些单位虽然没有表示不要女大学生，但对女大学生求职总是百般推诿，对男大学生则较热情；比如学历歧视：

[①] 王秀敏、张梅：《现代人精神生活质量内涵的理性阐释》，《理论与改革》2008 年第 3 期。

[②] 《财政局招聘规定需有国外学位续：纪委介入调查》，《都市快报》2010 年 11 月 24 日第 3 版。

有的用人单位盲目追求高学历人才的使用，只认学历，不管能力，只认名牌高校毕业生，冷落普通高校毕业生。这些就业歧视的存在，使得相当一部分学生动摇甚至失去自信心，导致他们的价值观、择业观发生异变，因而不能正确地对待求职择业。大学生求职要求公正与现实存在的就业招聘歧视之间的矛盾严重影响了大学生就业过程中的心理状态。"在大学生就业过程中，各种侵犯毕业生就业权益的现象层出不穷，严重地阻碍了大学生的就业，打击了大学生就业的积极性，引发和加重大学生就业的心理问题。"[1] 面对因体制的不健全而带来的各种不公现象与歧视，使得原本对就业就没信心的大学生群体面对就业市场而难以适从，缺乏竞争的勇气与进取的主体精神。二是主体认知偏差。就业能动性的缺失与大学生主体认知的偏差具有很大关联。关联之一就是天之骄子心态。许多大学生对大学概念缺乏理性认识，把大学等同于"爱情的摇篮""休闲的胜地"，一进入大学就放松了对自己的要求，加上对"自我管理"的大学生活模式的不适应，自我放任，在严峻的就业形势面前更是显得惊慌失措，缺乏耐挫力，自暴自弃，失去就业信心。关联之二就是"守株待兔"心态。部分大学生认为就业就是在市场上找到与自我专业相符的、自我感觉比较满意的工作。这种缺乏辩证思维与视角转换的理解完全把自我认知与瞬息万变的时代背景相割裂开来，只看重专业的喜好与理想，而不善于把握千变万化的就业环境，在盲目追求与消极等待中错失就业良机。关联之三：坐以待毙心态。部分大学生社会经历比较浅，心理发育水平尚不成熟，认知水平较差，对自我定位不够准确，在专业、学校甚至家庭等方面仅仅看到自己的缺点与不足，过分夸大别人的长处与优点，对当前的国家就业政策、各种职业的发展趋势、职业类型、职业内涵和职业素质要求都缺乏主动认识的意识，在相互攀比中容易滋生自卑或自负的矛盾心态，导致盲目从众心理，从而难以实现自我的职业理想。三是教育理念滞后。一方面是家庭教育的缺失。很多家长喜欢任何事情都为子女包办，从而降低了学生独立生活能力，滋生出消极依赖心理。比如有的家长无视子女的主观愿望和个性特点，对子女就业意向横加干涉，生怕自己子女找的单位不如意而坐失良机；有的家长使出浑身解数，

---

[1] 荣建华：《当代大学生就业心理问题及调适》，《中国大学生就业》2005年第16期。

依凭雄厚的经济实力和各种社会关系，为子女谋取所谓"理想"的工作，等等，不一而足。独生子女在家庭中受溺爱、庇护等，产生享受、封闭心理，缺乏吃苦精神，自私，不善于与人合作。而吃苦耐劳、团队精神恰恰是用人单位用人的重要标准，是高校毕业生应具有的重要素质。同时，父母对子女的期望值过高在某种程度上也影响了大学生对职业的现实选择。很多家长希望子女大学毕业后能够找到稳定的、福利较好的、在社会上有一定地位的单位；有些家长把自己的希望寄托在孩子身上，将自己没有实现的人生理想，想让后代来完成，等等。这些因素对部分大学生的择业心态均产生了一定负面效应。另一方面是学校教育的滞后性。长期以来，高校凭"师资开课程"的现象比较严重，往往是有什么条件就开设什么课程，忽视社会和市场需求；也有院校盲从"热门专业"，盲目扩大招生规模，造成毕业生结构性过剩。与此同时，很多高校限于条件，只注重校内培养，重智轻能，缺乏与校外单位、企业的交流和合作，不能为学生提供良好的实践场所。此外，有些学校轻视校园文化建设，忽略了校园文化的辐射功能，等等。正因为教育的引导功能缺失，导致大学生由于缺乏应有的实践经验而四处碰壁，直接影响就业的自信心。四是社会环境影响。一方面是世俗的文化观念。现代社会往往通过传播媒介、舆论和习惯，自觉不自觉地对各种社会职业表现出不同的态度倾向，这便形成了职业的社会地位差异。因而，由社会文化心理而形成的职业社会地位便成为影响大学生现代就业意识的一个重要因子，并逐步渗透到大学生的就业决策的动机中。一般而言，职业选择者大都愿意趋向社会地位高的职业，满足自尊心的需要。正是因为这种外在价值观念的制约，大学生在就业过程中面对激烈的就业市场常常患得患失、犹豫不前，丧失主体性精神。另一方面是物化的社会环境。当前，物质文明建设和精神文明建设"一手硬、一手软"的问题还没有得到很好解决，某些领域的道德失范，拜金主义、实用主义、个人主义、享乐主义盛行，假冒伪劣、欺压诈骗成为社会公害，腐败现象、不正之风继续蔓延，分配不公问题依然突出，等等。正是社会物化的价值认同使得现时代的大学生对社会职业评价、社会职业地位、社会角色模式等认知也随着社会发展而发生相应变化，功利主义倾向的日趋严重化使他们在就业过程中更加注重经济利益、地域范围及社会评价，过分强调自我发展而忽视才智的发挥与自我潜能的挖掘，却片面追求就业的"福利化""非风险化"，过分强调自我欲望的同时而忽视了社会需求。世界观、人生观及价值观的流变，造成现代大学生在择业过程中的盲从、患得患失等不良就业心理，丧失了主体意识。

"激情、热情是人强烈追求自己的对象的本质力量。"[1] 主体的态度和情感是一切认知和实践活动的内驱力。作为表现自我的一种自觉能动意识，大学生主体精神的生成与发展对于个体自主性、能动性及创造性的发挥及社会良性发展价值重大，作用不可低估。"人必须去寻求矛盾的更好的解决办法，寻求与自然、他人以及自我相结合的更高级形式，这正是人的一切精神动力的源泉。"[2] 主体精神的现代生成既有其内在规律，又是一个理性自觉的建构过程。当前，只有在个体、家庭、学校及社会的良性互动中进行"整体式"的全盘考察，才能构建与社会发展相适应的、健全的现代就业"精神"。一是注重能力培育，提升核心竞争力。康德曾言："人心中最大的革命在于：从人自己所创造的受监护状态中走出来。"[3] 作为就业主体，现代大学生要充分调动自我积极性，挖掘内心深处的潜能，发挥自我教育、自我管理、自我服务的能力，提升综合素质，培养过硬的本领。首先要规范日常行为，加强思想道德修养。如执着如一、不怕困难的精神，有所为、有所不为的选择本领，忍耐与克服困难的韧劲和决心，当机立断的决断精神，贫贱不能移、威武不能屈的气质，自信、乐观、豁达、合群的品质以及较强的社会责任感等。同时要学会学习与思考，具有可持续的学习能力。现代大学生要具备多学科的知识储备，熟练掌握复合型国际人才应有的基础知识，优化知识结构；应该主动培养自学能力，形成独特的学习方法，真正成为会学习、会思考、具有可持续学习能力的主体。其次，要主动参与各类活动，培养竞争、创新意识，使自己具备一定的综合能力和综合素质。要突破封闭的学习环境，拓宽自己的认知视域，积极参与社会实践活动，培养动手能力、合作意识和组织能力等。二是凸显办学特色，增强社会适应力。"在精神

---

[1] 《马克思恩格斯全集》第 42 卷，人民出版社 1979 年版，第 169 页。
[2] E. fromm, *The Sane Society*, Holt, Rinehart & Winston, 1965, p. 31.
[3] [德] 康德：《实用人类学》，邓晓芒译，重庆出版社 1987 年版，第 118 页。

成长中，教育是通过培养人的较高层次的意识来最终促进人们对现实的理解。"①"它不仅是提高社会生产的一种手段，而且是造就全面发展的人的唯一方法。"② 当前，学校教育要以市场需求为导向，准确定位人才培养目标，坚持办学特色，把专业前景评估与预测作为重点，自觉地按照市场需要设置专业、定位人才培养；围绕就业导向、提升大学生创新力、竞争力；从本专业、本学校及本地区的实际出发，培养实用型的一专多能人才，提升学生的综合素质。要以学生发展为根本，构建合理的课程体系。增强课程的适应性和综合性；在市场调研、论证的基础上设置课程，优化教育资源配置，尊重学生的学习愿望和需求，充分挖掘学生潜能；加大通识教育力度，提升学生的人文素养，培养学生独立思考能力和创新能力。要以突出应用为核心，改革课程教学内容，内容的安排要突出实用性，激发学习兴趣。要以能力培养为目标，改革教学方法与培养途径。注重启发式、互动式教学，倡导学生自主学习，突出学生的教学主体地位；改革考评方式，凸显考试对学生能力培育的导向功能；要强化学生的社会实践，引导学生在实践活动中学会发现自我、锻炼自我和完善自我，激发创新精神、提升创新能力。三是弘扬科学职业观，发挥舆论导向力。当前，大学生职业价值观的最本质变化是经济效益、工资水平、社会地位等逐渐成为当代大学生择业的重要标尺，功利性与个性化倾向已初现端倪。"要顺利有效地推进改革和建立社会主义市场经济体制，就必须从根本上消除权本位、钱本位的价值观，实现由权本位、钱本位的价值观向能力本位的价值观的实质性转变。"③ 当前，要发挥高校的教育作用，通过各种形式让学生明确当前的就业形势，指导他们在"理性就业"与"自我发展"的动态关联中把握就业机会，克服对职业倾向的盲从心态，树立正确的职业价值观，使职业理想与选择更现实、更加贴近实际。要发挥家庭教育的积极引导功能。"人只有通过教育才能成为一个人，人是教育的产物。"家庭教育要冲破传统的枷锁与观念，重视

---

① John White, *Eduaction, Spirituality and the Whole Child: a Humanist erspective*, Casell, 1996, p. 33.

② 《马克思恩格斯全集》第 23 卷，人民出版社 1972 年版，第 530 页。

③ 韩庆祥：《能力本位与 21 世纪中国的发展》，《北京大学学报》（哲学社会科学版）1996 年第 5 期。

孩子的个性培养，未来社会各行各业都需要能自己制约和支配自己的"自律性"个人；能自己支配自己的生存条件和活动的"自主性"个人；有一定才能、能力和品质充分发展的"能动创造性"个人。①家长应该从现实出发，科学处理就业与发展的关系，树立积极进取的主体性精神。积极开展正面的社会教育，进行正确的社会舆论宣传。要形成强大的社会舆论加强传统文化的教育，使当代大学生认识到市场经济使利益主体多元化、价值观念多元化，使大学生在社会舆论的激励、引导熏陶下树立正确的职业价值观。四是促进就业公平，提升制度公信力。罗尔斯曾指出："正义是社会制度的首要价值，正像真理是思想体系的首要价值一样。……同样，某些法律和制度，不管它们如何有效率和有条理，只要它们不正义，就必须加以改造或废除。"②当前，要建立健全相关就业法制、法规，加大纠正和惩治用人单位在招聘过程中不公正做法的执法力度，保证每个毕业生的公平竞争和平等就业的权利不受损害。要加强立法工作，完善就业方面的法律体系，制定诸如《就业促进法》《反就业歧视法》等，把相关就业制度和维权组织用法律的形式加以确定，提升制度约束力与可操作性；要加大执法和监督的力度。设立专门机构对就业公正问题进行处理，方便、及时、有效地保障就业者的合法权益；要完善一系列的法律监督和社会监督机制，并加强执法机构和用人单位内部的民主建设和监督机制，以便有效地防止和纠正大学生就业中不公正现象的发生；要充分发挥新闻媒体的舆论监督功能，从某种程度说新闻媒体是社会公正有力的监督和卫护者，新闻舆论一旦形成监督声势，则在相当程度上抑制毕业生就业中不公正现象的发生和蔓延。

三 青年群体的伦理问题（三）：基于大学生学习诉求视角③

社会发展与人的发展是辩证统一的。人的发展既是社会发展的最终目的，更是社会发展的前提和基础，社会的发展有赖于人的发展。学习

---

① [苏] 古留加：《康德传》，贾泽林译，商务印书馆1981年版，第86页。
② [美] 约翰·罗尔斯：《正义论》，中国社会科学出版社1988年版，第3页。
③ 卞桂平：《由"知"到"智"：当代学习方式的必然转向》，《太原大学教育学院学报》2006年第4期。

作为提高人的素质的一个条件，在人的全面发展中起着至关重要的作用，它是"人不断超越自己、提升自己的过程"①，也就是说学习是人的发展的必要条件。但也并非有了学习就有了人的发展，还要看所学内容及学习方式本身对人的发展作用。可见，学习并不是人的发展的充分条件。因此，要研究人的发展就不能不研究人的学习，研究人的学习方式。

如果从学习对于学习者的意义这个视角来考察，可以把学习分为"知"与"智"两类，这是两种本质上既有差别，又存在联系的学习方式。首先，从区别来看："知"是指以占有物质财富的方式进行学习的现象，是物质上的占有欲向学习领域渗透的表现。在这种现象中，人与知识的关系是占有者与占有物的关系。强调模式化的学习方法、现代化的学习工具等，追求知识占有的量度与广度，学习的目标只是"我有知识"。"智"则强调要恢复人与知识的真实关系，即恢复知识开启智慧的功能和促进人的身心发展、特别是创造性发挥的功能，不拘泥于学习的确定手段和方法，个体充分发挥主体性，培养自身求异与质疑的科学精神，学习目标是"我懂知识"②。从联系的角度来看，二者又是相互依存、相互包含、渗透和相互转化的关系。学习主体只有掌握一定量的知识，才有可能洞悉知识的本质特性和内在联系，也才可能进一步把所学知识转化为自身智慧和内在素质。因而，从某种程度上说，没有"知"的掌握也就不能有"智"的形成，"知"是"智"的基础和前提。其次，学习主体在接收与吸收知识的过程当中，不仅仅是完全的死记硬背，也包含有理性思考的成分，即包含有主动性、能动性和创造性的发挥过程，个体在思考的同时有利于在深度与广度上更好地掌握一定量的知识。因此，二者又是相互包含、渗透和转化的关系。

"学习是人们在实践过程中自觉地、不断地通过多种途径、手段、方法获取知识并内化为自身素质和能力的自我发展、提高与完善的过程，是逐渐使人自身成为主体并不断增强主体性的过程。"③ 因此，学习主体

---

① 李润洲、石中英：《人·学习·学习能力——构建学习型社会的哲学思考》，《教育学报》2006年第1期。

② 孙迎光：《占有式教育与损有式教育》，《教育评论》1999年第2期。

③ 郝贵生：《大学学习学》，人民出版社2001年版，第27页。

的自我建构和完善始终是学习的本真意义所在,也只有确立正确的学习观、掌握科学的学习方法才能真正达到主体的自我构建和完善。然而,由于历史和现实等多种因素的影响,学习主体普遍采取传统"知"性的学习方式,个体只会"占有知识",却"不懂知识",学习在某种程度上失去了它的本真意义。一般来说,主要表现在如下几个方面:一是认为学习者就是等待被"灌输"的客体。在教学关系中,教育者与学习者应该是主体间的关系,二者在人格上具有平等的地位,也只有在这种关系下,才能真正实现教育与学习的本真意义,达到传授知识与塑造人格的统一。然而,"知"性学习下的学习者始终把自己定位在知识"接收器"的角色上,体现在学习中就是对教育者的"言听计从",在学习中不仅丢失了学习的主动性,更失去了作为学习主体应有的独立人格。二是认为学习就是被动接收知识的过程。学习者把学习看作一个单纯记忆的、被动接收理论知识的受教育过程,学习就是"教师教什么就学什么,教师教多少就学多少"。学习者为了学习而学习,对老师、学校和外部环境过度依赖,甚至连学习的兴趣、情感也完全依靠外部环境引发,学习完全成了外在压力下不得已而为之的额外负担,学习者缺乏学习的积极主动性与创新精神,只顾读书,不会做事、做人。三是认为死记硬背、消极跟进是唯一的学习方法。学习者不注重知识的具体性、历史性、开放性和生成性的特征,对书本知识"顶礼膜拜",采取"照葫芦画瓢"或者"囫囵吞枣"的机械学习方法,只知道对知识的盲目照搬,却不知道分析与解构;只知道"纸上谈兵",却脱离现实,忽视学习过程中的情感体验,从而不能从对知识的学习中达到自身能力的提高和人格的升华。[1] 四是把分数、学历与文凭看作学习的目标和评价标准。现实生活中人们一提起"学习",自然地就与"获取知识",与分数、学历和文凭联系起来,甚至认为只要学习就能获取知识与智慧。因此,在这种观念的影响下,学习者的分数、学历与文凭就成为学习的主要的、根本的甚至是唯一的目的,并以此指导学习的全过程。学习者在对分数、学历与文凭的追逐中抛却了学习的本真价值,迷失了自身。

由此可见,传统学习方式都是把占有知识、掌握技能、习得规范等

---

[1] 郝贵生:《大学学习学》,人民出版社2001年版,第35—42页。

作为学习的目的或内容。人不过是作为一个记忆和储存知识的被动者而存在，原本是为了人的发展的知识、技能和规范反倒成了裁量人的尺度，其结果是学习者占有了知识，掌握了技能，习得了规范，却遗忘了自身，成了只会接收知识的"四角书柜"。

社会发展必然要求人的素质要有相应提高，人的发展已经成为时代发展的必然性要求。一是市场经济的自主性要求。个体要适应不断发展的市场经济的需要，就必须具有强烈的主体意识、自主自立精神、敢于创新与独立思考的能力。二是树立正确的价值观、提高自身分辨是非的能力。在信息快速增长、国际形势复杂多变的今天，环境对人的思想影响越来越大，这就要求我们树立正确的价值观，培养分辨是非、自主选择和自我教育的能力，只有这样，才能在纷繁复杂的环境中始终坚定自己的政治立场和政治方向。三是人的全面发展的需要。社会发展与人的发展是辩证统一的，实现人的自由全面发展不仅是人类历史发展的基本趋势，更是时代发展的迫切要求。而人的发展从某种程度上说是通过个体自身不断学习、完善和提高自己的过程。这就要求学习者不仅要做到"我有知识"，更要立足于现实对人的发展的需要，做到"我懂知识"，通过学习把知识内化为智慧，增强对外界的认识和改造能力，提高素质和完善人格。因此，学习方式转变是适应当前社会发展的必然要求。

与此同时，从知识对于人的意义来说，由"知"转向"智"也具备了可能条件。人类在实践过程中形成了许多这样或那样的知识，但人类绝不是为了创造知识而创造知识，而是把知识转化为自身的智慧，实现由"知识"向"智慧"的转变。马克思主义哲学认为，认识的目的在于实践，知识只有转化为个体认知与改造世界的能力，为人们的自身实践活动服务，才能真正实现知识的价值。作为人们的认识和经验的总结，知识对个体自身的构建意义如下：一是促进人的主体性和潜能的充分发展。主体性的发展是人的身心和谐发展与个性特长充分发展的时代特征。在学习活动中学习者能自主选择目标和内容，自主支配学习时间，能动地调控学习策略和方法，使得"一切天赋（潜能）得到充分发挥"[①]。长此以往，学习者的主动意识、独立意识和潜能得到发展。二是促进人的

---

① 《马克思恩格斯选集》第3卷，人民出版社1995年版，第286页。

非智力心理因素的发展。学习与非智力心理因素发展的关系是相互作用、相互促进的。学习使学生提高了认知水平，他们在学习中有一种轻松、愉悦、满足的情绪体验，从而强化了其认知动机，因而更加勤奋学习，这就形成了良性循环，学习者学习的自觉性、坚持性也会增强，即意志品质得到了发展。三是促进人的全面发展。现代社会是"学习化社会"，学习从教育的属臣地位上升成为生活的主导，全民的学习意识普遍形成。学习化社会是人们学习机会均等，每个人和社会团体都高度自觉地、积极主动地参与学习活动，它为每个人提供了充分发展最佳才能的环境和条件，这样全体社会成员的全面发展将成为可能。由此可见，无论是必然性还是可能性，实现学习方式从"知"向"智"的转化，提高个体的能力与素养、塑造个体健全人格已成为现时代的必然要求。

知识经济时代，获取知识、运用知识和创造新知识的能力是一个人成功的关键，善于学习、有较强的学习能力和思维能力的创造型人才是时代的强者。当代学习者要成为具有创新精神和创新能力的人才，必须善于学习，掌握科学的学习方法，实现学习方式由"知"向"智"的转变。笔者以为有如下几点：一是要从"占有知识"转向"获取方法"，把知识转化为能力。当今社会已进入学习型社会，学习主体应该摆脱"学会知识"的传统观念，学习分析问题的立场、观点和方法以及在新场景下再学习的本领，在学习中不断提高掌握知识的质量、加速掌握知识的速度及缩短掌握知识的时间。因此，学习者的学习不仅局限于单纯"占有知识"，而更要学习科学的学习方法和解决问题的思维，在学习过程中培养自己发现、分析和解决问题的能力。二是要从"个体学习"转向"合作学习"，培养个体的合作精神。传统的学习方式强调"个体学习"，这在客观上剥夺了学生之间的交流与合作，使学习者容易形成狭隘、自私和自我封闭的性格。其实，在当今知识膨胀的时代，个体的学习能力非常有限，靠个别人的单兵作战已远远不能解决复杂的学科知识问题。学习着彼此合作才能使自己获得更高的学业成就。马克思说过："各个人——他们的力量就是生产力……这些力量只有在这些个人的交往和相互联系中才是真正的力量。"[①] 因此，学习者要团结合作，齐心协力，养

---

① 《马克思恩格斯选集》第 1 卷，人民出版社 1995 年版，第 128 页。

成良好的学习习惯，培养持久合作精神，学会与自然、他人和社会和谐相处，为个体自由而全面发展创造条件。三是要从"被动学习"转向"主动学习"，充分发挥主体性和培养创新精神。传统的教学模式只重视教师的主导作用而忽视学生的主体作用，只看到学生知识出于师的一面而忽视其能力应当胜于师的一面。这种培养方式严重遏制了学生创新能力的挖掘，越来越成为社会的发展障碍。时代呼唤人的主体性，这就必然要求学习主体摆脱自身依赖的、机械的、被动接收的学习方式，从"分数、学历和文凭"的学习观念中解放出来，以培养主动参与探究学习的能力、勤于动手搜集和处理信息的能力以及与外界交流与合作的能力为目标，使自己真正成为学习的主人，充分发挥自己的主动性、能动性和创造性，促进自身素质的全面发展。四是要从"盲目接受学习"转向"自主选择学习"，突出个性的培养。传统学习观强调对知识的盲目接收，表现在学习中就是对教师教学内容及书本知识的"照搬"，对他人的"盲从"，追求知识的力量与广度，个体缺乏质疑和创新意识，在学习中丧失了自主性。学习也是个体自由个性的生成发展的过程，它是人的全面发展的重要内容和根本标志。学习者要实现自身的发展就必须从对知识的"盲目接收"中解放出来，确立"自主学习"观，不断拓宽学习的深度与广度，逐渐摆脱个体的、地域的和民族的狭隘限制以及对他人和外物的依赖，形成个人特有的素质、品质、气质、性格与情感等，使自己的个性自由全面的发展，成为"完全的个人"[①]"作为个人的人"[②]和"有个性的个人"[③]。五是要从"学知识"转向"学做人"，塑造健全人格。传统的学习观中，以分数、成绩作为衡量学习的唯一标准，也因此造成了学习主体"两耳不闻窗外事，一心只读圣贤书"的"高尚"境界。学习者只会读书，不会做事、做人，成了在学习中能得高分，在生活中低能的个体。学习是不断提高和完善自己的过程，江泽民同志也指出："加强学习，对提高人的精神境界很有益处……勤于学习善于学习，不仅有利

[①] 《马克思恩格斯选集》第 1 卷，人民出版社 1995 年版，第 130 页。
[②] 同上书，第 128 页。
[③] 同上书，第 119 页。

于我们更好地改造客观世界，也有利于我们更好地改造主观世界。"[1] 因此，在当今"能力本位"社会中，个体不仅要有打好坚固的知识基础，培育认知与改造外在世界的能力，更要不断反思自身、提高自己，学会处理与他人和社会的关系，学会做事、做人，从而真正实现由学校人向社会人的转化，实现学习的本真价值。

第六节 伦理形态五：党员群体

共产党员的价值定位必然折射出其对公共精神的价值诉求。然而，现时代的共产党员普遍面临的一项重大课题即在于党员群体公共精神的日渐式微。作为一种时代品质，党员公共精神价值向度的严重偏离，必然会导致先进性失却，所谓中流砥柱、先锋模范作用更无从谈起。因此，在和谐社会构建以及小康社会的征途中，着力探讨激发与提升现代党员的公共精神途径，充分挖掘党员内在潜能，发挥其应有的率先垂范作用，使他们成为坚守社会公平与正义、维持社会公共秩序的时代表率，这不仅于理论更于现实有着十分深远的理论意义与现实意义。

一 党员群体的伦理问题（一）：基于公共精神视角[2]

公共精神是指"孕育于现代市场经济和公民社会之中，位于最深的基本道德和政治价值层面，以全体公民和社会整体的生存和发展为依归的一种价值取向，它包含着对民主、平等、自由、秩序、公共利益和责任等一系列最基本的价值目标的认肯与追求"。[3] 公共精神实质在于人们在现代公共生活中对公共性价值进行澄明、维护和持守所表现出来的人性品质和精神样态。作为现时代的核心品质，它包括公民之独立人格、理性精神、公德意识、社会责任、政治认同、参与行动及普世关怀等。根本旨趣在于维护社会整体利益，关注社会共同体里每一个成员的权利和尊严，

---

[1] 江泽民：《论"三个代表"》，中央文献出版社 2001 年版，第 110—111 页。
[2] 卞桂平：《公共精神：共产党员的核心品质》，《中南大学学报》（社会科学版）2012 年第 4 期。
[3] 袁祖社：《"公共精神"：培育当代民族精神的核心理论维度》，《北京师范大学学报》（社会科学版）2006 年第 1 期。

因此它是社会进步与成熟的重要表征,也是个体自我超越的标志。①

对公共精神的澄明、维护和持守,是中国共产党人的应然品性,也一直是中国共产党人从未间断的努力诉求。20世纪30年代,毛泽东就曾指出:"共产党人的一切言论行动,必须以合乎最广大人民群众的最大利益,为最广大人民群众所拥护为最高标准。"②邓小平讲得更为明确:"我们进了城,执了政,是做官呢,还是当人民的勤务员呢?如果不是做官,而是当人民的勤务员,那就要以普通劳动者的面貌出现,要平等待人,要全心全意地为人民服务。"③江泽民在新的历史条件下指出:"政治问题,从根本上说,就是对人民群众的态度问题和同人民群众的关系问题。……其中一个基本要求,就是要时刻摆正自己同人民群众的位置,同时牢记为人民服务的宗旨,时刻警惕脱离群众的倾向。"④ 21世纪以来,以胡锦涛为总书记的党中央着力强调要权为民所用、利为民所谋、情为民所系,以人为本,构建和谐社会等。"民本"理念所映射的不仅是共产党人的内在特质,更是对与时代相契合的公共精神的价值诉求,体现的是共产党人基于和谐世界建设的执政方略。然而,面对社会转型的新型背景,作为共产党人应然品质的公共精神也正在某种程度上呈现消退的迹象。具体体现在如下几个方面。

一是权利意识的弱化。在公共生活中仅仅强调公民履行义务还不能叫公共精神,只有具有权利意识,特别是对法律明文规定的权利维护,才能被认为具有公共精神。基于公共精神的权利诉求,就要求党员必须密切关注和认真回应公共利益需要和人民群众的愿望及要求,就是要坚决贯彻"人本"理念,一切着眼于人民,一切为了人民,从而实现社会公共利益的最大化。改革开放以来,我们党一直十分重视保障党员的权利问题,《党章》明确规定了党员享有的民主权利,这些权利的规定有利于党员主体性的生长,有利于健全党的民主,有利于加强党内监督、及时有效地同党内各种错误倾向做斗争,有利于保证党内公共生活的正常

---

① 郭湛、王维国:《公共性的样态与内涵》,《哲学研究》2009年第8期。
② 《毛泽东选集》第3卷,人民出版社1991年版,第1096页。
③ 《邓小平文选》第1卷,人民出版社1994年版,第304页。
④ 江泽民:《论党的建设》,中央文献出版社2001年版,第193页。

化。然而，现实生活中的党员权利意识淡化现象却也十分普遍。在有些党员看来，党员的主要任务就是"交党费"，开会时"拍拍手"，吸收新党员时"举举手"。由于认识不到党员的应有权利，就谈不上如何运用党员的权利，当权利受到侵犯的时候，更不知如何去维护与争取。如有些党员的教育权没了，有的参与权利被忽视了，应该有的选举权和被选举权不知不觉地消失了，也都认为无所谓；有的党员面对违反国法甚至危害党的利益的现象时，只会忍气吞声、摇头叹息，没想到每个党员都有权利同一切不良现象做斗争，有权利对党组织负责人进行监督，而这种权利恰恰是保持党及社会肌体健康运行的最有效方法之一。党员权利意识式微必然使权利本身所具有的公共功能弱化。二是平等意识的弱化。基于公共精神的平等意识是指"公众具有相同机会和权利参与公共事务"[1]的意识，它是个体公共精神建构的前提与基石。党员基于公共精神的平等意识应涵摄两层意义：首先是权利平等。即要平等地对待他人，不能因为个人地位、性别、种族、收入等差异而受到侵害。其次是身份平等。不能把自己看作可以任意主宰他人命运的"父母官"，而应视为人民的"公仆"，并与普通公民一样，在法律面前拥有平等权利，承担平等义务。日常生活中，很多党员（尤其是那种兼任行政职务的党员）基于自身某种需要，在行政诉求中容易失去党员本身应有的党性原则，一味地使用各种手段获取上级领导或相关利益部门的欢喜，而对于普通党员或者其他群众则自高自大，把公共领域应具有的公正、平等原则弃之一边。此外，少数党员干部仍存在严重的"官本位"意识、特权意识，把自己凌驾于群众之上，在群众面前耍威风、耍架子，搞特殊化，缺乏公仆精神。党员平等意识的缺失，必然使得"法律面前人人平等、制度面前没有特权、制度约束没有例外"[2]的公共精神得不到有效贯彻，在一定程度上是对党章（第一章第二条）所规定的"中国共产党党员永远是劳动人民的普通一员。除了法律和政策规定范围内的个人利益和工作职权以外，所有共产党员都不得谋求任何私利和特权"的违背，有悖于与时

---

[1] 郭湛、王维国：《公共性的样态与内涵》，《哲学研究》2009年第8期。
[2] 胡锦涛：《建设科学严密完备管用的反腐倡廉制度体系》（http：//news.xinhuanet.com/politics/2010-01/12/content_12797879_1.htm）。

代发展相契合的公共精神。三是责任意识的弱化。公共责任意识具体表征在于对他人及他物的普遍尊重和关心、自觉关心公共生活秩序和维护公共空间的纯洁、对公共价值和公共利益表现出积极的认同和支持、对偏离和损害公共价值和公共利益的行为进行批评和抵制、关注公共生活的良善并使自己个人的福祉与公共福祉有机联系起来等。毋庸置疑，公共责任意识是共产党员为人民服务宗旨的具体体现，是党员应有的特质和内在要求。现如今，很多党员由于入党动机不纯，角色定位不准，个体意识强烈，有的化身为普通公民，信奉"各人自扫门前雪，休管他人瓦上霜"的人生信条，淡忘自己的党员身份，以失责的"旁观者"态度，对身边存在的消极腐败现象不斗争、不制止，采取事不关己、高高挂起的态度，置身事外，能躲就躲；对社会上否定党的领导、歪曲党的形象、败坏党的声誉的言行不批驳、不澄清，甚至人云亦云、随声附和；也有的表现为被动应付型，领导交给任务就干，不交任务就不干，不求过得硬，只求过得去，作风上自由散漫，满足于守住法律底线；还有的表现为隐形身份型。比如少数农村党员认为自己种自己的田，还分什么党员不党员；有的非公有制企业的党员，认为自己出来打工谋生，就是为了赚钱，不愿转移组织关系和公开党员身份等。在追名逐利的过程中失却了党员应有的公共精神。四是参与意识的弱化。在公共生活领域，人与人的关系多数是陌生关系，角色认知程度低，匿名效应高。但不论是否与己有关，是否能够直接给自己带来益处，只要是有益于大众的就积极参与，这就体现了公共精神。社会公共性的澄明和维护有赖于每个成员对公共活动的参与和分担，当然，这种公共参与行动不是强制的或被胁迫的，而是基于公民的自由意志和理性判断而进行的实践活动。公共性不仅是人的社会属性，更是共产党员的本质特性，践履公共精神就必然是党员的价值诉求。因此，提倡党员的积极践履精神，就不仅是党员自身发展的需要，更是其宗旨意识的体现，也是创造和维护社会公共利益的需要。如今，党员参与意识缺失的最集中体现即在"为人民服务"的宗旨贯彻上。近来一些事件表明，在部分党员眼里，群众的利益算不了什么，类似"你是准备替党说话，还是准备替老百姓说话？"这种充满强烈反问语气的质问，正是这部分党员宗旨意识虚化的体现；一些普通党员甚至认为，全心全意为人民服务是对领导干部讲的，普通党员无职无权,讲宗旨离实际太远。在这些党员的意识深处,把全心全意为人民服务和无私奉献的公共诉求看作一种"不合时宜的宣传滥调",以种种理由为自己或者他人的个人主义行径辩解;也有党员在工作中拈轻怕重,只想别人为自己多服务一点,而不想为他人服务。在这些党员眼中,牺牲奉献只是一种过时的口号,缺乏真正为"公"的参与精神。

公共精神的造就源于个体对外在公共诉求的内心深层次的价值肯定。从其生长路径而言,主要诉诸两点:对公共规范的理性澄明以及主体对公共理性的内心价值认定。相比较而言,个体内在的公共感是主体公共精神造就的主要因素。作为时代先进性代表的共产党员的公共精神式微问题不仅仅在于对公共领域规范的理性澄明,更在于公共理性向公共德性的现实转换。因此,要想对现代党员公共精神缺失成因进行深入探讨,就必须对其所生存的特殊境遇及其公共精神生长的路径进行细致的辨别与剥离,从而有效窥见与把握其生长、发展与变化的运动轨迹。一般而言,除作为普通社会个体所具有的因素之外,现代党员公共精神式微的时代动因存在以下几种情况:一是传统观念的制约。封建伦理纲常作为儒家政治文化传统的主要表征,已在国民心中积淀为"权威崇拜""清官思想"及"与世无争"等复杂的政治意识和政治思想,至今仍深刻地影响着人们的观念和行为。[①] 权威崇拜作为一种政治文化现象,表现于人们的独立个性和政治自由意识很差,造就了专制政治文化传统,所引发的政治效应,必然是人们缺乏主体意识,崇拜权威。"中国人自视为属于他们的家庭,而同时为国家的儿女。在家庭之内,他们不是人格,因为他们在其中生活的那个团结的单位乃是血统关系与天然义务。在国家之内,他们一样缺乏独立的人格,因为国家内大家长关系最为显著,皇帝就如严父,为政府的基础,治理国家的一切部门。"[②] 作为中国人特色的精神特质,附庸意识与卑微心态在不同层面、不同程度上深刻影响着党员与群众的心态。比如,在党内生活中,有的党员就反映出一种突出的敬官、捧官、怕官的"官本位"情结,加入党组织不是为了对党的忠诚信仰,

---

① 徐久刚、刘润民:《中国民主政治研究》,人民出版社2006年版,第136页。
② [德]黑格尔:《历史哲学》,王造时译,生活·读书·新知三联书店2006年版,第165页。

而是看成踏入"仕途"的跳板与捷径，并以此作为获取个人财富与谋求权力的手段，从而形成"官大一级压死人"的附属图景；再如有的党员干部在政治生活上谋求特殊化，不讲民主，拒绝批评，特权思想严重，严重脱离群众等。正如邓小平所说："搞特权，这是封建主义残余影响尚未肃清的表现。"① 客观上助长了党内外生活中的家长制、一言堂、"官本位"、人身依附、个人崇拜及特权现象的滋生，违背了党的原则和时代的公共精神。二是党性修养的缺失。市场经济的发展和现代化的持续推进不断催生党员的主体意识，参与党内外事务的愿望不断增强，然而，党员主体素质的提升尚不能适应时代所提出的要求。一方面，部分党员领导干部由于自身科学文化素质有限，现代文明意识不强，缺乏党性修养，对党的知识知道得不多，"唯我独尊""我行我素"，人治思想及特权思想严重。特别是一些农村基层党员，缺乏应有的理论素养，认识不到自己在党内外生活中的主体地位，总是把前途和希望过分地寄托在少数领导干部身上，主人翁意识和权利意识的淡薄使得他们缺少必要的公共情怀与公共正义感。与此同时，在一些党员干部中"修养无用论""修养过时论"及"修养吃亏论"相当有市场。由于不注意加强思想修养，久而久之，理想信念和宗旨意识逐步淡忘，艰苦奋斗的优良作风渐渐丧失，道德情操出现滑坡。有的党员干部就认为个人价值的最高体现是官位的高低和财富的多少，因而不是把心思放在如何搞好工作与为人民群众谋利益上，更多的是考虑如何去谋取权力，欺上瞒下，不择手段当官；有的领导干部意志衰退，认为"铁打的衙门流水的官"，在一地为官不过几年，"有权不用，过期作废"，因而信奉"人生如梦，为欢几何"的庸俗信条，工作无所用心，沉溺于吃喝玩乐，腐化堕落，陷入个人主义的泥沼，忘却了党员本身应有的公共责任。三是社会思潮的误导。当前，我们正处于各类政治经济力量相互竞争、各种思潮激烈碰撞的时代。在经济领域，经济全球化、信息网络化虽然为我国社会主义市场经济的建立和发展带来了生机和活力，但是，源于现实生活中的各种思潮也纷纷粉墨登场，在不同程度上、以不同形式影响着人们的思想和行动，给人们的精神生活带来了前所未有的冲击。这些思潮主要包括拜金主义、享乐

---

① 《邓小平文选》第 2 卷，人民出版社 1994 年版，第 332 页。

主义及个人主义等。人们在精神生活日趋多样化的同时,在一定程度上又不知不觉地陷入了"物质主义"的泥沼,甚至变成"物质"的附庸,物质欲望的膨胀使现代人失去了"人之为人"的价值向度。一些党员干部对市场经济的价值规律和交换原则还没有深刻的体会和认识,特别是对市场经济原则与党性原则的矛盾的统一性缺乏理解,在面对双重价值取向时陷于被动和彷徨;一部分党员受到市场经济追逐个人利益的刺激,一味地追求充当一般等价物的特殊商品——金钱,把金钱看作支配人们命运的神秘力量,滋生"一切向钱看"的思想和行为,甚至有人为了个人私欲而不惜以身试法,进行钱权交易、践踏公物等,把"国家的目的变成了他的个人目的,变成了他**升官发财、飞黄腾达**的手段"[①]。总之,物化环境的现实冲击使党员面临激烈的思想交锋,心灵的迷失已使部分人难以体会到心灵细腻而高贵的情感,完全沉浸在由物质的"得与失"而引起的欢乐与痛苦中,因物化而引发的精神生活的危机必然也导致党员公共精神的丧失,忘却了党员"为人民服务"的公共性诉求,在"追名逐利"中丧失党性原则。

当然,体制的不健全也是造成现实生活中党员公共精神缺失的重要诱因。当前,各种层面的体制均存在与现实社会发展不相适应的情况,从而表现为一种"乏力感"。如民主与法制尚不健全、党政不分、以党代政、"一把手"制等,权力过于集中,加上缺乏有效监督,使得一些具有"得天独厚"条件的党员干部存在着教条主义、形式主义及官僚主义等不良作风,滋生诸如贪婪意识、玩忽职守意识、专横霸道、纵欲、攀比、虚伪等畸形心态,甚至是冷漠自私等不良人格倾向。与此同时,由现存体制的不健全所催生的"钱"与"权"的"交互作用",必然会在长期的"正常化"状态下内化为普通党员的"钱权交互意识",滋生消极的"享乐主义"和"拜金主义"的精神形态,从而严重影响党员精神生活的健康发展。

公共精神建设作为党的思想建设的关键视域,必须跳出传统的"灌输式"的理论教育模式,以党在自身建设及所领导的特色社会主义事业上取得的巨大成就为立足点,不断强化党员(干部)的平等意识、权利意识、责任意识及参与意识等,使广大党员成为共产党价值理想的坚定

[①] 《马克思恩格斯全集》第1卷,人民出版社1956年版,第302页。

信仰者、忠实执行者、自觉践履者以及积极促进者。也只有具备现代社会公共精神气质与人格特质的共产党员才能为建立现代性文明、健康、公正和合理的公民社会做出应有表率和贡献。当然，党员公共精神是一种综合素质，需要全社会形成一种共识，共同努力，它才能在公民中生根发芽，培育成功。当前，应着眼于以下几个方面：一要加强理论学习，增强明辨意识。事实证明，只有掌握先进的思想武器、具备一定理论素养、掌握一定现代科学知识的人，才能科学认识并理性分析社会发展和政治生活中的各种错综复杂的现象，才能明辨是非，做出科学的判断和决策，经受住各种错误思潮的考验。当前，党员不仅要认真学习列主义、毛泽东思想及中国特色社会主义理论知识，还必须博览群书，运用文史哲的知识去思考经济、政治和文化工作中出现的新情况、新问题。唯有如此，才能在工作中增强原则性、系统性、预见性和创造性，避免片面性、盲目性和绝对化，才能从思想深处避免自身公共性的缺失，坚守共产党员的本色。纠正党员公共精神缺失问题，除了自主学习之外，还必须发挥教育的基础性功能，要深入开展党性教育、党的基础理论教育和党纪国法教育，使党员牢固树立正确的世界观、人生观、价值观以及正确的权力观、地位观、利益观，增强宗旨观念，做到权为民所用、利为民所谋、情为民所系。当前尤其要加强党的执政环境和形势教育，增强党员的责任意识、公仆意识和民主意识等，要着重加强社会公德、职业道德、家庭美德教育和社会主义道德教育，尤其要求党员领导干部模范履行党员的基本义务，密切联系群众，自觉贯彻和践履公共精神，争做为人民服务的表率及和谐社会的积极推动者。二要坚持党性修养，培育宗旨意识。首先，党性修养是党员公共精神造就的前提，也只有怀有"一心为公"的公共意识，党员才能在实践中真正践履民主、公正及责任意识，做为人民服务的表率。周恩来曾指出："每一个党员从加入共产党起，就应该有这么一个认识，准备改造思想一直改造到老。"[①] 以周恩来等同志为代表的老一辈无产阶级革命家之所以具有高尚的情操和坚强的党性，就在于他们无论在任何艰难的场合，都能坚持自我修养，把改造世界与改造自我完美地结合起来，把毕生的追求升华为党的理想，达到

---

① 《周恩来选集》下卷，人民出版社 1980 年版，第 423 页。

了崇高的境界。现时代的共产党员十分有必要传承和发扬这种积极、主动的修养精神。其次,要做到"慎独"。刘少奇在《论共产党员的修养》一文中就告诫党员:"即使在他个人独立工作,无人监督,有做各种坏事的可能性的时候,他能够慎独。"强调无论何种场合、大事小事,在没有组织和群众监督,或者失去外力约束时,党员都能自觉地严格要求自己,做到自重、自省、自警和自励。三是要做到"见贤思齐"。要求党员以榜样的力量激励自己,坚持"近朱远墨"、洁身自好,同各种不良言行做斗争,永葆共产党员的党性本色。总之,只有坚持不懈的党性修养,才能坚定"为公"的信念,深怀"为民"的意识,才能满腔热忱地为人民群众办实事、做好事、解难事,做人民群众的贴心人,从而真正体现作为共产党员的公共精神。四要夯实制度基础,建立规范意识。邓小平同志曾明确指出:制度好可以使坏人无法任意横行,制度不好可以使好人无法充分做好事,甚至会走向反面。① 从当前情况看,制度缺陷是一些党员公共精神缺失的一个重要诱因。因此,夯实制度基础必然是重塑党员公共精神的关键性环节。在制度建设上,有几点尤其重要:首先是监督机制的建设。在建立健全各种制度的前提下,要充分发挥党内和党外的监督作用,尤其是要发挥社会舆论监督功能,鼓励人们使用现代高科技的监督手段,比如微博发帖、E-Mail 等;要保证监督通道的畅通性,并且要依法保护举报人、发帖人的隐私权、人身安全权等,防止打击报复等恶性事件发生。其次是奖惩制度的建设。对于违反党纪国法的党员(尤其是担任一定行政职务的领导干部党员)不仅要进行严肃的党内处置,更要追究其法律责任,要杜绝大事化小小事化了、换岗等"换汤不换药"的处置方法,姑息养奸的后果必然是损害党的威信;对那些真正做到一心为公、执政为民的党员(干部),不管其身份、财富如何,要在党内外进行物质和精神的奖励。除此以外,要切实贯彻落实领导干部党性修养制度的责任制和责任追究制,对有令不行、有禁不止,问题严重的,要严格执纪,追究责任。只有采取这种"外铄内练"的办法,才能让党员进一步明确自身的责任,培养道德感、职业感和公共感,以为人民服务为宗旨,在现实的践履中贯彻公共精神。五要践履公共生活,强化参与意识。在公共

---

① 《邓小平文选》第 2 卷,人民出版社 1994 年版,第 322 页。

生活中的积极践履是党员公共精神得以实现的前提。列宁曾指出"实践高于（理论的）认识，因为它不仅具有普遍性的品格，而且还具有直接现实性的品格"①。因此，改造世界的实践既是党员党性锻炼的过程，也成为避免党员公共性缺失的有效途径。只有实践，才能出真知，才能锤炼党员的意志和品格。脱离实践，一切所谓的公共情怀、公共正义及公共责任都只能是"水中月""镜中花"，都是一种虚妄的侈谈。改造世界的实践为党员公共精神的贯彻提供了客观的检验尺度。看一个党员的公共意识、公共情怀及公共正义感达到了什么程度，不只是听其言，更要观其行。要看他在实践中能否分清大是大非界限，能否抵御各种错误思潮的侵蚀，能否具有开拓进取精神及能否坚持把为人民服务作为自身的宗旨。实现认识与实践的统一才是党员公共精神践履的最高境界。理论是重要的，因为离开理论的指导，世界观的改造便会失去方向，公共践履就可能成为盲目的实践。但是，离开实践的公共精神就只是毫无意义的个人奢谈。因此，只有在"公共精神—公共实践"的互动中才能形成党员坚强的公共意识、公共情怀及公共正义感，才是党员公共性的最高境界，才具有无限的生命力。总之，大到政策选择，小到一言一行，都应立足于实实在在让人民群众得实惠，让群众感受到共产党人的信念和行动给他们带来的利益。只要心到、手到、情到，则不论大事小事都能折射出共产党人的公共精神。

作为一种内在的价值品性，公共精神是党员发挥先进性的前提和基础。只有具备充分的公共价值情怀、公共正义取向及公共道德践履，现代党员才能真正成为时代先锋和先进性代表，也才能真正践行"三个代表"和"科学发展观"的要求，做为人民服务的时代表率。当然，党员公共精神的形成也并不是一蹴而就，而是一项比较复杂的系统工程，只有在党员先进性的积极践履及与公民社会的良性互动中，基于党员特质的公共精神才能得以有效生长和形成。

二 党员群体的伦理问题（二）：基于道德自觉视角②

自觉所表征的是自我意识的道德概念。主体自觉的表征是基于一定活

---

① 《列宁全集》第55卷，人民出版社1990年版，第183页。
② 卞桂平：《认知、践行、反思：共产党人的道德自觉》，《马克思主义哲学论丛》2016年第5期。

动的目的性与计划性，即主体各种活动的开展是基于对客观事物内在规律的认知与体悟，并能在一定程度上预见活动后果。因而，自觉的活动在一定意义上就是自为的活动。当然，主体自觉不仅体现为对事物客观性的认知层面，也关切到主体的价值视域。这种自觉不仅体现为行动价值目标的设定、善恶选择的判断等，而且能最大限度使自我的知情意行契合社会准则，进而在各种社会利益关系中做到权利与义务、知与行的最大统一，凸显出主体应有的修养与品性。① 相对而论，道德自觉就是行为主体对伦理道德的体认与坚守，它不仅体现为个体对道德必然性规律的自觉认知、自我觉解以及形成道德心理和道德行为的过程，而且表现为个体通过内在的道德心理活动和外在的道德实践所达到的道德觉悟程度与道德境界。能否以及在何种程度上达成道德自觉，制约着人的本质力量的实现程度。毋庸置疑，作为主体的内在精神品质，道德自觉是共产党人的价值诉求，也必然是新时期共产党人发挥先锋模范作用的保证。

一是道德认知的自觉。道德认知即"道德再认"，是指基于新的道德知识或者道德范例的刺激，重新审视原有道德认识或道德范例，进而生成道德新知的过程。相对于一般认知而言，道德认知具有如下特征：第一是以客观社会利益关系为认知对象；第二是认知对象影响并制约行为主体的价值取向。道德认知在道德活动中的功能在于：通过制约道德选择进而影响道德行为、基于一定的认知结构整合新旧道德知识。道德认知的形成并非一蹴而就，而是要经历感知、唤起、选择以及内化等复杂的心理历程，其目标在于树立道德信念，促成道德自我。② 基于一定意义审视，主体的道德自觉首先是道德认知的自觉，所凸显的是认知主体对认知客体的自主性、能动性及创造性的积极样态。如果从概念的比较视域看，"认知的自觉"与"认识的自觉"既存在差异又相互关联。"认识"主要趋向于"解释"，价值指向在于"是什么"；而"认知"则在更多意义上指向"理解"，价值诉求在于"为什么"。诚如黑格尔所言：

---

① 宋希仁、陈劳志、赵仁光：《伦理学大辞典》，吉林人民出版社1989年版，第416—417页。

② 罗国杰：《中国伦理学百科全书》（伦理学原理卷），吉林人民出版社1993年版，第91页。

"一般说来，熟知的东西所以不是真正知道了的东西，正因为它是熟知的。有一种最习以为常的自欺欺人的事情，就是在认识的时候先假定某种东西是已经熟知了的，因而就这样地不去管它了。这样的知识，既不知道它是怎么来的，因而无论怎样说来说去，都不能离开原地而前进一步。"[①] 其中，"熟知的东西"和"真正知道了的东西"分别指向如上所指涉的"认识"与"认知"。这样而言，道德认知的自觉不仅是"解释"也是"理解"，就是基于"认识"与"认知"的统一。其中，"认识"是"认知"的前提，"认知"则是"认识"的结果。因而，对客观对象能否认知以及能在何种程度上达成认知，是主体能否生成道德自觉以及在何种意义上达到道德自觉的前提与基础。

具体而论，共产党人的道德认知自觉，就是指作为认知主体的共产党人对其所属实体"中国共产党"以及其自身"共产党人"党性的积极认知。除了对党组织的历史、现实以及未来要保持清醒的认知主体性之外，同时，最重要、最根本的则是要坚守对作为一名共产党人的责任与义务的理性认知的自觉。具体从"认识"而言，就是要从"解释"层面明晰共产党人的责任与义务"是什么"。在中国共产党的历史上，七大党章第一次专门规定了党员应当履行的义务，而十七大党章也明确规定，党员义务主要有八条。[②] "党八条"就是共产党人对党应尽的道德责任，是党对共产党人的最基本要求，是党员条件的具体化，也是衡量一个党

---

① [德] 黑格尔：《精神现象学》上，贺麟译，商务印书馆1979年版，第22—23页。
② 八条义务分别是：(1) 认真学习马克思列宁主义、毛泽东思想、邓小平理论、"三个代表"重要思想和科学发展观，学习党的路线、方针、政策和决议，学习党的基本知识，学习科学、文化、法律和业务知识，努力提高为人民服务的本领。(2) 贯彻执行党的基本路线和各项方针、政策，带头参加改革开放和社会主义现代化建设，带动群众为经济发展和社会进步艰苦奋斗，在生产、工作、学习和社会生活中起先锋模范作用。(3) 坚持党和人民的利益高于一切，个人利益服从党和人民的利益，吃苦在前，享受在后，克己奉公，多做贡献。(4) 自觉遵守党的纪律，模范遵守国家的法律法规，严格保守党和国家的秘密，执行党的决定，服从组织分配，积极完成党的任务。(5) 维护党的团结和统一，对党忠诚老实，言行一致，坚决反对一切派别组织和小集团活动，反对阳奉阴违的两面派行为和一切阴谋诡计。(6) 切实开展批评和自我批评，勇于揭露和纠正工作中的缺点、错误，坚决同消极腐败现象作斗争。(7) 密切联系群众，向群众宣传党的主张，遇事同群众商量，及时向党反映群众的意见和要求，维护群众的正当利益。(8) 发扬社会主义新风尚，带头实践社会主义荣辱观，提倡共产主义道德，为了保护国家和人民的利益，在一切困难和危险的时刻挺身而出，英勇斗争，不怕牺牲。(《中国共产党党章》，人民出版社2012年版)

员是否合格的"金标准",这必然是每一个共产党人必须烂熟于心的"道德律"。当然,共产党人的认知自觉绝对不是满足于对义务的"认识",而是必须对这八条原则进行深入的理性"认知",即通过"理解"而达到对共产党人义务的"心领神会",真正把握其理论内核及精神实质,如果用一句话进行概括就是:"我们共产党人区别于其他任何政党的又一个显著的标志,就是和最广大的人民群众取得最密切的联系。全心全意地为人民服务,一刻也不脱离群众;一切从人民的利益出发,而不是从个人或小集团的利益出发;向人民负责和向党的领导机关负责的一致性;这些就是我们的出发点。"① 因而,"全心全意地为人民服务"就是共产党人责任以及义务的精髓所在,也是每一名共产党人必须要达到的理性认知水平。当然,共产党人的责任及义务并非一成不变,而是具有一定的时空局限性,是基于时代发展的产物。当前,如何基于新时代的历史背景把握共产党人的责任及义务,是每一名共产党人必须具备的能力。

如前文所论,道德认知对行为主体的行动开展具有潜移默化的制约功能。然而,处在转型期的中国社会,各种思潮风起云涌,价值视域凸显多元、多样以及多变的特色,在不同程度上冲击着为数不少的共产党员的价值观念,进而产生道德认知的盲区。如不少党员对党章的内容根本不了解乃至于主观上的不屑,也更谈不上通晓共产党员应尽责任与义务,不少人入党动机就是为了以后能找个好工作或者"混"仕途多一张凭证。当然,也有不少党员对党的相关知识一知半解乃至于理解错误、随波逐流,甚至于不少人得出诸如"共产党的前途就是理想国或者乌托邦"的谬论。② 究诘如上若干情况的成因,根本在于共产党员道德认知主体性的匮乏,不能从根本上对自身的权利与义务达到道德认知的自觉。如果基于"应然"的维度审视,合格的共产党人应当具有比一般人更高的价值觉悟,能对党的各项规章制度进行充分的认识以及理性的认知。即"党员意识是共产党员独特的社会身份和社会作用在观念上的反映,

---

① 《毛泽东选集》第 2 卷,人民出版社 1991 年版,第 1094—1095 页。
② 黄言在《树立正确的入党动机 争做合格的共产党员》一文中把当下共产党人的入党动机划分为四大类:感恩报德型、荣誉荣耀型、从众跟从型、功利投机型。(《江淮》2011 年第 2 期)

是对党的纲领与任务、对自己所承担的责任与义务、对党的组织与纪律的认同"①。这就要求共产党人刻苦钻研马克思列宁主义毛泽东思想以及中国特色社会主义的经典理论著作，深刻领会贯穿于其中的世界观与方法论，基于辩证唯物主义与历史唯物主义哲学基础，不断提升对共产党人自身责任与义务的"认知自觉"能力，最终达到"要真学真懂真信真用中国特色社会主义理论体系的要求，既要求真学真懂真信真用这一理论体系的基本内容，又要求真学真懂真信真用贯穿其中的马克思主义立场观点方法"②。最终达到融会贯通、了然于胸的自觉境界。

总之，道德认知自觉形成与否，制约着道德行动的有效开展。共产党人是否以及具有何种程度的道德认知自觉，既关系到共产党人的自身发展，也关系到党、民族及国家的前途，也是共产党人发挥先锋模范作用的前提与基石。

二是道德践行的自觉。道德践行即指在一定道德意识支配下的行为。如果基于行为性质审视，则存在着"道德的"和"不道德的"之分。道德行为具有如下几种特征：首先，基于行为者的认知自觉。即这种自觉并非空穴来风，而是基于现实利益而产生的一种积极态度，呈现为一定的动机、目的和愿望，构成道德行为发生的前提。其次，出于主体意愿而做出的行为抉择。即行为发生是基于行为主体意志自主的结果。再次，对他人或者社会利益具有一定意义的行为。即道德行为不能只是思维的纯粹活动，而是具有一定道德价值的社会行为。③ 基于如上论域，则道德践行的自觉就是指主体践行伦理道德认知的自主性与能动性，其价值诉求在于知行合一。知行合一不是一般的认识和实践的关系。"知"主要指人的道德意识和思想意念。"行"则主要指人的道德践履与实际行动。因而，知行关系也就是指道德意识和道德践履的关系，也包括一些思想意念和实际行动的关系。"知"与"行"的合一，既不是以"知"来吞并"行"，认为"知"便是"行"，也不是以"行"来吞并"知"，认为

---

① 韩振峰：《马克思主义在中国的新发展》，中国社会科学出版社 2008 年版，第 587 页。
② 习近平同志 2010 年 3 月 1 日在中共中央党校春季学期开学典礼上的讲话（http://theery.people.com.cn/GB/14137869.html）。
③ 宋希仁、陈劳志、赵仁光：《伦理学大辞典》，吉林人民出版社 1989 年版，第 1036—1037 页。

"行"便是"知",二者密不可分并辩证统一。即"'知之非艰,行之惟艰',这种对后世产生了重大影响的早期知行观,'一方面反映了知行之间确实存在着矛盾,即存在着知行脱节的可能性;另一方面,又着重提出了知行统一的要求'"①。中国古代哲学家王阳明就认为:知之真切笃实处即是行,行之明觉精察处即是知。(《传习录》)即不仅要认识("知"),尤其应当实践("行"),只有把"知"和"行"统一起来,才能称得上"善"。如上可见,行为主体能否达成"知行合一",既关切着道德自觉能否养成以及在何种程度上养成,也构成道德自觉生成的关键。那种只"知"不"行",就犹如"优美灵魂"的"伪善",即"既然还没有力量把关于它自身的、坚持不移的知识加以外化,它就不能同那遭受拒绝的意识达成一致,因而就不能达到它自己与别的意识在直观上的统一,不能达到特定存在;因此这时候所达到的一致只是消极的,只是一种无精神的存在"。最终结局必然是"就使精神错乱陷于疯狂,并且忧伤憔悴抑郁而死"②。

具体而论,共产党人道德践行自觉,就是要求共产党人把权利、义务从理性认知、价值认同转换为现实行动,真正做到知行合一。即坚决"维护党的团结和统一,对党忠诚老实,言行一致,坚决反对一切派别组织和小集团活动,反对阳奉阴违的两面派行为和一切阴谋诡计"③。基于现实维度,就是要坚决贯彻七大党章第一次专门规定的"党八条",这些义务从不同维度构成共产党人必须遵循的道德行为准则。对于共产党人而言,最重要的就是要做到"把党和人民的利益放在首位"的知行合一。这不仅是关系党、国家命运与前途的关键,也是最能体现一个党员本质内涵的根本实质所在。即要"坚持党和人民的利益高于一切,个人利益服从党和人民的利益,吃苦在前,享受在后,克己奉公,多做贡献"④。就是要"加强道德修养、注重道德实践,善于明辨是非、善于决断选择,

---

① 赵敦华、孙国熙:《中西哲学的当代研究与马克思主义哲学创新》,人民出版社2011年版,第192页。
② [德]黑格尔:《精神现象学》下卷,贺麟、王玖兴译,商务印书馆1979年版,第174—175页。
③ 《中国共产党党章》,人民出版社2012年版。
④ 同上。

扎扎实实干事、踏踏实实做人,立志报效祖国、服务人民,于实处用力,从知行合一上下功夫"①。如此也才能达到个体与国家的统一。

如前文所论,能否基于理论与实践层面践行知行合一,是衡量共产党人的关键标准,也是区分共产党人是否具备道德自觉的重要标志。然而,在日常生活中,总有为数不少的共产党人面对各种威逼利诱,难以克制自我,无法真正做到知行合一。除了上文所提及的别有企图的"纯粹无知"之外,日常最常见的则是"知而不行",尤其是不少党员干部对党员的权利与义务"心知肚明",却常常海底捞月——崇尚空谈,尤其热衷于造声势、出风头,只看"门面"不看"后院"、只看"窗口"不察"角落",务虚不务实,作风飘浮,表里不一,堕落为共产主义信仰缺失的"双面人"。作为党组织的代表,共产党人能否知行合一,不仅关切到其自身发展,而且对社会稳定、国家发展都至关重要。这就尤其要求共产党人做到慎独。"所谓诚其意者,毋自欺也。如恶恶臭,如好好色,此之谓自慊,故君子必慎其独也。"(《大学》)作为一种内在精神品性,慎独表征着道德主体所具有的高度自觉意识,是知行合一践行的典型体现,也是衡量共产党人最重要的准则。在《论共产党员的修养》一文中,刘少奇就强调:"每一个共产党员即使在他个人独立工作,无人监督,有做坏事可能的时候,他能够慎独,不做任何坏事。"② 具体来看,共产党人的慎独自觉首要做到"慎权",真正做到"权为民所用,情为民所系,利为民所谋",实现权力与责任的高度统一。除此以外,还要做到"慎名"。要"少点形象工程,多点民生民计","少点表面虚名,多点是发展实绩",做真正"知行合一"的表率。总之,只有严以修身、严以用权、严于律己,才能在知行合一中实现作为共产党员的价值。

总之,"每个共产党员特别是党的各级领导干部,应该永远牢牢记取这几十年来党的成功经验和沉痛教训,为了维护、增强和提高党的崇高道德威望,为了给全体人民提供共产主义新人的榜样,应当自觉地加强道德修养和道德锻炼,使自己成为真正具有高尚共产主义道德品质的人,

---

① 《习近平在北京大学师生座谈会上的讲话》(http://www.gov.cn/xinwen/2014-05/05/content_2671258.htm)。

② 刘少奇:《论共产党员的修养》,人民出版社2002年版。

成为践行共产主义道德的榜样"①。这不仅关系到道德认知的贯彻落实，也进而影响着人的品质提升。

三是道德反思的自觉。"反思"一词源出于拉丁文，意为"返回"，即回头、反过来思考的意思（turn over to think），是马克思主义产生之前西方哲学普遍使用的术语。然而，因西方哲学体系的殊异而使含义表达各有不同。如洛克就认为，基于来源审视经验，则其生成有两种：感觉与反思。其中，"感觉"是基于客观事物对人的感觉所引起的外部经验，而"反思"则是以心灵本身活动为基础的内部经验，是以自身活动作为对象的反观自照，是人的思维和心理活动，如怀疑、爱憎、推论、思维等。当然，"反思"也是黑格尔哲学中的常用术语。他的"反思"是指对思想本身进行反复的思考，即一种思想的自身运动过程。②而在历史唯物主义视域中，"反思"则通常指向精神的自我活动或内省的方法，是道德主体基于实践的积极认知与自我提升过程。基于如上理解，则道德反思的自觉是指行为主体对自我的所作所为进行再认识、总结以及不断提升的主体性过程，所呈现的是行为主体的良好道德觉悟，也是个体自由自觉的表征。在一定意义而言，个体能否以及在何种程度上达成反思决定着他能否"成为一个人"③的程度。儒家就强调"见贤思齐焉，见不贤而内自省也"（《论语·里仁》）。"吾日三省吾身：为人谋而不忠乎？与朋友交而不信乎？传不习乎？"（《论语·学而》）突出主体的自我反思在"成人"与"为人"中的积极意义。因而，能否反思就成为人们获得自由进而全面发展的前提。即"反思的意义，就在于提高主体认识活动的自觉性，发挥主体能动性，使主体的认识活动更自觉地遵循认识的客观规律"④。

具体而论，共产党人道德反思的自觉就是共产党人对自我行为进行的反省、总结以及不断提升的过程。共产党人的道德反思不仅关涉"我是怎样的一个人"的"普遍性"问题，在更为深层次的意义上，也关切

---

① 罗国杰：《马克思主义伦理学》，人民出版社1982年版，第551页。
② 何新：《中外文化知识辞典》，黑龙江人民出版社1989年版，第47页。
③ ［德］黑格尔：《法哲学原理》，范扬、张企泰译，商务印书馆1979年版，第46页。
④ 黄枬森：《马克思主义哲学体系的当代构建》下册，人民出版社2011年版，第831页。

到"我是否是一个合格的共产党人"的"特殊性"问题。其实质内容既会牵涉到对党性"自我认知"的反思,也有对"自我行动"的内在反省。"认知"的反思就是对作为一名合格共产党人的责任、义务理解是否真正明了的自我拷问,而"行动"的反思则主要是对日常所作所为是否真正体现出一名合格共产党人的要求的自我拷问。能否对如上问题进行理性的、自觉的反思,不仅决定着共产党人的精神境界,也关系到党的生死存亡。诚如习近平在兰考考察时的强调:"学习弘扬焦裕禄精神,要重点学习弘扬焦裕禄的公仆情怀、求实作风、奋斗精神和道德情操。要见贤思齐,组织党员、干部把焦裕禄精神作为一面镜子来好好照一照自己,努力做焦裕禄式的好党员、好干部。"[①] 这就是从"认知"与"行动"的高度统一层面,基于新的历史时代语境与时代特征,对共产党人自我道德反思自觉的新要求。

如上所论,道德反思的自觉是一个带有普遍性的"成人"或"为人"问题。因为,它在普遍性意义上契合了个体、群体乃至于类的发展规律。而共产党人的道德反思自觉,也不仅是一个普遍性问题,更是一个普遍性中的特殊性问题。因为它关切到共产党人能否真正做到享受权利与履行义务的统一,乃至于是关系到党的生死存亡以及国运兴衰的大问题。然而,日常生活中的不少共产党人不能严格要求自己,缺乏道德自我反思的自觉。如消极待命、碌碌无为、不求有功、但求无过;还有不少人擅长"假聪明",日思夜想不是如何为人民服务,而是纠结于如何结党营私、贪污受贿、溜须拍马,为自己谋取私利搭建平台等,在人民群众中造成了极其恶劣影响,不断肢解着党组织的公信力。基于个体视域审视,共产党人的道德反思自觉就是要时刻做到能"自省","就是经常反思自己的思想和行为,以共产党员的标准审视、解剖自己,寻找思想上、道德上和工作上的差距,勇于追求和坚持真理,砥砺和锤炼品行,勇于纠正错误的思想观念,不懈地同享乐主义、拜金主义和个人主义思想作斗

---

① 《习近平:在河南省兰考县委常委扩大会议上的讲话》(http://news.xinhuanet.com/politics/2015-09/08/c_128206459.htm)。

争"①。这种"自省"就是要求共产党人善于在日常实践中要学会批评与自我批评,就是要把自己的行为与"为人民服务"的宗旨进行对照,在深刻内省中发现自己的不足,不断提高自己的业务水平。具体而言,第一是要做到对党性观念的反思,要具有政治立场的坚定性、服务大局的自觉性、工作的原则性、改革创新的敏锐性、抵制歪风邪气的战斗性,时常找差距,明确方向,始终做到忠于党和人民。第二要做到自身能力的反思。反思自己有没有形势研判、驾驭复杂局面的能力,有没有组织指挥、领导协调的能力,有没有与时俱进、改革创新的能力,有没有做好群众工作、应对突发事件和群体性事件的能力以及服务基层、服务群众的本领,等等。第三要做到业绩的反思。要反思决策、工作是否切合实际、顺乎民意,是否敷衍塞责,通过反思,绷紧民本弦,念好民生经,做群众的主心骨、代言人。第四是要做到言行的反思。只有反思言行,才能调整好自己的心态,才不会在觥筹交错、灯红酒绿中迷失自我;面对诱惑,信念才不会动摇。此外,也要反思人格和"官德",摆正位置、立场、感情,做到生活正派、情趣健康,讲操守,重品行。唯有如此,才能在"超凡脱俗"中实现自我价值。

总之,"反思"是一种人的精神自觉,也是人的自我发展及不断完善的途径。也只有基于不断的道德反思的自觉,在真诚的批评与自我批评中使每个党员及时总结、反思自己的言行,在党组织及党员同志的监督、帮助下,查清思想根源,纠正错误言行,才能不断趋向于"个别性"与"普遍性"的真实统一。

共产党人的道德自觉就是这样一种境界:"既要超出自身,又要在自身内部培养自身,这样他就成为自为地具有理性的人。"② 当然,共产党人的道德自觉既不仅仅是认知的道德自觉或者践行的道德自觉,也不只是反思的道德自觉,而是"认知—践行—反思"的自觉生态。缺乏认知的自觉就不会有践行的自觉,反思的自觉也就没有存在的意义。因此,如上三者是相辅相成的。其中认知的自觉是前提,践行的自觉是关键,

---

① 《胡锦涛:要在领导干部中倡导8方面良好风气》《http://news.xinhuanet.com/lianzheng/2007-01/10/content_5587848.htm》。

② [德]黑格尔:《法哲学原理》,范扬、张企泰译,商务印书馆1979年版,第22页。

而反思的自觉则是保证。只有三者构成有机生态，才能真正践行道德自觉，共产党人也才能成为人民群众的真正代言人。

第七节 伦理形态六：教师群体

党的十八大报告旗帜鲜明地指出：要坚持教育优先发展，全面贯彻党的教育方针，坚持教育为社会主义现代化建设服务、为人民服务，把立德树人作为教育的根本任务，培养德智体美全面发展的社会主义建设者和接班人。这句话求真务实、高屋建瓴，是对当前以及今后教育发展问题的高度概括与凝练。尤其是"把立德树人作为教育的根本任务"在党的全国代表大会报告中属首次提出，是对十七大"坚持育人为本、德育为先"教育理念的继续深化，也是我党的重大政治宣示，为今后教育改革的发展指明了方向。因此，科学理解"立德树人"的内涵、实质及其要求，无论在当前还是今后，都具有重要的理论意义及实践价值。

一 教师群体的伦理问题（一）：基于立德树人视角[①]

从字词意义的疏解来看，"立德树人"的"立"是指"树立"，"德"则指"德业"，即道德品质。因此，"立德"就是指"树立德业"，即要提高道德修养，给人们树立道德方面的榜样。在《左传·襄公二十四年》中就有："大上有立德，其次有立功，其次有立言，虽久不废，此之谓不朽。"在"立德""立功"以及"立言"三者之中，"立德"是前提与根本，只有"立德"才能"立功"与"立言"，也才能最后称得上"不朽"。由此可见，"立德"在主体"成人"与"为人"过程中的重要地位。"树人"的"树"是"培育"的意思，而"人"在这里是指"人才"，既指具有高尚品德的个体，也更指达到自由与全面发展的人。在《管子·权修》中就有："一年之计，莫如树谷；十年之计，莫如树木；终身之计，莫如树人。"因此，"树人"就是指培育对社会发展有用的人才，它是一个长期与持久的过程。总之，结合字里行间的辩证分析可知，

---

① 卞桂平、焦晶：《浅议立德树人：内涵、实质及要求》，《南昌工程学院学报》2014年第2期。

"立德树人"就是指作为起主导功能的教育者不断涵养内在品质,并能以身作则、身体力行,不断培育与社会发展相互适应的、做积极贡献的人才的过程。

对"立德树人"的进一步省思,至少要对如下三个问题进行追问:第一是,"立德树人"的主体是谁?第二是,"立德"与"树人"的关系怎样?第三是,要"立"什么"德","树"什么"人"?也只有对如上三个问题做进一步澄明,才有可能真正把握"立德树人"的内在本质及其要求。首先,"立德树人"的主体问题,实质是"谁与谁"的问题,也就是教育者与受教育者之间的关系问题。由于受一定文化因素的影响,教育领域曾长期流行过教育"主体—客体"关系论。这种关系认为,教育者是绝对的权威,高高在上,说什么就是什么。而受教育者则成了只能乖乖听话、机械接受的"四角书柜"!这种"畸形"的教育模式只是构建了教育者与受教育者之间"传声筒"与"接收器"的双边关系,受教育者的自主性、能动性以及创造性丧失殆尽。与此不同的另一种教育模式是,教育的"主体—主体"关系,也称之为"主体间"关系。这种关系强调教育双方的交叉融合与共生互补,在相互尊重与理解中激发受教育者的潜力和智慧。[①] 显而易见,受教育者一旦成为教育的"客体",就算教育者"立德"也未必能够"树人"。因为,缺乏自主性、能动性与创造性的人,不是与时代发展相适应的、自由与全面发展的人!因此,"立德树人"的主体关系应该是而且只能是和谐生成的"主体间"关系。其次,"立德"与"树人"的关系问题,实质是"立德"与"树人"谁先谁后的问题。对这个问题的理解,不妨先考察《管子·心术》中的一句话:"德者道之舍,物得以生,生知得以职道之精。故德者,得也;得也者,其谓所得以然也。"东汉许慎在《说文解字》中对此的注解是:"德,外得于人,内得于己也。"实际上,这句话蕴含着一个异常深刻的道理:"德"与"得"的关系。即,只有"德"才能"得"!显而易见,"德"在先,"得"在后!"德"是"得"的前提。如果把"立德"看作"德",那么"树人"则为"得"。由此可知,只有"立德"才能"树

[①] 尹艳秋、叶绪江:《主体间性教育对个人主体性教育的超越》,《教育研究》2003年第2期。

人","立德"在先,"树人"在后。也正如《庄子·天下》中说:"是故内圣外王之道,暗而不明,郁而不发,天下之人各为其所欲焉以自为方。"所阐明的也正是"德"与"得"的先后生成关系。"内圣"为"德","外王"为"得",只有"内圣"才能"外王"。"德"与"得"的辩证关系赋予的启示是:只有教育者"立德",才能"树人",受教育者也才能"成人"!反之,如果教育者"缺德",则受教育者不仅不能成人,而且可能成为社会作恶的因子。再次,"立"什么"德"、"树"什么"人"的问题,实质是涉及"立德树人"的内容与价值取向问题。毋庸置疑的是,"立德树人"是一个历史概念。即"立"什么"德"、"树"什么"人"是随着世事变迁而不断发生改变的。也就是说,在不同的历史境遇中,"立德树人"的标准有所不同,具有一定的历史性与阶级性。比如,在原始社会就以能维护氏族整体利益为"德",这样的人也就能得到整个社会的认可与尊重。而到了封建社会,"三纲五常"则成为"德",那些有意违背"三纲五常"的人则为人们所唾弃。因此,"立"什么"德"、"树"什么"人"是因时而变的。就当下而言,"富强、民主、文明、和谐;自由、平等、公正、法治;爱国、敬业、诚信、友善"等德目,则成为我们当前所要极力倡导的"德",而具有"自主性、能动性以及创造性"品质的人,也是当代主体所要努力追求的"成人"目标。那种与时代发展不相适应的"德"与"人",必然要随着时代的发展而最终被抛弃。

以上所阐明的,是"立德树人"的伦理内涵与实质。而实际上,它本身就蕴含着内在的伦理要求。从当前来看,"立德树人"对现代教育的要求是:一是要尊重受教育者的主体地位。所谓主体地位,就是指在教育教学过程中,教育者要把受教育者看作平等对话的对象,在民主、平等、协商的气氛中完成教育过程,这是教育"立德树人"的前提。虽然时间钟摆已经指向21世纪,然而在现实的教育领域(尤其是高等教育领域),还有很多教育者的教育观念依然停留于以往传统的"主体—客体"思维。这种思维既表现在教育工作者的机械、权威式的管理模式上、教师"说一不二"的教学态度上,也表现在教育者"满堂灌"的教学方法上……这种教育模式中的受教育者只擅长"逆来顺受",潜在的创造性被"人为"地扼杀。也正是这种教育模式的存留,影响与制约着现代受教育者内在潜能的生成，也进而衍生出诸如就业以及其他系列难以解决的社会难题。[①]"近朱者赤，近墨者黑。"(《滕文公章句下》)教育者具有什么样的教育理念以及营造何种教育环境，对受教育者的学习效率以及道德品质的培育至关重要。面对竞争激烈的时代境遇，就要求教育者改变教育观念与教育方法，以培育学生的"品德"与"能力"为指导原则，在相互尊重、提升的过程中不断培育受教育者积极进取的时代品格。二是要不断提升教育者的道德水准。教育者能否"立德"是"树人"的前提。然而，从当前所呈现的情况看，对"物质"的穷奢极欲正不断蚕食着教育领域（尤其是高等教育领域）。这不仅表现在部分教师（尤其是青年教师）为了"蝇头小利"而心浮气躁，更突出体现在深度、广度上日益严重的论文剽窃与买卖！然而，最"令人讶异的是，我们不再听到剽窃或剽贼等语，可能因为面子已发生了消除剽窃的作用，可能因为剽窃已不再是不体面的事，因而对它的反感也消失了"[②]。教育领域的"失德"可见一斑！当作为主导地位的教育者"缺德"的时候，不仅不能"树人"，甚至会"害人"，走向反面。因此，重新恢复教育者应有的"德性"，已成为摆在教育领域的重大难题。可能的策略是：要着力恢复教育领域的"德—得"生态。可以考虑把道德考评与相关人员的福利待遇、职称评定等挂钩，达到以"得"促"德"的效果。同时，也要充分发挥舆论评价对道德建设的引领功能。对"师德"突出的教育工作者要进行舆论褒奖，真正确立道德在人们心目中的尊严与地位。当然，对在教育岗位做出"缺德"行为的人，除了要进行舆论鞭笞以外，甚至可以考虑纳入法律程序，从而达到以"法"促"德"的效果。总之，只有夯实教育领域的"道德"基础，才有可能培育出品德高尚、能力突出的现代人才。三是要弘扬社会主义核心价值观。如前文所述，"立德树人"是历史范畴。不同历史时期，"立德树人"的内容、衡量标准是不同的，要与一定的时代发展相适应。党的十八大报告就明确提出："大力弘扬民族精神和时代精神，深入开展爱国主义、集体主义、社会主义教育，丰富人民精神世界，

---

① 何玉梅：《教育中的"主体与客体之说"的重新审视》，《武汉理工大学学报》2009年第3期。

② [德] 黑格尔：《法哲学原理》，范扬、张企泰译，商务印书馆1979年版，第78—79页。

增强人民精神力量。倡导富强、民主、文明、和谐,倡导自由、平等、公正、法治,倡导爱国、敬业、诚信、友善,积极培育和践行社会主义核心价值观。"[1] 毋庸置疑,这就是当前我们所需要"立"的"德"! 也是当前我们"树人"的时代标准。当然,这些"德目"不是任何人随心所欲的捏造,而是源于对实践的科学分析与总结,是基于对当前中国社会问题精准把握的基础上所得出的结论。然而,在如今的教育领域(尤其是高等教育领域),有很大一部分教育工作者,尤其是年轻的教育工作者,在不懂马克思主义立场、观点、方法以及缺乏科学调查、分析的基础上,总习惯于对当前国内外形式"指手画脚""说三道四",做出有悖于客观事实的主观错误判断。更有甚者,公然在课堂或者网络等公共领域,大肆宣扬反马克思主义、反社会主义核心价值体系(观)的言行与做法。这不仅违背了作为中国公民的"道德",也更是对作为教育工作者"职业道德"的亵渎,对受教育者的价值观生成造成了极坏的影响。当然,问题总有一定的成因,也有一定的解决方法。当前尤其要加强教师群体(尤其是高校青年教师群体)的生活、思想状态的实证研究,本着解决实际问题的原则出发,夯实高校思想政治领域的主流价值基础,确保作为当前"德目"的社会主义核心价值观得到弘扬,真正做到"入耳、入脑、入心",培养与当前社会发展相适应的、社会主义新型人才!

总之,"立德树人"不是机械概念,有着自身生成发展规律,只有真正明确其内涵、实质以及要求,才能真正让"立德树人"在教育领域得到科学合理的贯彻与执行,也才能真正达到"内涵式"发展的目标。

二 教师群体的伦理问题(二):基于教学考评视角[2]

高校思想政治理论课教学实效性问题一直以来都是理论界探讨的热点。中宣部、教育部在《关于进一步加强和改进高等学校思想政治理论课的意见》(教社政〔2005〕5号)中也明确要求"不断增强高等学校思

---

[1] 胡锦涛:《十八大报告》(http://www.xj.xinhuanet.com/2012-11/19/c_113722546.htm)。

[2] 卞桂平、陈付龙:《高校思想政治理论课教学考评与实效性刍议》,《南昌工程学院学报》2008年第2期。

想政治理论课教育教学的针对性、实效性和说服力、感染力"。在这个问题的讨论上，人们分别提出了不同看法，有人看到了高校相关部门的管理不力，有人看到了课程教学目标设置与现实的偏差，有人看到了任课教师配备的良莠不齐，有人看到了课程教学手段与教学方法的不合时宜等，不一而足。也正如大多数人所看到的那样，高校思想政治理论课教学实效性的研究所涉及的因素很多，有管理的因素，有教育者与被教育者的因素，有教学方法与教学手段的因素等，笔者却以为，在众多因素之中，教学考评是一个事关全局的关键性因素，它对整个思想政治理论课教学的实效性能起到一个牵引与制约的作用。因此，对这个问题进行深入研讨，走出高校思想政治理论课教学实效性的困境，不仅具有重大理论意义，也更具有深刻的现实意义。

一般而言，教学考评是评价教学效果的一系列方法制度的统称。主要由考核内容与方法、考试命题与评分、成绩评价与统计反馈等环节构成。教学实效性简单而言就是指课程教学所取得的实际效果。由于教学所存在的时代和历史背景会有所不同，所以教学实效性的衡量标准也存在一定的差异，因此，这个标准是具体、历史的。教与学是否取得了真正效果要看教学过程和教学结果是否反映时代发展变化，是否符合时代发展对于受教育者提出的新要求等，如果它们之间是一种正相关关系，那么教学的实效性就好，反之，效果就不理想。而在教学实践中，教与学几乎都是以教学考评作为衡量要素，它就像一个"指挥棒"在不停地指挥着教师的"教"与学生的"学"。这样，教学实效性问题在很大程度上就有赖于课程教学考评标准的设置是否合理，即是否反映时代新变化以及这种变化对于学生提出的新要求，是否符合当代大学生身心发展的客观规律等。

一言以蔽之，如果课程教学考评标准的设置呼应时代发展的新要求，符合学生的真正需求，真正做到从实际出发、"以学生为本"，课堂教学也就自然成为与学生"密切相关"的一件大事，教学的实效性也就必然得到相应提高。因此，教学考评标准的设置也就成为影响教学实效性的制约性因素，有什么样的教学考评标准就会产生什么样的教学效果。总之，教学考评标准的科学、合理性是教学实效性的前提和基础，是提高教学质量、培养符合时代发展人才的重要保证。

在高校思想政治理论课课程教学改革问题的研讨上，存在着以下两种倾向。第一，忽视教学考评在思想政治理论课程建设中的作用。研究者们在讨论如何提高思想政治理论课教学实效性的问题上，总是把目光放在局部问题的争论上，把课程教学实效性的不足或者归结为高校管理层的重视不够；或者归结为教学内容的过于笼统和单调；或者归结为教师数量有限，工作量太过繁重，教师质量的参差不齐；或者归结为学生人数太多，难以组织、协调和管理等。也就是说，鲜有人从教学考评上做文章，就算有人涉及，也是空泛而谈，没有提出科学合理的规范性举措。因此，这些研讨可能会取得一些实效，但也有"虎头蛇尾"之嫌，难免因没有涉及实质性问题而使得探讨流于形式。第二，教学考评标准的设置过于陈旧，跟不上时代发展步伐，反映不了时代发展要求，体现不了学生发展需要。就目前而言，许多高校大学生思想政治理论课程的教学考评标准依然只停留在"知识"与"理论"层面，或者认为思想政治理论课教学是纯粹对大学生进行思想政治理论素质教育的"理论型"课程，或者认为思想政治理论课是进行马克思主义理论学科的知识教育，是对大学生进行人文素质教育的"知识型"课程，弱化甚至忽视了时代发展对于当代大学生能力与素质提出的新要求。这种"知识"与"理论"为导向的考评标准在教学实践中也必然会形成机械单调的课程考核方式。"一张试卷""几个题目"或者写一篇与思想政治理论课教学相关的小论文已经成为许多高校思想政治理论课教学考评的方法。这种"一元化"的考核模式片面夸大了考试分数的价值，既不能真正反映思想政治理论课的实际教学质量和效果，也不能适应马克思主义的教学要求。相反，这种考试势必会导致"教师教什么，学生就学什么"，"上课记笔记、考前背笔记以及考试默笔记"的情况发生，既加重了学生学业的负担，也不利于他们能力的培养和素质的提高。[①]

高校思想政治理论课不仅是对广大学生进行理论与知识的灌输，它更强调对受教育者高尚品质的塑造以及实践能力的开发，具有世界观和方法论的意义，是人们认识和改造世界的强大思想武器。那种把教学考

[①] 王京沃：《高校思想政治理论课教学考评效率机制》，《思想理论教育导刊》2007年第6期。

评标准的设置只停留在"本本和概念"上、停在"理论与知识"上的做法,既不符合思想政治理论课的本质,也偏离了现实发展的需要,更不能反映学生的真正需求,只能导致实际教学中"教"与"学"的分离、"学"与"用"的分离以及"知识"与"能力"的分离。在教师"灌输"与"独白"式的教学过程中,学生成了被动装载知识的"四角书柜",沉闷的教学使得教与学都已成为一种"疲惫不堪"的"苦差",当学习知识都成为累赘的时候,所谓能力培养、人格塑造甚至课程实效性也就成为空谈。

当前,在高校思想政治理论课教学考评标准的设置上,首先应该明确"两种变化"。第一个变化就是时代背景发生的新变化。在经济全球化与市场经济快速发展的今天,各种要素在快速整合与流动,社会发展为各种不同层次的社会主体提供了各种不同的发展机会,为人的才华展现提供了一个充分的舞台,相对于"唯学历"年代而言,学历已经不再是一个人成功的唯一条件,能力与素质已经凸显为当今时代人的发展主题。谁拥有驾驭自身与外界的能力与素质,谁就有机会获得发展,成为时代的弄潮儿;相反那种没有能力,或者只有片面的素质与能力的人只能在市场经济的浪潮下被淘汰出局。第二个变化就是当代大学生的身心变化。当代大学生生活在一个千变万化的年代,他们并非是只希望在"象牙塔"中闭门苦读的莘莘学子,在观察到身边的一系列变化之后,他们既有压力也有动力,成功的渴望让他们产生了在大学要学好知识、锻炼过硬本领的强烈需求。另外,当代大学生生理和心理成熟的时间都出现了超前的趋势,对新生事物有着超强的接受能力,求知欲与表现欲非常强烈,寻求合适时机来表现和证明自己成为了他们的强烈愿望。

在明确了以上"两种变化"之后,当代高校思想政治理论课教学考评标准的设置也应该充分反映这两种变化,既要适应时代发展的新变化,更要体现学生对于新时代变化所提出的新要求。只有这样,才能让学生真正感觉思想政治理论课不仅仅是纯粹理论和知识的学习,更是提高自身素质和锻炼能力的舞台,是与自身"密切相关"的一门课程。也只有如此才能真正做到教学考评标准的制定与教学实效性的有机统一。因此,当前高校思想政治理论课教学考评标准的设置一定要抛弃那种"一张试卷","几个试题"或者"几篇论文"来对学生进行评价,要实现由重

"理论概念"考核向重"应用能力"考核转变，重"书本知识"考核向重"社会实践"考核转变，重"考核结果"向重"学习过程"转变，重"简易经验测试方法"向重"科学考试制度规范"转变等。把教与学引导到符合社会发展的趋势以及学生身心发展的要求上来，充分利用考评标准的导向与激励功能，使学生的能力得到培养，素质得到提高，真正激发他们学习思想政治理论课的热情与兴趣。只有设置这样的教学考评标准，教师才能真正从"一支粉笔""一本教材"及"三尺讲台"上走出来，学生也才能从枯燥无味的课堂教学中解放出来，真正实现"寓教于乐"，"在乐中学"，从而大大提高教学的实效性。

高校思想政治理论课教学实效性问题影响的因素很多，但是只要真正坚持和贯彻以社会发展和服务学生为导向的原则，制定符合时宜的教学考评标准，充分发挥教学考评标准在实际教学中的导向和激励功能，就必然能有效地解决高校思想政治课程教学实践中所遇到的系列难题，最终为提高高校思想政治理论课的教学实效性服务。

三 教师群体的伦理问题（三）：基于教学方法视角[①]

人的能力是人的本质力量的体现，是人从事各种创造性活动的全部才能和力量。人的能力发展水平不仅关系到人的主体性的发挥程度，也关系到社会进步与发展的程度。作为一门政策性、针对性、实效性较强的思想政治理论课，形势与政策课程教学如何适应新环境的变化，改进教学方法，完善教学手段，将课程教学与大学生综合能力的培养有机结合起来，是摆在我们面前的重要课题。

教育的本真意义在于塑造人。形势与政策课程的设置不仅仅在于让学生了解国家方针和政策，更重要的是通过教学让学生掌握马克思主义立场观点和方法，提高分析、解决问题的能力，在纷繁复杂的形势中确立正确的人生观、价值观。因此，无论是从课程本身或者现实背景考察，塑造能力主体都应该作为课程建设的主题。具体而言：（1）课程的内在本质要求。形势与政策课的内容体系既包含稳定的基本理论，也含有不

[①] 焦晶、卞桂平：《改进教学方法 突出能力培养——高校〈形势与政策〉课教学改革探索》，《牡丹江教育学院学报》2008年第6期。

断变化的社会发展态势、格局及应对策略等。课程教学的根本目的就是要"帮助大学生运用马克思主义的立场、观点和方法，正确分析形势……发现新矛盾，解决新问题"[①]。因此，不断启发受教育者的觉悟，提高他们不断认识世界和改造世界的能力是课程的内在本质需要。（2）社会主义市场经济不断发展的内在要求。生产的社会化以及不断的劳动和工作职能的变换要求人们具备全面的能力；市场经济的自主性要求人们必须具备较强的自主生产、自主经营、自主把握市场信息以及对自己的行为后果自主负责的能力等；市场经济的竞争性要求人们具备对事物的认识、判断、分析和选择等能力；市场经济的开放性要求人们不断发展和提高自己的交往能力。总之，社会主义市场经济需要能力型的人，全面地发展人的能力是其内在的本质要求。（3）人们分辨是非、坚定正确政治方向的需要。纷繁复杂的时代，环境对人们思想的影响越来越大，人们只有具备较强的分辨是非的能力、自主选择的能力和自我教育的能力，才能在复杂的环境中树立科学的价值观和人生观，始终坚定正确的政治方向。（4）人类历史发展的必然性要求。马克思关于人的发展的学说告诉我们：一部人类史就是人们向往、追求个性、能力全面自由发展的历史。社会向前发展要求人们发展多样的个性与能力。因此，课程教学要顺应历史发展潮流，培养适合时代发展的、具有能力的主体。

在人的能力形成与发展过程中教育起着主导作用，其中教学方法与手段至关重要。但从现实情况来看，我国许多高校形势与政策课教学依然采用传统的"主客二分"的教学模式。教学观念的落后以及教学方法和手段的陈旧，严重扼杀了学生学习的主动性、积极性和创造性，学生成了等待被灌输的、能力缺失的客体，教育对人的塑造功能没有得到有效的贯彻和体现。这主要体现在：第一，教学过程。由于许多学校相关部门和领导对形势与政策课程应有的地位和作用认识不够，直接导致课程教学时数设置偏少，任课教师配备良莠不齐，教学督察管理不严等情况的存在。为了能在有限的时间内完成学校规定的教学任务，教师不得不"赶场"，只好粗略地把形势与政策内容划分为条条框框，作为一种"死知识"传授于学生；也由于部分教师自身素质不过关，理论功底的薄

[①] 邱观建：《新编形势与政策教程》，武汉理工大学出版社2001年版，第3—5页。

弱和教学经验的缺乏使得他们难以对课堂教学进行有效的驾驭，也就不得不把"灵活的"知识进行机械的"灌输"。在这种情况下，一堂形势与政策课也就变成了教师"独白"的舞台，学生只是等待被灌输的对象。"传声筒"与"接收器"的师生关系使得学生的积极性和创造性思维受到抑制，主体性无法得到发挥，能力的培养也就自然成为了"镜中花、水中月"。第二，教学手段。就课程的教学手段而言，部分学校由于资源设备有限，在教学硬件的更新上跟不上时代发展的需要，课堂教学被局限于"一支粉笔，一块黑板和一本教材"；部分教师教学观念落后，不精通网络媒体技术，缺乏对教学的有效控制能力，难以在有限的时间内，对大量学生采取多样化的教学手段，更谈不上课堂的挥洒自如和教学内容的精彩演绎；有的教师虽然擅长多媒体技术，但是局限于形势与政策课有限的课时，不得不"疲于奔命"，也只好用简单粗略的课件对学生进行"新"式的"照本宣科"，而形势政策课又往往缺乏固定教材，学生对教学内容的陌生必然导致思维难以跟上课堂节奏，从而失去听课的兴趣，并最终影响到教学的实效性和学生综合能力的培养。第三，教学评价。就形势政策课的教学评价而言，许多学校基本上是采用出勤率和一张试卷或者一篇小论文相结合的考核方式。出勤率的考核虽说能起到监督学生上课的功效，但是对提高课程教学的实效性并不能起到实质性的作用；又由于对课程缺乏严格的监督管理体系，无论教师还是学生对论文都仅仅局限于数量，对论文的质量却关注甚少，使得考核流于形式；"闭卷、笔试"的考查方式也基本上是局限于对国内外大政方针以及时事要闻的记忆，因此"死记硬背"也就成为学生临考前的"法宝"。总之，不论是考查的方式还是内容，都没有体现形势与政策课"政策性、针对性和实效性"的特色，基本上还是"老法新用"，没有脱离应试教育的窠臼，对学生综合能力的培养没有得到体现。

因此，如果把教师比喻为形势政策的"播种机"，那么学生必然是承载那些"确切无疑"知识的"四脚书柜"。这样的教与学"已经变成令人厌烦的同义语，一堂课等于一次苦役"[①]。学生的创新思维能力，分析

[①] [美] 杜威：《学校与社会明日之学校》，赵祥麟等译，人民教育出版社1994年版，第341页。

问题、解决问题的能力在那种程序化、机械化的教学中丢失了。

时代的发展呼唤有能力的主体。因此，当前形势与政策课程教学，应从"重理论、轻能力"的传统教学模式中解放出来，突出课程特色，采取形式多样的教学方式和教学手段，着重培养学生言语表达、明辨是非、自主学习、思维创新及适应社会等能力，不断促进学生综合素质的全面发展。笔者以为，在实践教学中可以尝试以下几种教学方法：第一，互动教学法。由于形势与政策课占有的材料多，涉及的面广，时事性、趣味性很强，对于正在成长中的青少年而言，具有很强的吸引力，能够激发他们很强的求知欲望，在适当的氛围下，他们很乐意同教师沟通，也乐意同其他同学进行探讨。互动教学法正是基于上面的特点而采取的一种教学方法，它强调教师在教学中要充分调动起学生"参与"的兴趣，引导他们积极思考并提出和回答问题，在师生互动中形成讨论式教学。这种教学方法是对传统"灌输式""独白式"教学的一种批判和反思，在民主和谐的教学气氛中，学生的分析综合能力、组织协调能力以及口头表达能力都得到了相应的提高。在实践教学过程中，要注意以下几个问题：（1）互动的方法。互动的方法很多，可以是提问式、作业式、讨论式、辩论式等，教师不必拘泥于某一种形式，可以依据情况相互配合使用。（2）互动的内容。互动的内容要在课程的基础上体现理论性与现实性、知识性与能力性的有机结合，要能够启发学生的思维，锻炼学生的能力，激发学生关注社会的热情。（3）因材施教。形势与政策课一般教学人数较多，每个学生的知识结构，性别结构，年龄结构以及兴趣爱好等都不一样，对于不同的学生，教师应因人而异，采取不同的方法，让各个层次的学生都能在互动中获得进步。（4）注意民主原则。教师应该摆脱课堂"主宰"的角色，尊重学生的主体人格，以平等的姿态，采用民主原则对学生进行合理的引导，提高他们互动的兴趣和学习的热情。第二，主题演讲法。由于形势与政策课是一门内容十分庞杂的课程，传统教学模式下，教师往往难以在有限的时间内把知识讲清说透，纯粹的单向灌输不仅让教师感到"疲于奔命"，学生也感觉索然无味，失去了学习的兴趣和动力。主题演讲法正是解决以上问题的有效途径，所谓主题演讲法是指由教师确立一个与教学内容相关的主题，由学生自己准备，然后登台演讲的方法。一般而言主要包括"确定主题—课外准备（或课内分组讨论)—学生登台演讲"三个阶段。主题演讲法的实施不仅提高了课程的教学效率,也锻炼了学生的综合能力。一方面,通过主题教学,学习由课内延伸到了课外,起到了以点带面的作用;另一方面,学生在收集整理材料的过程中,学会了提出问题,分析问题和解决问题,同时也锻炼了写作能力;在准备和登台演讲的过程中,口头表达能力以及临场应变能力也得到了相应提高。总之,通过主题教学,实现了从"接受学习"到"自主学习"的转变,学生不仅获得了丰富的知识,综合能力也得到了极大提高。在实践教学过程中,应该注意以下几点:(1)确定主题的时间。为了让学生进行充足的准备,教师在实施主题教学前就应该确定相关主题,给予学生充分的准备时间,一般而言,时间越充分,教学效果越好。(2)确定主题的内容。主题的内容最好是学生所熟知的内容,在实践教学中,与课程相关的时事热点是比较好的选择,学生关注的程度高,占有的材料也比较丰富。(3)彰显教师主导作用。教师在开展活动前,要帮助学生分析材料,教会学生查找材料的途径与方法;在教学过程中,要保证良好的教学秩序;在教学后要对主题教学进行引导性的总结。第三,实践教学法。形势政策课的教学任务之一就是对广大学生讲解国家路线方针和政策,如何把这些"枯燥"的内容"讲透讲活",以提高学生学习的兴趣以及教学的实效性,一直是困扰教学的一个问题。在实际教学中,笔者发现,实践教学法是一个很好的尝试。所谓实践教学法是指有计划地组织学生通过观察、试验、操作或社会实践,掌握与专业培养目标相关的理论知识和实践技能的教学活动。实践教学的方法有多种,可以举办热点讨论、师生对话以及专家讲座等校内形式,也可以进行校外的社会调查和社区服务等。以学习中共十七大报告为例,笔者把大班级分成若干教学组,集体收看实况转播,然后进行针对性的分组讨论,由各组代表分别发言。与此同时,利用节假日安排各小组到学校周边社区进行走访调查,收集材料,撰写报告,或在校内外开展十七大报告的宣讲活动等。通过这些实践教学活动,学生走进了"社会大课堂",不仅知道了"为什么",也知道了"怎么做",真正实现了课内与课外的结合,知识与能力的结合,趣味性与实效性的结合,不仅学到了知识,也锻炼了能力。在实践教学过程中,从应然层面讲,应注意以下几点:(1)明确实践主题。实践教学离不开一定的主题,该干什么,怎么干，教师与学生在活动展开前都要做到心中有数。(2) 规范实践过程。良好的组织纪律性是实践教学成功的保证。教师在开展活动前要强调纪律，确保课内外实践活动顺利完成。(3) 严格成绩考核。教师要对学生在实践活动中所获得的材料、所总结的报告严格把关，只有如此，才能避免实践教学流于形式。

在以上几种教学模式的基础之上，形势政策课课程成绩的评定也应当为能力培养起到合理的导向作用，要抛弃单纯以"一张试卷"或"一篇论文"来评价学生的标准，考评方式要体现多元化的特征，既要重视知识，更要突出能力。只有这样，课程教学才能充分发挥自身的特色，具有时代性，富有创造性，达到教书育人的效果。"教无定法，贵在得法。"在形势政策教学过程中，教师只有本着民主平等、科学引导等教学原则，以激发学生自主能动性和创造性为目的，不断提升自身素质，更新教学观念，改进教学方法，才能实现教学由"机械"向"灵活"的转变；教师由"主宰"向"主导"的转变；学生由单纯"知性主体"向"能力主体"的转变，也才能最终实现课程教学育人的本真意义。

第九章

主体、价值、行动

在《政治经济学批判（1857—1858年手稿）》中，马克思从历史视角提出了著名的人的发展"三形态"理论："人的依赖关系（起初完全是自然发生的），是最初的社会形式，在这种形式下，人的生产能力只是在狭小的范围内和孤立的地点上发展着。以**物的**依赖性为基础的人的独立性，是第二大形式，在这种形式下，才形成普遍的社会物质变换、全面的关系、多方面的需要以及全面的能力的体系。建立在个人全面发展和他们共同的、社会的生产能力成为从属于他们的社会财富这一基础上的自由个性，是第三个阶段。"[①] "三形态"理论的提出，不仅是对人类社会发展历史与未来图景的科学描绘，更为对作为个体人的主体性发展路径指明了方向。一部现代化的历史实质上也是一部人的主体性不断生成与发展的历史。人的主体性的发展程度实质上也就标志着现代化的发展程度。在我国现代化的发展历程中，尤其是改革开放以后，人的主体性如冉冉升起的朝阳，散发着勃勃生机，成为名副其实的现代化的"推动剂"。然而，市场经济在孕育人的主体性的同时，也因其固有的"逐利"本性而不断催生人们的"物化"意识，在一定程度上正日益消解着现代人的主体性，也正日渐成为和谐社会构建以及小康社会实现的潜隐阻力。因此，极力探讨人的主体性生成规律，破解当下人的主体性困境必然成为时代无法规避的课题。对马克思有关人的发展的"三形态"理论的科学探索就成为分析与解决当下问题的、重要的可借鉴资源。

---

① 《马克思恩格斯全集》第30卷，人民出版社1995年版，第107—108页。

第一节　前主体性、主体性、公共性①

"人的依赖关系",是马克思论述的人的发展的最初历史形态。"我们越往前追溯历史个人,从而也是进行生产的个人,就越表现为不独立,从属于一个较大的整体。"② 处在这一历史时段中的人,主要体现为对血缘与地缘的依赖,人之独立性尚未确立,个体只能相互依存而存在。即**"人的个性消失在氏族之中"**③。人的这种存在体现在人与自然的关系上就是面对强大的自然力量,人类的力量显得极其弱小。因此,从属、顺从和敬畏体现了人对自然的依赖感。在这样的关系中,人对自然的依赖,正是因为他还没有造就自己丰富的能力与关系,还没有使这样的能力与关系作为独立于自然界并与之相对立的条件。因此,崇拜自然、消解自身与自然的对立,顺应与承受自然的力量,在那时就成为人们处理自己与自然关系时在观念与行为上所遵循的准则。人对自然关系的依赖性以丧失人的独立性为代价,维系着原始的人与自然的和谐。从人与社会的关系看。与人完全受制于自然相一致,人的社会本质极度萎缩,人与人之间的关系具有明显的"依附"性质,缺乏自主性、能动性和创造性。社会对于个人而言,具有强制性、权威性的特点。个人的生存与发展完全屈从、依附于社会既有的等级或特权。"虽然个人之间关系表现为较明显的人的关系,但他们只是作为具有某种[社会]规定性的个人而互相交往,如封建主和臣仆、地主和农奴等等,或作为种女生成员等等,或隶属于某个等级,等等。"④ 人的一切社会活动都笼罩在"先在"的各种规定和强制之中,人们只是各种"等级共同体"的依附物。承如前述,原始初民的生存与发展只是在共同体的、"画地为牢"的地面上的生存与发展,原始人是不可须臾离开共同体的人。在这个意义上,原始人是依赖并归属于共同体的。而在奴隶社会和封建社会,人则依赖并归属于不

---

① 卞桂平:《前主体性·主体性·公共性——基于马克思人的发展"三形态"的理解》,《唯实》2012 年第 3 期。
② 《马克思恩格斯全集》第 2 卷,人民出版社 1995 年版,第 2 页。
③ 《马克思恩格斯全集》第 45 卷,人民出版社 1985 年版,第 416 页。
④ 《马克思恩格斯全集》第 46 卷,人民出版社 1979 年版,第 110 页。

同的等级，且彼此间存在着不对等的统治与被统治、占有与被占有的关系。典型的便是奴隶对奴隶主、农奴对封建主的人身依附与归属。在这种人身依附与归属的主奴关系下，奴隶和农奴没有独立的人格，没有自由的人的身份，任凭奴隶主和封建主指使和处置。人的个性发展缺乏最起码的社会空间和条件。由此可见，在前资本主义社会（马克思把现代社会以前的所有时代即从原始社会、东方的亚细亚社会、西方的古希腊—罗马以至到欧洲的中世纪，这些都包括在前资本主义社会这个阶段内），人类个体自身的有限性决定了人们必须结成一定的共同体来实现自身的利益。这时的人们在深受自然奴役的同时，还深受等级、身份等社会关系的奴役，还缺乏真正的独立性。即"无论个人还是社会，都不能想象会有自由而充分的发展，因为这样的发展是同个人和社会之间的原始关系相矛盾的"①。因此，这种社会所呈现的主体性也只能是一种萌芽状态的主体性，即前主体性。

"以物为基础的人的独立性"，是人的发展的第二大历史形态。"在这种形态下，才形成普遍的社会物质交换，全面的关系，多方面的需求以及全面的能力的体系。"② 处在这个时段的人的主体性呈现出双重意蕴。一方面是主体性的积极张扬，另一方面却是主体性在一定程度上的"被"消解。这种双重意蕴表现在人与自然的关系上，就是人们在处理人与自然关系时，往往将自我当作高高在上的主人，将自然视为绝对服从的奴仆，宣扬人不仅是自然积极的征服者，而且是自然能动的改造者。体现在实践方式上就是巧取豪夺，贪得无厌，将自然践踏在脚下。人们成片地砍伐森林，到处开采矿山，导致到处烟囱林立、垃圾成山、水土流失、环境污染、生态恶化。这种"单向度"与绝对化的主体性倾向，一方面使人与科学获得了某种独立的品格，确证着人的本质力量；另一方面，使自然界大量资源迅速枯竭，在永无止境的开采中使自己的生存条件迅速恶化。这种"失去理智的近乎自杀的行为"③ 必然会遭到自然的报复。主体性的双重意蕴体现在人与社会的关系上就是"异化"的出现。市场

---

① 《马克思恩格斯全集》第46卷上，人民出版社1979年版，第485页。
② 同上。
③ 郭湛：《主体性哲学——人的存在及其意义》，云南人民出版社2002年版，第128页。

机制在不断确证人的主体性的同时，也导致了人的极端利己主义倾向的产生。这个时候，"活动和产品的普遍交换已成为每一单个人的生存条件，这种普遍交换，他们的互相联系，表现为对他们本身来说是异己的、无关的东西，表现为一种物。在交换价值上，人的社会关系转化为物的社会关系；人的能力转化为物的能力"①。金钱至上、唯利是图、人际关系冷漠等现象随之出现。人们之间赤裸裸的金钱关系导致社会关系的离散化、对立化。这种"主—客"模式中的主体性其实正是没有主体性的表现。人是自身的主体，却常常被他人当作工具来利用，人是社会的主体却屡屡遭到社会不公正的压制，这势必加剧人与人之间的相互猜忌、相互利用，导致人格的扭曲和社会关系的异化。主体性的双重意蕴体现在人与自身的关系上就是"二重化"态势。物质财富的极大丰富也使得人的"身心关系"随之发生微妙变化。人们看到了解放的曙光，不再把希望寄托于彼岸世界，而是把目标集中在"身"的问题的解决上。物质财富的创造、工业文明的发展成为现时代人们的工作重心，科学主义、理性主义的盛行使人们越来越原子化、感官化、即时化，即越来越"动物"化，迷失在对"物"的追求中。与此同时，"物化"的泛滥也不断使现代人感到精神空虚、孤独、厌倦和痛苦。人把自己弄丢了，失去了前进的方向，失去了精神家园，成为无"心"、无"理"、无"灵魂"的"漂泊流浪者"。显然，在以物的依赖关系为基础的社会中，从表象来看，人的自由、平等等类似的独立性得到实现，实际上，人们的个性却日益呈现碎片化、原子化趋势。即"活动者的人却没有独立性和个性"②。

"自由个性"是人的发展的第三大历史形态。"建立在个人全面发展和他们共同的社会生产能力成为他们的社会财富这一基础上的自由个性"是该阶段人的发展的集中体现。③处在这个时期的人的主体性是一种"自为"的主体性。其主要表征就是人们能充分认识与利用客观规律，从而达到改造客观世界的目的，也即能动性与受动性统一。"人最终成为自己的社会结合的主人，从而也就成为自然界的主人，成为自己本身的主

---

① 《马克思恩格斯全集》第46卷，人民出版社1979年版，第103—104页。
② 《马克思恩格斯选集》第1卷，人民出版社1995年版，第287页。
③ 《马克思恩格斯全集》第3卷，人民出版社1995年版，第760页。

人——自由的人。"① 这就标志着作为主体的人已经达到了公共性的存在。公共性的存在体现在人与自然的关系上就是人与自然界的"共同性"。即"所谓人的肉体生活和精神生活同自然界相联系，不外是说自然界同自身相联系，因为人是自然界的一部分"②。人与自然界的这种"有机性"就要求人们树立人与自然的"共同体"意识，转变人与世界相对立或以人为中心的文化观念。在处理人与自然的关系时，不应把人的主体性绝对化，也不能无限夸大人对自然的超越性，而是人类应当约束自己，摆正自己在自然界中的位置，关注自然的存在价值。人是自然物，是自然界的一分子，人类在改造自然的同时要把自身的活动限制在保证自然界生态系统稳定平衡的限度之内，实现人与自然的和谐共生、协调发展。这种公共性体现在人与人的关系上就要求人们要有"类存在"的观念。即"一般地说，人对自身的任何关系，只有通过人和他人的关系才能得到实现和表现"③。这里所说的人，既是单个的自然人，更是群体的社会人。每个人在社会"共同体"中都有各自的"伦"与"份"，从事着不同的职业，扮演着不同角色，承担着不同的责任。人从诞生之日起，就存在于"类""共同体"中，为生存与发展而劳作，并与社会其他成员发生复杂的人际关系，在满足他人与社会的同时，自己也获得各种各样的需求与满足。人在整个生命过程中始终充满机遇与挑战，也必然与他人、与社会发生联系、契合、冲突和斗争。基于"类本质"的个体只有善待他人，与人为善，才能善待其他生物和非生物，从而真正实现和善待自己。也才能最终"以一种全面的方式，也就是说，作为一个完整的人，占有自己的全面的本质"④。这种公共性体现在人与自身的关系上就是要遵循身心发展规律，在市场经济条件下正确处理好物质需求和精神需求的关系。要避免过分追求"物欲"的满足而导致个体自身价值取向的片面化甚至畸形化的危险，使人的"类本质"彻底消解，成为"单向度"的存在，而难以体会到心灵细腻而高贵的情感，完全沉浸在由物质的"得与

---

① 《马克思恩格斯选集》第3卷，人民出版社1995年版，第760页。
② 《马克思恩格斯全集》第3卷，人民出版社2002年版，第272页。
③ 马克思：《1844年经济学哲学手稿》，人民出版社2000年版，第60页。
④ 《马克思恩格斯全集》第42卷，人民出版社1979年版，第123页。

失"而引起的欢乐与痛苦中,丧失了人的主体性。基于公共性理念就要求在追求物质利益的同时,必须要对个体价值世界进行相应的关怀。"我们需要用对人性的某种信仰来弥补我们所发现的人的缺陷,使我们能把他看作是高尚的。"① 也只有在"身"与"心"的"共同"和谐中,作为个体的人才有可能获得自在自由的全面发展。诚如马克思所言:"只有在共同体中,个人才能获得全面发展其才能的手段,也就是说,只有在共同体中才可能有个人自由。"②

伴随市场机制的建立、完善以及现代化进程的日渐推进,人们主体性的彰显已是不争的事实,主体的觉醒成为当代中国社会思潮的主流。然而,在全球化、信息化的时空境遇中,各种文化交融与碰撞,急剧变化的生存方式,导致了现代人对"自我"认识的困惑。在过分的自我关注中滋生出人与人、人与自然、人与社会以及人与自身矛盾的现代面相和价值观,深刻反映出人类主体意识溢出、异化、沉沦及迷失等相互杂陈的问题。信仰失落,情感生活萎缩,文化生活粗鄙,功利价值取向的泛化……即精神生活失去了自身的独立性,成为物质生活的奴婢,本应和谐生长的精神生活和物质生活间出现"愈演愈烈"的矛盾和分裂,物质欲望的膨胀使人的主体性日渐迷失,失去"人之为人"价值向度。

面对现代化进程中日益严峻的主体性困境,重新审视马克思有关人的发展的"三阶段"论就具有重大的理论和现实意义。"人的依赖性—物的依赖性—自由个性"所具有的理论价值并不只是在于揭示了人类发展的客观性规律,还在于对现实世界的"改变"中。因此,以"前主体性—主体性—公共性"来诠释马克思人的发展"三阶段"论,所要表达的也不只是对社会"公共存在"的客观性描述,更为深层次的意义是,面对现代化进程中的主体性困境而发出的对人们价值观转换的一种价值吁求。"今日的人类已开始觉醒,走向类化已不再是仅仅属于理论理想的问题,而是已经变成生活现实的客观需求和人们的价值追求。这在今天显然还主要是一种萌芽性的东西,但它却是代表着未来方向,社会发展

---

① [德]鲁道夫·奥伊肯:《生活的意义与价值》,上海译文出版社1997年版,第40页。
② 《德意志意识形态》节选本,人民出版社2003年版,第63页。

的主流,最富有生命力的东西。"① 也诚如马克思所言,未来社会"不仅能够以超越资本主义的私有财产的公有制形式出现,而且也能够将人们对自由和独立的自觉和渴望逐渐汇成一种强大的信念和力量整合到社会历史发展的动机之中,实现人的形式上的独立和自由向真实的独立和自由的转化。这一过程被马克思称为共产主义的公共性运动。"② 因此,避免、重复"个体本位"的种种弊端和片面倾向,用"公共性"的基本理念去引导、规范人的发展,使之不断地趋向于自觉的类本性,必然成为当前面临的重大时代课题。

第二节　规律、受动性、能动性[③]

马克思认为,人在对象性活动中,一方面是作为主体而存在,充分展示其能动性,另一方面又依赖于外部世界,具有受动性。"人作为自然存在物,而且作为有生命的自然存在物,一方面具有**自然力、生命力**,是**能动**的自然存在物;这些力量作为天赋和才能、作为**欲望**存在于人身上;另一方面,人作为自然的、肉体的、感性的、对象性的存在物,和动植物一样,是**受动的**、受制约的和受限制的存在物。"④ 这一理论告诉我们,人的主体性的实质是受动性和能动性的统一,不理解受动性,就不能全面地把握人的主体性。

人的受动性主要表现为受外部世界的制约和规定。人们在改造自然界的活动中,相对于人的主体性来说,自然界是外在的、客观的,因而处于优先地位。人们直接碰到的自然界,总是不依赖于人的意识而存在,是一种"给定"的客观世界,它以自在的形式呈现在人们面前,并按照其自身规律而运动,人的自觉活动必须以遵循这些规律为前提。

---

① 高清海:《人类正在走向自觉的"类存在"》,《吉林大学社会科学学报》1998 年第 1 期。

② 贾英健:《公共性视域:马克思哲学的当代阐释》,人民出版社 2009 年版,第 368—369 页。

③ 卞桂平、焦晶、杨艳春:《逻辑解构:从能动与受动关系看规律的主体性之维》,《攀登》2009 年第 4 期。

④ 《马克思恩格斯全集》第 42 卷,人民出版社 1979 年版,第 167 页。

人是社会的存在物。一定的社会关系、社会制度对于人的主体性也具有两重性。一是人的主体性来自于人的社会性。人的主体能力"部分地以今人的协作为条件,部分地又以对前人的利用为条件"①。正是这种"横向交往"和"世代延续",形成人的主体地位和主体能力。马克思、恩格斯指出:"他们的力量就是生产力","而这些力量从自己方面来说只在这些个人的交往和相互联系中才能成为真正的力量。"② 二是人的社会联系和社会关系也在一定程度上规定和限制人的主体性。人是分为不同的群体的,如民族、阶级、家庭等,生活于每一群体中的个人其主体性的形成及其大小都不可避免地受其群体的影响,打上群体的烙印。根据马克思的说法,人的主体性是在交往中被揭示出来的。"思想、观念、意识的生产最初是直接与人们的物质活动,与人们的物质交往,与现实生活的语言交织在一起的。观念、思维、人们的精神交往在这里还是人们物质关系的直接产物。"③ 马克思以人的异化为例,说明人的存在对社会的依赖性,当社会联系以异化形式出现时,人即同自身相异化。马克思说:"这些个人**是怎样的**,这种社会联系本身就是怎样的。"④

从以上可以看出,人依赖于外部世界,有其受动性。但是,人所具有的这种受动性,不能仅仅理解为只是一种受制约性,即主体受到外部世界的限制。这与动物不同,由于动物是非对象性活动、非主体性存在物,动物的受动使之成为自在之物,在外部世界面前是无所作为的。而人只要认识到这种受动性,就可以变受动为主动。马克思说:"按人的含义来理解的受动,是人的一种自我享受。"⑤ 所谓按人的含义理解的受动,是针对按动物方式来理解的受动而言的。按人的含义来理解的受动,是指人的受动是被人意识到了的、自觉的,而不是盲目的、被动的、本能的。从这种意义上说,受动性存在本身就是自由活动的内在部分。按动物方式理解的受动,是与人的受动具有本质区别的受动。因为动物没有意识,它并不了解自己活动的意义,只是重复着自己本能的活动。因而

---

① 马克思·恩格斯:《资本论》第3卷,人民出版社2004年版,第119页。
② 《马克思恩格斯全集》第3卷,人民出版社1960年版,第75页。
③ 《马克思恩格斯全集》第3卷,人民出版社1979年版,第29页。
④ 《马克思恩格斯全集》第42卷,人民出版社1979年版,第25页。
⑤ 同上书,第124页。

动物的受动实际上是纯粹的被动，而人的受动则是能动的前提，因为人意识到自己的受动，不满足于这种受动，正是这种受动激起人们去追求认识和改造外部世界的对象。正如马克思所说的："人作为对象性的、感性的存在物，是一个**受动**的存在物；因为它感到自己是受动的，所以是一个有**激情**的存在物。"① 因而，主体性是包含受动性的能动性，是受动性基础上的能动性，是能动性与受动性的统一。只有受动性而无能动性，那就不会有自主性、主动性、创造性、实践改造作用等，就不会有主体性；只有能动性而无受动性，不受客体制约，则是一种脱离实际的能动性，只能导致对象性活动的盲目性、随意性，导致对象性活动的失败。在主体对象性活动中，要化受动性为能动性，由能动性到受动性，再到能动性，这是主体性形成的辩证过程，后一个能动性是前面的能动性与受动性的更高阶段上的统一，能动性居于主导地位。主体性是能动性和受动性的统一，表明它是主体主导性与客体规定性的统一，是从主体出发与受客体制约的统一，是主体目的性与客体规律性的统一。

  能动性与受动性辩证统一规律告诉我们：处于一定历史发展阶段的人们不能随心所欲地创造历史，而是受到一定的客观规律的制约。人类历史发展的结果就是主体性与客观性交互作用的结果。因此，主体性的发生与发展的程度直接受制约于人们认识和利用客观规律的程度，这也必然是人的主体性发生与发展的前提。然而，在我国现代化的进程中，物质生活的富裕并没有使人们避免面临重重困境。为了不断满足自己日益膨胀的欲望，人们藐视客观规律，恣意夸大主体性，从某种程度上形成了一定的"反主体性效应"，即人与自然关系的恶化、人与社会关系的异化以及与人自身关系的二重化的矛盾。主体只是一种片面、畸形的人，仅有片面主体性，尚不能"以一种全面的方式，也就是说，作为一个完整的人，占有自己的全面的本质"②。

  自然即奴仆：人与自然关系恶化。人们在处理人与自然关系时，往往将自我当作高高在上的主人，将自然视为绝对服从的奴仆，宣扬人不仅是自然积极的征服者，而且是自然能动的改造者。一切以主体为中心，

---

① 《马克思恩格斯全集》第42卷，人民出版社1979年版，第169页。

② 同上书，第123页。

一切以利润为转移，其实践方式是巧取豪夺，贪得无厌，将自然践踏在脚下。对利润的无限追逐，与生产相分裂的消费主义，刺激人们为不断扩大再生产而拼命榨取自然的膏脂，毫不顾及资源利用的适度问题。他们成片地砍伐森林，到处开采矿山，导致到处烟囱林立、垃圾成山、水土流失、环境污染、生态恶化。这种片面性、机械性、单极化和绝对化的主体性倾向一方面使人与科学获得了独立的品格，确证着人的本质力量，另一方面，不仅使自然界大量可再生和不可再生的资源迅速枯竭，意味着人类不再是赚自然界的"利息"，而是开始赔自然界的老本，在永无止境的开采中使自己生存条件迅速恶化。这种"失去理智的近乎自杀的行为"[①] 必然会遭到自然的报复。

他者是地狱：人与社会关系异化。随着社会主义市场经济的建立和发展，社会交往的主体，走出家庭、村落、民族、国家，走向国际市场，自由的市场经济使得每个社会主体都能自由发挥自己的能动性，主体地位得以提升，使人类摆脱了"人的依赖性关系"境况，走向自主独立。但是，市场经济在提升人的主体性的同时，也导致了极端利己主义倾向的产生，人们唯一目标就是幸福或欲望的满足。于是，金钱至上、唯利是图、人际关系冷漠等现象随之出现。这种"强者中心主义"价值观排挤弱者，鄙视弱者，唯我独尊，"他者是地狱"，利己主义盛行。对自我而言，他人与社会关系都是异己的，人们之间是赤裸裸的金钱关系，导致社会关系的离散化、对立化。这种"主—客"模式中的主体性其实正是没有主体性的表现，人是自身的主体，却常常被他人当作工具来利用，人是社会的主体却屡屡遭到社会不公正的压制，这势必加剧人与人之间的相互猜忌相互利用，导致人格的扭曲和社会关系的异化。这样的社会不是一个和谐的社会，是政治文明的瑕疵，交往方式的变种，是人与人的关系在特定历史条件下的异化表现。

身与心分离：人与自身关系二重化。随着主体性的张扬，科技与社会生产的结合，人类走出了童话、神学的困境，迈向了文明时代，走向物质财富的极大丰富时期，身与心的关系也随之发生了微妙变化，人们看到了解放的曙光，不再把希望寄托于虚无缥缈的来世，感觉到衣食住

[①] 郭湛：《主体性哲学——人的存在及其意义》，云南人民出版社2002年版，第128页。

行这些物质需求不是什么大难题,今生就可以解决,于是,把目标集中在"身"的问题的解决上,物质财富的创造、工业文明的发展成为现时代人们的工作重心。科学主义、理性主义至上的科技万能论盛行。人们普遍认为,在科技进步的推动下,物质文明就是一切,物质生活的富裕成为唯一的追求。然而,物质财富日益丰富情况下,人越来越原子化、感官化、即时化,即越来越"动物"化,满眼是感官享受,物欲横流,异化为自己所创造的物质的附属品,迷失在对物质的追求中。同时,随着现代人生活节奏越来越快,精神上的空虚、焦虑、困惑和烦躁也远远超过以往任何一个时代。感到精神空虚、孤独、厌倦和痛苦,正所谓物质富翁,精神乞丐。人在经济发展,生产力水平极大提高前提下再一次迷失了自己。人把自己弄丢了,失去了前进的方向,失去了精神家园。也就是说,"身"的问题、"物"的问题解决了,但人却成了无"心"、无"理"、无"灵魂"的"漂泊流浪者"。漠视他人和社会,冷漠弱者,没有同情心,不关心社会,奉行"社会达尔文主义",极端利己,对不公平现象无动于衷。身心分离、灵与肉的二重化随着主体性的过分张扬越发严重。

上述一切足以表明:现时代的人们所追求的幸福的实现已不再在于向外界征战,获取愈来愈多的物质财富,人们必须冷静下来,深刻反思自身的主体性。也正是因为人们藐视自然界、人类社会及自身发展的"铁"的法则,忽略了人类活动既定的界限、前提与条件,主体非理性的欲望才能得以蔓延疯长,那种忽视能动与受动的统一、仅从满足自身需要的视角去思考与行动,必然要使主体性陷入新的发展困境。

能动性与受动性并不是两个对立的范畴,二者的和谐统一是人们主体性发生与发展的前提。揭示和认识社会规律的客观性,指明历史发展的基本轨迹和必然趋势,正是为主体的选择活动开辟广阔的天地,使主体的本质力量和能动作用得以更充分、更有效地发挥,从而可加速社会发展的进程。马克思曾说:"一个社会即使探索到了本身运动的自然规律……它还是既不能跳过也不能用法令取消自然的发展阶段。但是它能缩短和减轻分娩的痛苦。"(《资本论》第一卷第一版序言)而在一片混乱、偶然、无序的状态下,人往往是无能为力的。强调能动性与受动性的有机统一,揭示自然、社会及人本身客观规律所具有的主体性维度,会进一步推动人们更加注意研究客观规律，增强历史主动性和社会责任感，自觉做到"人的尺度"与"物的尺度"相协调，使社会更加顺利地向前发展。在社会实践活动中，我们应该始终坚持从本体论的视角去全面把握能动性与受动性的辩证关系，尽量减少实践活动的盲目性，增强自觉性，做出现时代的正确选择。

尊重自然发展规律，实现人与自然的和谐，坚持可持续发展观。当前，我国自然资源存在不同程度的耗竭，自然环境遭到破坏，除了自然界的不可抗因素外，忽视甚至否认客观规律乃至倒行逆施的人为因素也是一个极为重要的原因，这是我国现代化进程中主体性问题的一个突出表现。具体而言有两种情形：一是在某些落后地区，尤其是我国西部地区，本来自然环境就比较恶劣，风沙肆虐，缺雨少水，再加上人们主体意识的先天缺乏，迫于自身生存与发展的需要，他们很难控制自己的活动与行为，对自然资源肆无忌惮地开采，导致环境的破坏。二是随着市场经济体制的建立与不断完善，人们片面强调发展科技和生产力，夸大主体性，对现实失去了理智和冷静的分析批判，容易陷入满足无止境的欲望和虚假的需求当中，过度追逐利益而不顾及后果，忽视了协调与自然的关系，造成了自然资源的浪费、环境的污染，导致生态平衡的破坏，使各种自然灾害加剧，影响了社会主义现代化的进程。因此，对第一种情况，我们应该呼唤人们主体意识的觉醒，依靠科学技术大力发展生产力，正确发挥人的主体性，改变人的生存条件。比如，加大政策的宣传力度，加强生态教育，树立科学的思维方式和合理、健康的生活观念，加强资金与技术的帮扶力度，在部分地区实行退耕还草、还林、种草种树、以草定畜、以草、林固沙、以水改沙等措施，走可持续发展道路，就能取得较好的效果。目前，一些地区已经出现了"人进沙退"的可喜局面，并取得了一定的经济效益，发展了生产力，改善了人们的生存、生活条件，人们合理的主体意识在饱受生存的痛苦之后得到了觉醒，人的自觉性、能动性、创造性得到了不同程度的发挥。对第二种情况，我们应该在已具备充分主体意识的基础上，着力提高人的主体素质，合理地对主体性进行定位，控制人的物欲，使人的行为处在良性循环当中，重视精神建设，使人成为具有独立判断力和理性精神的自主人，走可持续发展的道路。

尊重社会发展规律，实现人与社会的和谐，防止个人主义、利己主义及享乐主义的蔓延。社会规律与自然规律的最大不同在于它有人的参与，它是在人们一定的意识和目的的实践活动中生成与发生作用。因此，实现人与社会的和谐就要求人们的活动既要合乎目的性，更要体现规律性。当前，一是要正确处理个人与他人的关系。人与社会是相互包含，相互渗透的关系，人与人之间只有相互关心，相互支持，求同存异，才能形成团结和谐的良好局面，主体性才能拥有广阔的拓展空间。因此，在实际生活中要切实做到尊重人、宽容人及关心人。尊重人就要克服自以为是、自命清高及对别人处境漠不关心的思想意识，要以一颗诚心去同情、体贴别人，做到彼此之间相互尊重、平等相待；宽容人就是要正确对待前进中遇到的矛盾和困难，变冲突为和谐，化干戈为玉帛，当然，宽容也并非无原则的退让与妥协，更不能以损害党和人民的利益为代价，而是在根本利益一致的前提下求同存异，和谐共处；关心人就是要把别人的困难当作自己的困难，满腔热情地帮助那些工作和生活上暂时遇到困难的人，切实为他们排忧解难。二是要坚持集体主义，反对个人主义。现实生活中总有人不讲廉耻与道德，权力已经成为他们谋取私利、聚敛钱财的手段，危害了人民群众的切身利益。当前，要坚持把国家利益与集体利益放在首位，把个人利益与国家、集体利益统一起来，坚决反对那种片面强调个人利益，宣扬个人主义至上，甚至"为个人主义正名"的错误观点，使权真正为民所用。三是要顾全大局，反对小团体主义。顾全大局是指个人和集体的言行应以人民的根本利益为出发点，这是成就事业的前提和基础。那种只顾局部利益，不顾全局利益的观念实质上是极端狭隘的个人主义，它的蔓延会涣散人心，危害社会的稳定，妨碍现代化建设的顺利进行。要克服小团体主义就要用科学发展观统领经济社会发展全局，树立全国"一盘棋"的思想，在促进各地区、各部门发展的同时，更多地关注社会的全面、协调、可持续发展。四是要求树立正确的世界观、人生观和价值观。正确的世界观、人生观及价值观是处理好个人与社会的关系的前提，是社会和谐的重要保证。马克思历史唯物主义从人是一切社会关系的总和的基本观点出发，认为人生的真正价值在于对社会的贡献。在现代化事业不断向前推进的今天，一些人总是见利忘义，金钱至上，陷入了拜金主义、享乐主义及极端个人主义价值观的泥沼。同时也有许多人坚持了正确的价值取向，比如郑培民、牛玉儒、任长霞等。他们的先进事迹、高尚情操，教育和激励了无数人在自己的岗位上奋发努力、开拓进取，创造出更多的物质和精神财富，传承着先进人物的人生价值，推动了和谐社会的建设。

尊重身心发展规律，实现人与自身的和谐，避免市场经济下人的物化。"成功的实践取决于两个基本条件，一是人对外部世界的控制，二是人对自身的控制。后者是前者的先决条件。"[①] 因此，遵循身心发展规律是人们把握自身，最有效、合理地发挥自身创造潜能的前提和保证。当前，一要确保思想层面的和谐。思想的和谐要求人们在处理与他人的关系上，能全面、理性地思考和处理问题，能考虑到各种可能的情况，以双赢为目的，而不损人利己；在处理与集体的关系上，能正确处理公与私的关系，努力使个人的动机、理想、目标与集体的普遍性原则相协调，既考虑个人利益也考虑集体利益，坚持集体利益与个人利益的统一；在处理与国家的关系上，坚持党的领导，具有坚定的共产主义理想信念，在实践中坚持和发展马克思主义，具有爱国主义精神，具有强烈的民族自尊心和民族自信心。二要确保心理层面的和谐。一般认为，人的心理是否和谐主要取决于两个方面：第一是要看人自身的物质性追求与精神性追求能否取得平衡与协调；第二是要看个体行为与社会的总体道德要求能否取得平衡与协调。如果两个方面都能取得平衡与协调，则人的心理就处于和谐状态，反之则不然。因此，合理的选择应当是：一方面，节制人的肉体与物质欲望，将其限制在合理的界限内，大力丰富精神文化生活，追求更高的精神境界，使我们的心灵不断得到升华。另一方面，在待人接物中，尊重他人，遵纪守法，遵循社会的伦理规范，从而使自己成为一个具有良好道德水准的人。三要确保能力层面的提高。这里作为人自身和谐的一个方面所讲的能力，主要是指处理和解决重大问题的能力，指人的各种技能、智能和潜能。它是人在现实行动中表现出来的正确驾驭某种活动的实际本领，是实现人的价值的一种有效的方式。人要达到自身的和谐，必须加强自身的能力建设，增强自身认识、判断、

---

① 邴正：《当代人与文化——人类自我意识与文化批判》，吉林教育出版社1998年版，第222页。

解决问题的能力,以适应社会的各种需要。要努力学习各种知识、技术,更要努力参与各种实践活动,以增强自身的才干。与此同时,社会也要创造一个良好的环境,形成以能力为本位的良好的社会风气,通过采取有效的办法,最大限度发挥人的能力,打破身份界限、人情关系,建立一种使组织和个人都能"各尽其能"的合理的社会机制,使人的各种能力能够得到全面而合理的发挥。

第三节　主体诉求的伦理生态[①]

社会的现代化在于人的现代化,在于人的主体性充分发挥。这是世界上不同民族、不同社会制度的国家在现代化进程中所必须遵循的普遍规律。当前,我国正处于全面建设小康社会,不断推进现代化的关键时刻,作为全面小康社会和社会主义现代化宏伟蓝图的设计者和建设者,人的主体性发挥程度直接决定着这一宏伟蓝图的实现程度。因此,深入研究人的主体性问题、探索实现人的主体性的有效途径,对当前我国社会主义现代化建设而言,就不仅具有重要的理论意义,更具有重大现实意义。

经过 30 多年改革开放的实践探索,当前,一部分人已经具有了强烈的自主意识,在市场经济大潮中充分展现了自己的个人能力,成为合格的市场主体。但是我们也必须清楚地看到,合格的市场主体在目前中国社会只是很小的一部分,平等自由、独立自主、权利以及责任等意识并没有在人们心中普遍得以确立。这必然成为发展市场经济,不断推进现代化的潜在阻力。因此,唤醒人的主体意识,培养人的主体能力以及塑造主体健全人格也必然成为当前主体性构建的主要内容。

主体意识唤醒。主体意识就是人对自身的主体地位、主体能力和主体价值的自觉意识以及在此基础上对外部世界和自身自觉认识和改造的意识。主要包括独立自主意识、民主自由意识、社会责任意识以及创新意识等。第一,独立自主意识。社会主义市场经济是主体性经济,要求

[①] 卞桂平、焦晶、毕红芳:《实然与应然:现代化进程中主体性建构的两个向度》,《南昌工程学院学报》2009 年第 2 期。

作为市场主体的人的劳动应具有独立性、自主性和自由性。马克思认为，人的解放和自由发展的关键在于劳动的解放，而劳动解放的标志是劳动过程的独立性和自由性。因此，充分发挥自身的主体性就要首先唤醒、激发和培养自身的独立意识。第二，民主自由意识。民主意识是人对民主政治、民主权利本质的自觉意识，是自我当家做主的自觉意识，是一种充满主人翁责任感、使命感和义务感的主体意识。具有民主意识的人不敬畏、不顺从、不巴结、不讨好、不羡慕和不追求权力，不是把权力视为外在于自我、压抑自我的异己势力，而是自觉地把自我当作真实的权力主体。人的自由意识表现为敢于对自我面临的一切客体对象进行独立思考，不崇拜权威与偶像，把权威与偶像也当作自我理性思维的对象；表现为他想怎样想就怎样想，他能够想到哪里就想到哪里，这就是意识的自由状态。正是这种自由意识使人不断地突破旧的思维空间，获得愈来愈广的思维自由度。第三，社会责任意识。责任是指人在其社会的生存和生活中应承担的职责，以及对自己选择的行为所产生的不良后果和过失承担的责罚。首先，责任是由人的社会本质决定的。个人为社会和他人提供服务、承担自己的职责，既是个人得以在社会中生存和发展的必要手段，也是社会赖以发展的必要条件。其次，责任感是主体自觉遵守道德规范和法律法规的前提。主体在实现自身利益的同时，还要对他人和社会负责，在自身利益得到满足的同时，不能损害和阻止他人利益的实现。第四，创新意识。当前，随着时代的发展，信息与知识本身所充满的不确定性和无限可能性的潜力，给每个主体提供了创新的机会和全新的信息。作为信息和知识时代的主体的个人，只有勇于在千变万化的信息中抓住机遇，自强不息，以对新东西的高度敏感和自身的高素质来达到创新，才能成为社会的真正主体。

主体能力培养。主体能力就是主体能动地驾驭外部世界对其才能实际发展的推动作用，从而使自身主体性得以不断发展的能力。主要包括学习能力、实践能力以及创新能力等。首先，学习能力。学习能力是现代人认识和适应自然、社会和自我发展变化的本领，是现代人的基础能力。第一，全面的学习能力。现代学习已经打破了传统学习的狭小范围和经验层面，把学习扩展到人的全部活动领域，并把学习提高到高度自觉的层面，要求人们要具有向理论与实践、过去与未来、社会与个人学习的全面能力。第二，自主学习能力。人的主体性逐步提高表现在学习上就是独立学习意识的增强和独立学习能力的提高。包括自主制订学习计划的能力，独立选择学习内容与方式的能力，独立进行自主信息、理论、知识、经验判断的能力等。第三，创新性学习能力。随着社会的激烈竞争和信息的迅速更替，传统维持性的学习已经不能适应社会和人的发展要求，人们必须改变学习仅仅面向过去和现实的"适应性"传统，使学习面向未来，增强学习的探索性与创新性。其次，实践能力。实践能力是人认识和改造自然、社会和人自身发展变化的本领，是现代人的核心能力。在现代社会条件下，人的实践活动在广度和深度两方面都比传统实践活动丰富和深刻，因而在实践能力上也提出了更高的要求。第一，要具有资源的转化和整合能力。这种资源转化能力基于前面的学习能力，即将知识资源转化为物质资源，将原有的知识资源转化为新的知识资源，转化能力强就是实践能力强。同时，实践活动所涉及的几方面资源是丰富多变的，必须对资源的时空结构进行合理调整才能在复杂多变的现代社会有效进行实践活动，因此，主体也必须具备资源的整合能力。第二，实际操作能力。实践主体在实践过程中，既要有改变、改造实践对象的动手能力，又要有协调实践对象、实践过程、实践结果与自然、社会相互关系的能力等。第三，解决疑难问题的能力。当前，机遇与风险并存，不断认识新情况，解决新问题；不断把握复杂情况，解决疑难问题，是每个现代人都必须面临的课题。第四，协调能力。其一是交流沟通能力。其二是行动应变能力。其三是合作共事的能力。只有三者有机结合，才能不断推进实践活动，取得更大的实践成果。再次，创新能力。创新能力主要包括创新思维能力、预测决策能力、排解风险能力、创新表达能力等。第一，创新思维能力。创新性思维能力要以学习能力为基础。只有形成合理的知识结构，才能发现、提出问题，分析和解决问题。创新思维能力也要以实践能力为基础。其一是思维的内容、过程来源于实践，其二是思维的成果要付诸实践并经得起实践的检验，否则就不能称之为创新思维，而是胡思乱想。第二，预测决策能力。"凡事预则立，不预则废。"想问题、办事情只有根据事物发展的客观规律性，对事物发展的趋势和未来目标做出预见，并按照预见目标，有计划、有步骤地利用多种条件才能实现。第三，排除风险能力。创新能力是在曲折、反复中形成与发展的，创新主体面对抗阻和困难，要具有创新勇气、要能执着追求、要具有善于转化风险等心理品质和能力。第四，创新表达能力。伴随创新过程的推进和创新成果的形成，创新的表达方式也应该同时确立。表达创新主要包括：其一是概念范畴创新，其二是表达形式与手段创新。只有好的创新表达能力，创新成果才能被认识推广。

主体人格塑造。主体性人格是指一种整体的、独特的、有利于弘扬人的主体性、开发人的创造潜能，实现人的内在价值的人格范性。主要包括自主自强型、开拓进取型、惜时高效型和面向未来型人格等。第一，自主自强型人格。主体的自主意识，是其积极性、主动性和创造性的前提。每个人只有充分意识和感觉到自己具有主体性时，才会认识到自己的价值，才会产生活动的热情并发挥自己的积极性、主动性和创造性。第二，开拓进取型人格。现代化建设是开拓性事业。开拓，就是要探索未知领域，走前人与别人没有走过的路，就要对现实存在的问题提出新的见解，拿出新办法。邓小平就深刻指出："干革命，搞建设，就要有一批勇于思考，勇于探索，勇于创新的闯将。"要求人们"大胆地试，大胆地闯"[①]。开拓又意味着进取、创新。在现代经济和科学技术日新月异的情况下，只"守业"是守不住的，它需要的是"创业"。只有"创业"才能使人类更好地生存发展。第三，惜时高效型人格。随着科学技术的迅速发展，人们之间交往的距离和周期缩短，生活节奏大大加快，时间与时机有着更重要的价值，"时间""效率"已经成为人们最珍贵的东西。那种患得患失、踌躇不前、迟疑不决、优柔寡断的作风，是同时代的要求背道而驰的。第四，面向未来型人格。当今时代，经济全球化趋势正在深入发展，科技进步日新月异，只有充分考虑未来各种因素，主动设计和创造未来，才能在急剧变化的社会中取得主动权。

在现代人所具有的诸多要素中，主体性作为现代人所具有的一个重要品质直接制约着市场经济的发展状况以及社会现代化的推进程度。当前我们要在唤醒人的主体意识、培养人的主体能力以及塑造主体健全人格的基础上实现人的三个方向的转变。即由"机械人"向"自由人"的转变、"传统人"向"现代人"的转变、"片面人"向"全面人"的转

[①]《邓小平文选》第3卷，人民出版社1993年版。

变。在不断完善主体自我本质的过程中，逐步走向更高的发展水平。

提升主体素质。当前，由于人的主体作用及能力的滥用，使社会发展已经面临着许多悖论与困境，如果人的素质上不去，在未来发展中的困境必然重重，为之付出的代价必将更大。因此，"唯一的办法是充分提高全人类的素质和能力"[①]。当前，应注意以下几个方面素质的培养：第一，思想道德素质。培养和造就"四有"新人是建设中国特色的社会主义的需要，也是发展社会主义市场经济、推进现代化的需要。邓小平曾指出："最根本的是要使广大人民有共产主义的理想，有道德、有文化、守纪律。"[②] 当前，要引导人们树立科学的世界观和理想信念，提高社会主义觉悟，树立坚定正确的政治方向，培植社会主义的道德和民主法纪观念，增强人的主体意识和自觉使命感，形成高尚的思想道德情操；坚持爱国主义、集体主义、社会主义教育，加强社会公德、职业道德、家庭美德教育，遵守社会公德和职业道德；要思想解放，更新观念，面向世界，面向现代化，面向未来，有时代责任感，超越自我，超越以往，追逐现代文明。以高度的使命感和实干精神投身于社会主义现代化建设和改革开放事业中去。第二，科学文化素质。科学文化素质从理论形态上集中体现了当代生产力的发展水平。因此，发展科技和提高人的科学文化素质是不断推进社会主义现代化建设的关键。我们要有现代教育素养，通过系统的学习，掌握参加现代社会经济活动和处理各种事务所必需的科学文化和技能，并有把现代科技转化为现实生产力的能力，要具有参加改革和市场经济活动的智慧、热情、积极性和创造精神，具有良好的现代科学文化技术素质。当前，尤其要避免科技理性所带来的负效应，走可持续发展的科技观，实现人与自然，人与社会以及人与自身的和谐发展。第三，能力素质。人的能力素质是指人们认识世界和改造世界的本领。包括人的认识能力、创造能力和实践能力等，当前，人尤其要具备创造能力，人的素质水平最终是通过实践中的创造能力表现出来；要努力提高个体的创新能力和应变能力，以敢为天下先的思想为动力，以合理的知识结构为后盾，主动参与，开拓创新，在市场拼搏中开拓出

---

① [意] 奥雷利奥·佩西：《人类的素质》，中国展望出版社1988年版，序言，第3页。
② 《邓小平文选》第3卷，人民出版社1993年版，第28页。

对社会有利、对自己有利的天地来。第四，心理素质。心理素质是指人的思维方式和人的意志、情感、情绪等心理过程的总和，其中，思维方式是心理素质的重要内容。当前，要破除三种思维方式：一是"跟着感觉走"的感性思维，二是依靠本本的教条主义的思维，三是固守不变的定式思维。我们主张在市场经济的条件下，一要树立实效思维的理念。既要注意做事情的手段和方法，更要注重它的目的和结果，以取得实效为最终目标。二要有求异思维的勇气。不要拘泥于传统定见，因循守旧，求同划一，而要解放思想，敢于创新。除了以上四种基本素质以外，人的素质体系还包括身体素质、知识素质等，它们彼此联系、互相制约。总之，只有思想素质高，道德品质好，能力素质强，思维素质新的人才能够适应社会主义市场经济发展与现代化建设的需要。

加强民主法制。民主与法制建设的本质就是要实现广大群众作为民主主体与客体双重身份的统一，确保主体责、权、利的统一，充分发挥人民群众的主观能动性和伟大的创造精神。着重建设的民主机制主要有：第一，利益表达和政治参与机制。这主要包括：改革和完善现有的政治参与基本制度、健全基层民主自治制度、完善社会协商对话制度、健全社会团体和利益集团体系以及建立和健全大众传播媒体的组织结构等。只有进一步拓宽和保持这些渠道的畅通，才能有效激发人们的政治热情，提高他们的政治素质，也才能为社会主义民主政治发展奠定坚实的群众基础。第二，民主监督机制。监督机制完善的关键就是在监督机制中注入民主和法治的因素，把监督与民主政治紧密结合起来。具体说来就是要完善人民对国家权力机关及其工作人员进行监督的机制，尤其要强化在选举任命、政治决策、法律实施等各个环节上对政府机关的监督；设立相对独立的监督机构体系，提高和明确各类监督机构的法律地位和权威；在完善对违法违纪行为的监督制度的基础上，建立健全决策失误的追究制度；通过立法和制定规章，实现监督的制度化、程序化和法治化；制定《新闻法》，扩大新闻的自由度和透明度，通过新闻媒体和社会舆论对国家权力进行监督等。第三，权力制约机制。具体措施应该包括：建立权力来源于人民明确授予的机制，保证权力在普遍选举的基础上产生；依法明确规定各项国家权力的行使范围、行使程序；对国家权力进行明确而合理的划分和配置，保持掌权的各机构之间的相互制约关系，以权制权，限制权力的无限扩张和权力专横；确定权力机关及其工作人员的法律责任和政治责任制度等。只有这样，才能保证法治的效率和人民民主权利的有效行使，才能有效激发主体的政治热情和创造精神。

完善市场体制。社会主义市场经济体制的发展与完善是造就高层次主体性主体的宏观条件和社会基础。第一，建立社会主义市场经济体制，使社会分工和商品交换两大原则统一，大大推进生产社会化的历史进程，使社会生产力和个人生产力得到迅速发展，为人的主体性的弘扬提供社会基础。第二，变革国家垄断制的产权制度和所有制关系，使劳动者以企业为中介，实现劳动者与生产资料的有机结合，成为名副其实的"主体人"。在此基础上，主体可以自由选择职业，施展个性和才智，为促进主体自主能力的发展创造条件。第三，建立市场经济主体自由、平等、竞争的经济机制、道德规范和法律体系，为主体的生存能力、竞争能力的增长创造条件。第四，开辟国内外统一市场，开阔主体的眼界，扩展主体的活动空间，这能为促进主体交往能力、经贸能力和生产经营能力的发展创造条件。第五，不断推动科学技术的巨大发展，使生产过程科学化、管理现代化、经济操作人知识化，这能为促进主体掌握、运用科技的能力、思维能力的提高创造条件。第六，必须加强市场主体自身修养，使主体自觉地规范自身的行为，把个人自由与社会责任、个人行为与法律道德、个人利益和集体利益结合起来，在合法、合理的情势下，发挥自己的主体性。第七，加强市场执法力度。市场经济从某种意义上说是法治经济，只有加强执法力度，才能保证市场交换和流通环节的顺畅，才能保证市场环境的公平性、平等性和竞争性。使得经济活动的主体能独立做出自己的选择，他们的积极性、主动性和创造性能得到合理回报等，确保市场经济健康有序运行。

夯实道德建设。建设良好的文化环境是社会主义市场经济发展的前提，也是人们主体性的有效发挥的重要保证。首先，发展、创新传统文化，批判、吸收外来文化。当前，要突破"温良恭俭让"式的消极人格，实现"人人为我，我为人人"利己利他的高层次统一；摒弃重人治轻法治、民主法制观念淡薄、社会政治生活参与不足的倾向；超越盲从权威、缺乏理性、固守传统的价值取向，培养尊重知识、尊重人才、尊重科学、崇尚创新的现代人。对于外来现代化的文明成果，必须进行批判的继承。

列宁曾指出:"必须取得资本主义遗留下来的全部文化,用它来建设社会主义。……没有这些,我们就不能建设共产主义社会的生活。"① 西方现代化理论中人的现代化的特征、影响人的现代化的相关因素、人的现代化的道路和途径等理论对于我国探索和实现人的现代化具有重要的参考价值,我们应该吸收借鉴。其次,要弘扬创新文化,培育创新精神。当前,要大力增强全民族的自强自尊精神,挖掘全社会的创新活力;要坚持解放思想、实事求是、与时俱进,通过理论创新不断推进制度创新、文化创新,为创新提供科学的理论指导、有力的制度保障和良好的文化氛围;要大力弘扬以爱国主义为核心的民族精神和以改革创新为核心的时代精神,增强民族自信心和自豪感,增强不懈奋斗、勇于攀登世界科技高峰的信心和勇气;要特别注重青少年创新意识和实践能力的培养,改革教育体制、改进教学方法,大力推进素质教育和主体性教育,鼓励青少年参加丰富多彩的科普活动和社会实践;要在全社会广为传播科学知识、科学方法、科学思想、科学精神,使广大人民群众形成讲科学、爱科学、学科学、用科学的社会风尚。再次,加强公民道德建设,建立社会主义市场经济和社会主义民主政治相适应的社会主义道德体系。一是既要发扬人们的自主自立自强意识,又要正确处理好个人和集体的关系。二是既要确立现代竞争意识,又要反对极端个人主义。要正确处理竞争与协作的关系,反对极端自私自利、损人利己的行为,与不正当的竞争现象进行斗争。三要树立社会主义的法制意识,要有很强的法制观念。四要坚持效率与公平、社会效益与经济效益的统一。五要坚持社会主义的义利观,反对见利忘义、唯利是图,形成把国家和人民利益放在首位而又充分尊重公民个人合法利益的社会主义义利观,做到义利兼顾,决不能为富不仁。在社会主义市场经济与社会主义道德相结合的基础上,把公民基本道德规范的要求细化、落实到实际生活中,成为人民群众普遍认同和自觉遵守的行为准则。只有创建良好的文化环境,保持良好的社会风气、促进道德进步、增强集体凝聚力,才能使人们树立崇高的理想和正确的人生观和价值观,发挥自我主体性。

恩格斯曾言,当一个主体,只有在自然、社会、自身三个方面都表

---

① 《列宁全集》第29卷,人民出版社1972年版,第50页。

现出能动性、创造性和自主性的时候，才能够成为自然的主人、社会的主人以及自身的主人。他就是一个"自由的人"，就是一个"完整的主体"①，具有全面的主体性。然而，在我国现代化进程中，人们为了片面追求物质利益，导致人与自然、社会以及自身关系的紧张，主体只是一种片面的人，畸形的人，仅有片面主体性。因此，在弘扬主体性的同时，要保持主体性的合理维度，即要坚持主体性与客观性的统一、能动性与受动性的统一。具体而言就是要促进人与自然的和谐，坚持可持续发展观；促进人与他人、社会的和谐，防止极端个人主义、利己主义以及享乐主义的蔓延；促进人与自身的和谐，避免市场经济下人的物化。主体只有在这样一种和谐的发展环境中才能"以一种全面的方式，也就是说，作为一个完整的人，占有自己的全面的本质"②，发挥全面主体性。

---

① 《马克思恩格斯全集》第42卷，人民出版社1979年版，第443页。
② 同上书，第123页。

结　语

社会发展离不开人。一部人类史，也就是一部人的本质力量不断得以生成与实现的历史。也正是有了人，才会产生真正意义上的人类社会。"个体是社会存在物。因此，他的生命表现，即使不采用共同的、同他人一起完成的生命表现这种直接形式，也是社会生活的表现和确证。人的个体生活和类生活不是各不相同的，尽管个体生活的存在方式是——必然是——类生活的较为特殊的或者较为普遍的方式，而类生活是较为特殊的或者较为普遍的个体生活。"[①] 经典作家在这里所要阐明的，正是人与社会的"水乳交融"。"人—社会"的生态存在，也就同时意味着人的基本属性的品质与行为对社会发展所具有的重要意义。

作为"人在心理和行为方面带有稳定性倾向的个性特征，个人在其行为整体中所展示的素质、人品和价值意义"[②]，人的品质所表征的正是人之为人的本质特性。人当然不是"离群索居"的、孤立的存在。人的品质如何，直接支配着人的行为意图，进而影响到人的本质力量实现，乃至社会的发展。当然，作为人有目的的实践活动，人的行为既确证着人的行动意图，进而也生成着人的品质。"人的本质不是单个人所固有的抽象物，在其现实性上，它是一切社会关系的总和。"[③] 由此可见，人的"品质—行为"的二维建构，绝不是作为个体"原子式"的抽象"玄谈"，在一定程度上，更具备实践性的社会指向。

[①] 马克思：《1844年经济学哲学手稿》，人民出版社2008年版，第84页。
[②] 罗国杰：《中国伦理学百科全书·伦理学原理卷》，吉林人民出版社1993年版，第303页。
[③] 《马克思·恩格斯选集》第1卷，人民出版社1995年版，第60页。

无可置疑，市场经济作为高效资源配置方式，其地位与作用正在当代中国社会凸显。市场经济是一种法治经济，所诉求的是民主、公平与正义。"自由竞争"与"趋利"是其基本原色。市场经济在催生人的主体性的同时，也导致社会拜金主义、享乐主义的泛滥。诚如经典作家在批判私有制时所言："每个人都指望使别人产生某种新的需要，以便迫使他做出新的牺牲，以便使他处于一种新的依赖地位并且诱使他追求一种新的享受，从而陷入一种新的经济破产。每个人都力图创造出一种支配他人的、异己的本质力量，以使从这里面找到他自己的利己需要的满足。"[①] 正是"物欲"的泛滥催生出现代社会的"人学空场"。从"范跑跑"到"躲猫猫"、从"小悦悦事件"到"中国式过马路"，人的品质与行为的折变无不映射出市场经济的"利"与"弊"。规避市场"人文风险"、规范人的品质与行为，就必然成为现代社会的重大课题。

政治领域的市场化，根本体现在于制度的市场化。从制度含义考察，是指"从非个人关系角度表示一种人与人关系且具有规范意义的范畴"。"制度使人的行为可合理预期，并使社会保持一种秩序。"[②] 政治领域以制度、法律以及各种规范为主要表征，其伦理诉求是社会的普遍性公平与正义。作为社会运行的"指向标"，政治领域的伦理规范设置科学与否、执行是否通畅，对社会的和谐与稳定都具有重大影响。从一定程度上考察，政治伦理规范的预制，其根本性旨趣在于最大限度确证与实现人的本质力量。但是，在现代市场化语境中，在政治伦理规范方面所呈现的是"应然"与"实然"的"二元"对立。从制度层面所观察到的，是基本体现群众要求、符合社会发展规范的、科学化的伦理预制，从实践层面所看到的却是制度制定者、执行者的"以情代法""假公济私"。作为人伦规范的制度已经失去了其本身所具有的实质性意义。政治领域的"二元"对立使得制度已然成为官场的"护身符"，群众的"紧箍咒"，甚至是部分人"公报私仇""欺压百姓"的"金箍棒"。制度的这种"二元化"，使人从制度的"主人"变成了制度的"奴隶"。必须指出，政治领域所存有的制度异化，实质却是市场语境中的人的品质与行为的异化。

---

① 马克思：《1844年经济学哲学手稿》，人民出版社2008年版，第120页。
② 朱贻庭：《伦理学大辞典》，上海辞书出版社2002年版，第271页。

也正是因为政治领域中的人的"趋利"最终使得制度成为"空头支票",缺乏实际执行力。

经济领域的市场化,根本在于人们把自然的谋利冲动发挥到了极致。为了一己私利,市场化的人会因"利"而不顾一切,尔虞我诈、出卖亲情,以致伤及他人性命。黑格尔在描述市民社会中"人的市场化"时曾说:"在市民社会中,每个人都以自身为目的,其他一切在他看来都是虚无。"① 马克思基于批判性思维,对经济领域的市场化描述可谓一针见血:"对我们来说,我们彼此的价值就是我们彼此拥有的物品的价值。因此,在我们看来,一个人本身对另一个人来说是某种没有价值的东西。"② "在这场斗争中,谁更有毅力,更有力量,更高明,或者说,更狡猾,谁就胜利。如果身强力壮,我就直接掠夺你。如果用不上体力了,我们就相互讹诈,比较狡猾的人就欺骗不太狡猾的人。就整个关系来说,谁欺骗谁,这是偶然的事。双方都进行观念上和思想上的欺骗,也就是说,每一方都已在自己的判断中欺骗了对方。"③ 也正是基于这场"你死我活"的物欲争夺,工具理性被抬高到无与伦比的地步,人文价值几乎消失殆尽。人所拥有的"私"的品质与行为,使人在满足欲望的同时,失去了"人之为人"的价值与意义。

文化领域的市场化,根本问题在于文化发展导向的"功利化"。在《关于费尔巴哈的提纲》中的第十一条,马克思曾提到:"哲学家们只是用不同的方式解释世界,问题是在于改变世界。"④ 当然,"认识世界"与"改变世界"不能理解为彼此割裂,而是有机统一的整体。"改变世界"的构想是基于对以往哲学的过度"形而上学"的批判。当然,这也正是马克思实践观点的重要表征。与此不同的是,"改变世界"的构想,在当代社会却被很多人"断章取义"地理解。"改变世界"就是纯粹的"形而下",就是要"接地气"。这种趋势的文化表现就是,突出文化研究要实现切切实实地实行"落地计划"。问题的关键就出在文化领域对"改

---

① [德]黑格尔:《法哲学原理》,范扬、张企泰译,商务印书馆1979年版,第197页。
② 马克思:《1844年经济学哲学手稿》,人民出版社2008年版,第183页。
③ 同上书,第182页。
④ 恩格斯:《路德维希·费尔巴哈和德国古典哲学的终结》,人民出版社2005年版,第55页。

变世界"的片面化与过度化,导致文化领域的"急功近利"。这种不良趋势既体现在文化工作管理者以权谋私,搞课题、拉项目;也还表现在文化工作者的大肆剽窃、"弄虚作假"以及"以次充好",等等。"又如在评论杂志、诗集年刊、百科全书等等中的每一种新思想都可以立刻在相同的或变更了的标题下加以复述,并且主张它是某种独特的东西。""但是,关于面子对制止剽窃所起的作用,令人讶异的是,我们不再听到剽窃或剽贼等语,可能因为面子已发生了消除剽窃的作用,可能因为剽窃已不再是不体面的事,因而对它的反感也消失了;再不然,可能因为人们把渺小的新奇想法和外在形式的变更高估为独创和出自心裁的产物,竟完全没有想到这是一种剽窃。"① 黑格尔的话或许时过境迁,然而这种睿智描述恰恰是现代文化领域的市场化反映。"剽窃"行为已使人们达到"不再惊讶"的地步,文化领域中人的品质与行为可见一斑。

　　社会领域的市场化,根本在于因私欲泛滥而引发的人们公德心的丧失。"功利"一旦成为人的价值取向,也就一定会渗透进人的品质,引导人的行为。从人与自然的关系考察,自"人猿揖别"以后,人就"扬弃"自然而独立。当然,这种"扬弃"是基于发展,而不能由此否认自然对人存在的必然性地位。"人直接地是自然存在物。人作为自然存在物,而且作为有生命的存在物,一方面具有自然力、生命力,是能动的自然存在物;这些力量作为天赋和才能、作为欲望存在于人身上……"② 因此,人与自然的关系是"互利互惠"的存在。基于市场语境的人,因一己私利,完全不顾及人与自然的"耦合"关系,从大自然"巧取豪夺"。这种"单向度"品质与行为,不仅是客观规律的严重违背,更表征着"人之为人"的本质退化。从人与人的关系考察,因受"利益"驱使,人们之间所建立的并非"和谐共处",而一切建立在"能否谋利"基础上。"人——这是私有制的基本前提——进行生产只是为了拥有。生产的目的就是拥有。"③ 在《雅典的泰门》中,莎士比亚说:"这东西,只这一点点儿,就可以使黑的变成白的,丑的变成美的,错的变成对的,卑贱变

---

① [德] 黑格尔:《法哲学原理》,范扬、张企泰译,商务印书馆1979年版,第78—79页。
② 马克思:《1844年经济学哲学手稿》,人民出版社2008年版,第105页。
③ 同上书,第180页。

成尊贵，老人变成少年，懦夫变成勇士。"① 人们对待货币的态度实际上也就能折射出人与人之间的态度。社会领域中的市场化，尤其体现为人的"公德"的缺失。"事不关己，高高挂起"成为市场语境中的人的行为准则，只要与自己"不存在"切身利害关系，一概不闻不问。诚如梁启超在分析中国人的国民性时所言："一爱国心之薄弱"，"一独立性之柔弱"，"一公共心之缺乏"，"一自治力之欠阙"。在《论公德》一文中，他具体指出："我国民所最缺者，公德其一端也。公德者何？人群之所以为群，国家之所以为国，赖此得焉以成立者也。"② 近年来，社会频发的各种行为失范事件，正是这种情况的反映。

总之，市场经济的"趋利"，在赋予市场主体能力自由发挥的同时，由此所带来的负面效应也显而易见。尼采也曾感叹市场经济中的人："我漫步在人中间，如同漫步在人的碎片和断肢中间……我的目光从今天望到过去，发现比比皆是：碎片、断肢和可怕的偶然，可是没有人。"③

从生成视角审视，人的一定的品质与行为并非"天外来客"，而是社会发展的必然结果。由此，对人的品质与行为的理性考察，就应从"人"所处的社会环境着手。马克思在强调人与社会的关系时就说："正像社会本身生产作为人的人一样，社会也是由人生产的。活动和享受，无论就其内容或就其存在方式来说，都是社会的活动和社会的享受。自然界的人的本质只有对社会的来说才是存在的……"④ 人的这种存在的客观现实性与社会历史性，也就必然要求对人的品质与行为的考察，既离不开历史，也离不开现实。

必须明确的是，品质与意识虽说在一定意义上存在某种关联，但绝对不能等同于意识。然而，人的品质的后天生成与人的意识依赖于存在具有某种逻辑一致性。"简言之，一个人的现实活动怎样，他的品质也就怎样。所以，我们应当重视实现活动的性质，因为我们是怎样的就取决于我们的实现活动的性质。从小养成这样的习惯还是那样的习惯决不是

---

① 马克思：《1844年经济学哲学手稿》，人民出版社2008年版，第141页。
② 夏晓虹：《梁启超文集》，中国广播电视出版社1997年版，第109页。
③ [德]尼采：《查拉斯图特拉如是说》，文化艺术出版社1995年版，第143页。
④ 马克思：《1844年经济学哲学手稿》，人民出版社2008年版，第83页。

小事。正相反，它非常重要，或宁可说，它最重要。"① 亚里士多德的意思很明确：品质生成有赖于后天的行为实践。这种"行为—习惯—品质"的生成径路所要阐明的是：行为一旦成为某种习惯，也就变成人的活动的"自然而然"，最终铸成人的品质。"所以埃内努斯说道，朋友，习惯是长期养成，它最后就成为人的自然。"② 因此，审视市场经济中的人的品质与行为，就要把"品质—行为"放在实践活动中考察，也要放在历史语境中考察。

人生来就是"趋利避害"。"好利恶害，夫人之所有也……喜利畏罪，人莫不然。"（《韩非子·难二》）黑格尔在观察到这一点时也说："凡是人对某事物作为自己的东西感觉兴趣或应感觉兴趣，他就愿意为他进行活动。"③ 从中外思想家对人性的揭示可见："求利"是人的自然本性。纵观中国"义利"的关系史，对"利欲"的审慎也一直贯穿各家各派。从孔子的"见利思义"（《论语·宪问》）到董仲舒的"正其谊不谋其利，明其道不计其功"（《汉书》卷五十六《董仲舒传》），所要阐明的正是对"利"的自然属性的某种抑制。如何"由义导利"也一直是中国历史所要解决的时代难题。改革开放以后的市场机制的引进，"义利关系"面临新的时代语境，在"义利关系"的价值导向与现实处理中发生了重大改变。由于市场经济是以"谋利"为价值取向，人们在对待"义利关系"时，再也无须谨慎，乃至于义无反顾地导向"利"。也由此滋生具有时代特色的"拜金主义""享乐主义"，对金钱的崇拜更是发展到无以复加的地步。正如马克思所描述："其次，对于个人和对于那些以独立本质自居的、社会的和其他的联系，货币也是作为这种颠倒黑白的力量出现的。它把坚贞变成背叛，把爱变成恨，把恨变成爱，把德行变成恶行，把恶行变成德行，把奴隶变成主人，把主人变成奴隶，把愚蠢变成明智，把明智变成愚蠢。"④

人是历史的。诚如费尔巴哈所言："当人最初从自然界产生的时候，

---

① ［古希腊］亚里士多德：《尼各马可伦理学》，廖申白译注，商务印书馆2011年版，第37页。
② 同上书，第216页。
③ ［德］黑格尔：《法哲学原理》，范扬、张企泰译，商务印书馆1979年版，第125页。
④ 马克思：《1844年经济学哲学手稿》，人民出版社2008年版，第145页。

他也只是一个纯粹的自然物,而不是人。人是人、文化、历史的产物。"①因此,对人的品质与行为的追溯离不开历史语境,必须精确考察行为主体的历史文化背景。在中国历史上,儒释道文化争奇斗艳,各放异彩。然而,儒家在历史发展中,终究成为主流,影响着中国社会历史发展的进程。虽然儒家思想具有"公共性"的一面,但是,也无法掩盖其固有的"私有"倾向。这一点费孝通先生也说:"我们儒家最考究的是人伦,伦是什么呢?我的解释就是从自己推出去的,和自己发生社会关系的那一些人里,所发生的一轮轮波纹的差序。"② 这种"差序"在儒家文化中可谓随处可见。比如,孟子所称道的"仁"却是"仁者,人也,亲亲为大"(《礼记·中庸》)。因此,儒家"爱人"之"仁"肇始于"人人敬其亲,长其长",却终于"不独亲其亲,不独子其子"(《孟子·梁惠王上》);而"父子有亲,君臣有义,夫妇有别,长幼有序,朋友有信"(《孟子·滕文公上》)。"五伦"所凸显的是人际血缘伦常与社会等级差序格局,标志儒家伦理的"私"的特质。

毋庸置疑,大凡中国人"举手投足"无不尽显儒家气象。所表明的是,儒家伦理经过千百年的文化积淀,终成中国人的内在精神品质,进而成为人们日常行为的内在心理理据,这种精神品质也必然无法摆脱"私"的本性。费孝通先生说:"我常常觉得:'中国传统社会里一个人为了自己可以牺牲家,为了家可以牺牲党,为了党可以牺牲国,为了国可以牺牲天下。'"③"在差序格局中,社会关系是逐渐从一个一个人推出去的,是私人联系的增加,社会范围是一根根私人联系所构成的网络,因之,我们传统社会里所有的社会道德也只有在私人联系中发生意义。"④"因为在这种社会中,一切普遍的标准并不发生作用,一定要问清了,对象是谁,和自己是什么关系后,才能决定拿出什么标准来。"⑤ 问题的根本就在于,传统的"私有"性一旦遭遇现代的市场,也就无异于"罂粟

---

① 恩格斯:《路德维希·费尔巴哈和德国古典哲学的终结》,人民出版社2005年版,第29页。
② 费孝通:《乡土中国》,人民出版社2011年版,第30页。
③ 同上书,第33页。
④ 同上书,第34页。
⑤ 同上书,第42页。

遇到沃土",市场经济也就变成了"私"的温床。"叠加效应"所导致的结果,必然是现代人对"利"的趋之若鹜,变本加厉,甚至明目张胆。面对"利",人们再也无须虚伪的面纱,而是在私利的战场上尽情挥洒。结果就是:"因为货币作为现存的和起作用的价值概念把一切事物都混淆了、替换了,所以它是一切事物的普遍的混淆和替换,从而使颠倒的世界,是一切自然的品质和人的品质的混淆和替换。"①

人的品质与人的行为,既非单纯的品质问题,也绝非仅仅是行为问题,实质性上却是"品质—行为"的生态问题。当然,"品质—行为"的生态建构,离不开实践活动的主体——人。正是基于人的现实性与历史性,品质与行为矫正与现代建构就绝对不是"一个经院哲学的问题"②,而是必须放在实践过程中进行解决的问题。而人的存在是社会的存在,或者说,人的存在也是伦理与道德的存在,即"伦理—道德"的生态。这就表明:人的"品质—行为"矫正与建构实际上就是"伦理—道德"的生态建构。

人生来就是一定伦理的存在,要经受各种人伦规范的制约与影响。这一点可以在儒家伦理中得到确证。孟子曾云:"教以人伦:父子有亲,君臣有义,夫妇有别,长幼有序,朋友有信。"(《孟子·滕文公上》)所要言说的,正是强调人伦之理对人的教化功能。孟子给我们的启发是:现代人的"品质—行为"建构要辅以"人伦",这是人的品质与行为生成的保证。现代社会的人伦规范,一是要求制定要科学化、合理化。社会伦理规范是指"一定的社会为调解社会利益关系而要求其成员遵守的道德准则,包括基本的道德原则,具体的道德原则与规范、特殊生活领域的道德规范。通过社会舆论、社会教育、传统习惯、个人内心信念等来约束人的思想与行为"③。作为规范人的品质与行为的普适性准则,除了科学、合理之外,更要有历史性、现实性与前瞻性,要真正做到体现和维护社会的公平与正义,激发群众的自主性、能动性与创造性。那种超

---

① 马克思:《1844年经济学哲学手稿》,人民出版社2008年版,第415页。
② 恩格斯:《路德维希·费尔巴哈和德国古典哲学的终结》,人民出版社2005年版,第53页。
③ 康绍邦、胡尔湖:《新编社会主义辞典》,中国广播电视出版社1991年版,第107页。

前或者落后的伦理规范必定不适应社会发展需要，而最终被淘汰。另一方面是，伦理规范不能永远只停留于"应当"，关键是"落实"与"遵守"。面对市场经济的"利欲膨胀"，很多人总是难以遏制自身的"谋利"冲动，对各种伦理规范，却视而不见，长期"逍遥"于各种制度与规范之外。面对这种情况，首要之举就是"严格执法"，谨防违规，把各种行为控制在伦理规范之内。邓小平曾忧虑说："制度好可以使坏人无法任意横行，制度不好可以使好人无法充分做好事，甚至会走向反面。"[①]伦理规范执行如何，关键是要有高效、畅通的监督渠道，保护监督人的合法权益。除此以外，尤其要发挥"村规民约""风俗人情"的隐形伦理的规范功能。总之，制度伦理制定的科学与合理化是前提，对伦理规范执行力的维持是保证。

纵观中国历史发展，"法家文化与秦王朝的兴亡"给我们的启示是：伦理并不是解决问题的最终良方，必须诉诸"伦理—道德"之路才是根本。由此，塑造人的品质，规范人的行为，道德教化必不可少。孟子曾认为："人之有道也，饱食、暖衣、逸居而无教，则近于禽兽。"（《孟子·滕文公上》）所凸显的正是"教化"之于人之为人的意义与价值。人依"伦理"而存在，或许可能会达到暂时的社会秩序，然而，这毕竟只是一种"权宜之计"，时机成熟，就会"死灰复燃"。因此，人之为人，乃是因为有"德"的"慎独"，这就必然有赖于对人的道德教育。当前，道德教育关键是要培育个体良心，形成"见贤思齐焉，见不贤而内自省也"[②]的道德境界。家庭教育要注意家长的"言传身教"，用自己良好的思想情操、道德以及规范的行为习惯，感染影响和教育子女；学校德育尤其要注意避免"重科技、轻人文"的片面化，要真正让受教育者在体"道"中获得"德性"的提升；社会教育尤其要求公职及公众人员的以身作则，克服"说一套、做一套"的表里不一，做维护社会公平与正义的表率。除此以外，针对诸如"道德过时论"等消极论调的抬头，当下的努力应是通过"惩恶扬善"，引导人们从物质利益的迷雾中走出，树立科学的价值观与人生观，形成"尊道贵德"的社会风尚。当然，道德建设

[①]《邓小平文选》第2卷，人民出版社1994年版，第333页。
[②]《论语》，李阴阳注，黄山书社2005年版，第36页。

必然离不开社会舆论监督,要依靠新型技术,对各种"缺德"现象进行揭露。要保持"德—福"一致,对"有德"与"失德"必须"泾渭分明",奖惩有度,达到弘扬正义,维护社会正义的目的。

由此可见,人以及品质与行为的市场化,一定离不开其所赖以生存的市场环境。这就意味着:对品质与行为的市场化诸形态、成因及建构,绝不能离开现实环境而进行抽象的理解。也就是说,塑造人的品质,规范人的行为,既非仅仅依靠伦理,也不是全部依赖道德,在其现实性上,有赖于"伦理—道德"的生态建构。总而言之,只有积极发挥伦理规范的制衡功能,辅之以科学的道德教化,人才能具有健全的品质与行为,也才能真正克服市场弊端,最终达到人的价值的自我实现。

参考文献

参考著作：

《马克思恩格斯文集》1—10卷，人民出版社2009年版。
《列宁专题文集》1—5卷，人民出版社2009年版。
《毛泽东选集》1—4卷，人民出版社1991年版。
《邓小平文选》1—3卷，人民出版社2004年版。
《江泽民文选第二卷》，人民出版社2006年版。
《周恩来选集》（下卷），人民出版社1984年版。
《十六大以来重要文献选编》下，中央文献出版社2008年版。
《十一届三中全会以来重要文献选读》下，人民出版社1987年版。
《建国以来重要文献选编》（1949.9—1965.12共20册），中央文献出版社2011年版。
萧前、李秀林、汪永祥：《历史唯物主义原理》（第3版），北京师范大学出版社集团2012年版。
夏甄陶：《人：关系·活动·发展》，河南人民出版社2011年版。
樊浩：《中国伦理精神的历史建构》，江苏人民出版社1992年版。
樊浩：《道德形而上学的精神哲学基础》，中国社会科学出版社2006年版。
樊浩：《伦理精神的价值生态》，中国社会科学出版社2007年版。
樊浩：《文化与安身立命》，福建教育出版社2009年版。
樊浩：《中国伦理道德报告》，中国社会科学出版社2012年版。
樊浩：《中国大众意识形态报告》，中国社会科学出版社2012年版。
郭湛：《社会公共性研究》，人民出版社2009年版。

郭湛：《人活动的效率》（修订版）（当代中国人文大系），中国人民大学出版社 2013 年版。

郭湛：《主体性哲学——人的存在及其意义》（修订版），中国人民大学出版社 2011 年版。

郝贵生、郑永廷：《大学生学习理论与方法》，人民出版社 2010 年版。

杨伯峻：《论语译注》，中华书局 2012 年版。

杨伯峻：《孟子》，中华书局 2008 年版。

方勇、李波：《荀子》，中华书局 2011 年版。

陈秉才：《韩非子》，中华书局 2007 年版。

杨天才、张善文：《周易》，中华书局 2011 年版。

孙通海：《庄子》，中华书局 2007 年版。

扬雄撰，司马光集注，刘韶军点校：《太玄集注》，中华书局 2013 年版。

黄辉：《论衡校释》，中华书局 1990 年版。

司马迁：《史记》，中华书局 2013 年版。

黎翔凤、梁连华：《管子校注》，中华书局 2004 年版。

胡平生、陈美兰：《礼记·孝经》，中华书局 2007 年版。

郭丹、程小青、李彬源：《左传》，中华书局 2007 年版。

王世舜、王翠叶：《尚书》，中华书局 2012 年版。

王国轩：《大学·中庸》，中华书局 2006 年版。

叶蓓卿：《列子》，中华书局 2011 年版。

释心如：《太虚》，华夏出版社 2010 年版。

张松辉：《抱朴子内篇》，中华书局 2011 年版。

王弼、楼宇烈：《老子道德经注》，中华书局 2011 年版。

王阳明：《传习录》，于自力、孔薇、杨骅骁注译，中州古籍出版社 2008 年版。

陈寿撰，裴松之注：《三国志》，中华书局 2006 年版。

王星贤、黎靖德：《朱子语类》，中华书局 1986 年版。

许慎、徐铉：《说文解字》，中华书局 2013 年版。

陆玖：《吕氏春秋》，中华书局 2011 年版。

董仲舒、叶平：《春秋繁露》，中州古籍出版社 2010 年版。

王国轩、王秀梅：《孔子家语》，中华书局 2009 年版。

陈淳、熊国祯、高流水：《北溪字义》，中华书局1983年版。
程颢、程颐撰：《二程遗书》，上海古籍出版社2000年版。
李淮春：《马克思主义哲学全书》，中国人民大学出版社1996年版。
韩庆祥：《马克思人学思想研究》，河南人民出版社1996年版。
袁贵仁：《人的哲学》，中国工人出版社1988年版。
陈志尚：《人学原理》，北京出版社2004年版。
陈先达：《被肢解的马克思》，上海人民出版社1990年版。
段忠桥：《重释历史唯物主义》，江苏人民出版社2009年版。
张一兵、夏凡、韩庆祥：《人的解放》，河南人民出版社2011年版。
张文喜：《历史唯物主义的政治哲学向度》，江苏人民出版社2008年版。
李德顺：《价值论——一种主体性的研究》，中国人民大学出版社2013年版。
马俊锋：《马克思主义价值理论研究》，北京师范大学出版社2012年版。
许征帆：《马克思主义辞典》，吉林大学出版社1987年版。
朱贻庭：《伦理学大辞典》，上海辞书出版社2002年版。
罗国杰：《中国伦理学百科全书·伦理学原理卷》，吉林人民出版社1993年版。
周辅成：《西方伦理学名著选辑》上卷，商务印书馆1964年版。
周辅成：《西方伦理学名著选辑》下卷，商务印书馆1987年版。
宋希仁、陈劳志、赵仁光：《伦理学大辞典》，吉林人民出版社1989年版。
罗国杰：《中国传统道德》（重排本），中国人民大学出版社2012年版。
朱贻庭：《中国伦理思想史》，华东师范大学出版社2009年版。
罗国杰：《伦理学》，人民出版社1989年版。
方克立：《中国哲学大辞典》，中国社会科学出版社1994年版。
冯友兰：《中国哲学史》，华东师范大学出版社2011年版。
《王阳明全集》，上海古籍出版社1992年版。
李学勤：《周礼注疏》，北京大学出版社1999年版。
杨天宇：《周礼译注》，上海古籍出版社2004年版。
黄开国、李刚、陈兵：《诸子百家大辞典》，四川人民出版社1999年版。
王夫之：《船山全书》第二册，岳麓书社2011年版。

［东汉］许慎：《说文解字注》，（清）段玉裁注，上海古籍出版社1998年版。

张伟：《弗洛姆思想研究》，重庆出版社1996年版。

王治河：《后现代主义辞典》，中央编译出版社2005年版。

苗力田：《古希腊哲学》，中国人民大学出版社1989年版。

李泽厚：《批判哲学的批判》，人民出版社1979年版。

费孝通：《乡土中国》，人民出版社2011年版。

明恩溥：《中国人的特性》，匡雁鹏译，光明日报出版社1998年版。

蔡元培：《蔡元培全集》第二卷，中华书局1984年版。

汝信：《社会科学新辞典》，重庆出版社1988年版。

徐少锦、温克勤：《伦理百科辞典》，中国广播电视出版社1999年版。

阮智富、郭忠新：《现代汉语大词典》上册，上海辞书出版社2009年版。

徐复：《古代汉语大词典》，上海辞书出版社2007年版。

张焕庭：《教育辞典》，江苏教育出版社1989年版。

阮智富、郭忠新：《现代汉语大词典》上册，上海辞书出版社2009年版。

黄志成：《西方教育思想的轨迹》，华东师范大学出版社2008年版。

夏晓虹：《梁启超文集》，中国广播电视出版社1997年版。

卞桂平：《论人的品质》，江西人民出版社，2015年版。

［德］卡西尔：《人论》，甘阳译，上海译文出版社1985年版。

［古希腊］亚里士多德：《政治学》，吴寿彭译，商务印书馆1983年版。

《亚里士多德全集》（第8卷），苗力田译，中国人民大学出版社1992年版。

《费尔巴哈哲学著作选集》上卷，荣震华译，商务印书馆1984年版。

［美］英格尔斯：《人的现代化》，殷陆君译，台北水牛出版社1971年版。

［古希腊］亚里士多德：《尼各马可伦理学》，廖申白译，商务印书馆2003年版。

［古希腊］柏拉图：《理想国》，郭斌和、张竹明译，商务印书馆1986年版。

［英］罗素：《西方哲学史》，何兆武、李瑟约译，商务印书馆2011年版。

［美］班杜拉：《社会学习心理学》，郭占基等译，吉林教育出版社1988年版。

［日］西田几多郎：《善的研究》，何倩译，商务印书馆2011年版。

［美］马斯诺：《人的潜能和价值》，林方等编译，华夏出版社1987年版。

［美］班杜拉：《自我效能：控制的实施》（上下册），缪小春译，华东师范大学出版社2003年版。

［美］约翰·杜威：《民主主义与教育》，王承绪译，人民教育出版社2001年版。

［俄］克鲁普斯卡娅：《社会主义教育的理想》，载《克鲁普斯卡亚文选》上册，人民教育出版社1959年版。

［德］黑格尔：《历史哲学》，王造时译，上海书店出版社2006年版。

［德］黑格尔：《法哲学原理》，范扬、张企泰译，商务印书馆1979年版。

［瑞士］皮亚杰：《发生认识论原理》，王宪钿等译，商务印书馆1981年版。

［德］马尔库塞：《单向度的人：发达工业社会意识形态研究》，刘继译，上海译文出版社2008年版。

［德］尼采：《查拉斯图特拉如是说》，楚图南译，文化艺术出版社1995年版。

［德］黑格尔：《小逻辑》，贺麟译，商务印书馆1980年版。

［德］黑格尔：《精神现象学》，贺麟、王玖兴译，商务印书馆1979年版。

［德］康德：《纯粹理性批判》，蓝公武译，商务印书馆1960年版。

［德］康德：《历史理性批判》，何兆武译，商务印书馆1990年版。

［美］汉娜·阿伦特：《人的条件》，竺乾威等译，上海人民出版社1999年版。

［美］约翰·罗尔斯：《政治自由主义》，万俊人译，译林出版社2000年版。

参阅论文：

樊浩：《中国社会价值共识的意识形态期待》，《中国社会科学》2014年第7期。

樊浩：《〈论语〉伦理道德思想的精神哲学诠释》，《中国社会科学》2013年第3期。

樊浩：《当前我国诸社会群体伦理道德的价值共识与文化冲突——中国伦

理和谐状况报告》,《哲学研究》2010年第1期。

樊浩:《伦理道德现代转型的文化轨迹及其精神图像》,《哲学研究》2015年第1期。

郭湛:《文化自觉:理解、持守与创优》,《理论视野》2012年第9期。

郭湛:《公共性的样态与内涵》,《哲学研究》2009年第8期。

郭湛:《从主体性到公共性:当代中国马克思主义哲学的走向》,《中国社会科学》2008年第4期。

郭湛:《文化的相对性与文化相对主义》,《中国人民大学学报》2007年第6期。

郭湛:《文化:人为的程序和为人的取向》,《中国人民大学学报》2005年第4期。

郝贵生:《也谈马克思主义与人道主义的关系问题》,《探索》2010年第3期。

陈先达:《论传统文化研究中的一个重要问题》,《哲学研究》2010年第2期。

张文喜:《唯物史观语境中的正义理论之基本特征》,《马克思主义与现实》2013年第5期。

臧峰宇:《当代哲学的公共视野与社会使命》,《理论与现代化》2011年第1期。

罗骞:《现代主体性的历史唯物主义批判》,《马克思主义研究》2009年第5期。

韩庆祥:《人性化论析》,《毛泽东邓小平理论研究》2008年第3期。

韩庆祥:《关于以人为本的若干重要问题》,《哲学研究》2005年第2期。

韩庆祥:《市场经济与人的存在方式》,《天津社会科学》2001年第2期。

孙正聿:《现代化与现代化问题——从马克思的观点看》,《马克思主义与现实》2013年第1期。

王南湜:《论马克思的方法论唯物主义》,《马克思主义与现实》2010年第6期。

丰子义:《人学视野中的社会管理理念创新》,《中国特色社会主义研究》2013年第5期。

杨耕:《关于马克思实践本体论的再思考》,《学术月刊》2004年第1期。

马俊峰：《全面理解马克思人的生产理论》，《教学与研究》2005 年第 2 期。

孙伟平：《论信息时代人的新异化》，《哲学研究》2010 年第 7 期。

林剑：《人的社会交往与人的本质、人的发展》，《哲学研究》1993 年第 7 期。

陈曙光：《关于"以人为本"的形上之思》，《哲学研究》2009 年第 2 期。

李大兴：《论马克思人的全面发展理论的根本变革》，《哲学研究》2006 年第 2 期。

江畅：《论品质及其道德性质》，《社会科学战线》2011 年第 4 期。

高清海：《人类正在走向自觉的"类存在"》，《吉林大学社会科学学报》1998 年第 1 期。

李伦：《虚拟社会伦理与现实社会伦理》，《上海师范大学学报》（社会科学版）2002 年第 2 期。

外文文献：

Michael Edwards, *Civil society*, published by Polity Press in association with Blackwell Publishing Ltd., 2004.

H. George Frederickson, Ed, *Ethics and Public Administration*, M. E. Sharpe, Inc., 1993.

Tom Rockmore, *Habermas on Historichal Materialism*, Indiana University Press, 1980.

Anthony Giddens, *The Contemporary Critique of Historical Materialism*, the Macmillan Press Ltd., 1981.

Richard Dien Winfield, *Reason and Justice*, State university of New York Press, 1988.

Anthony Giddens, *Central Problems in Social Theory*, the Macmillan Press Ltd., 1979.

William M. Kurtines, Jaeob L. Gewirtz, *Morality, Moral Behavior, and Moral Development*, New York A Wi-ley—Interseienee Publication, 1984.

Nancy Eisenber, *A ltristicEmotion, Conition, and Behavior*, Lawrence Erlbaum Associates, Publishers, 1986.

后　　记

　　人的成长史实际上就是从"自在"向"自觉"延展的历史。又由于学问是"人"所特有，因而，学问也就存在"自在"与"自觉"之分。

　　以"学问自觉"为考察视界，我个人的学问路径也经历从"自在"向"自觉"的不断延伸与转换。或许，这就是对"学问之道"的一种自觉遵循吧！如果说2001年的学士学位论文《农村宗族势力及其影响》以及随之而后的2007年硕士学位论文《论当代中国现代化进程中的主体性构建》虽均在一定意义上呈现出改革开放以后中国社会转型期的特有问题，凸显出一定的"问题意识"，然而我个人却清楚知道：这仅是知道"问题"，至于如何"陈述问题"及"反思问题"则都只是"自在"乃至于"潜在"，或者说是一种引而未发的学术主体性。因而，那时候写作最大的困惑就在于读了其他作者论文，再也无法逃离其内在窠臼！总是觉得他们说得很精致，我已经"无话可说"！论文写作状态则可以用"战战兢兢"来描述，总怕与其他作者观点不一致。如上"极不自觉"的写作状态一直延伸到中国人民大学毕业前期博士论文的思考。博士论文《论人的品质及其优化》虽然在一定意义上具有某种"自觉"的痕迹，乃至于以《论人的品质》出版后即获得第三十届华东地区优秀哲学社会科学图书评选二等奖！然而，这一时期的思维转变还是带有很多"他者"痕迹。如果说学士与硕士阶段是"用别人的逻辑说别人说过的话"，那么博士阶段则是"用别人的逻辑说了自己的话"。因而，无论是话语表达还是理论建构都存在很多人所具有的"学术通病"——不自信！

　　学术研究的"不自觉"到了2014年9月进入东大后有了改变！

　　2014年9月，经过多次诚恳交流与担保，我的博士后导师樊和平教授终于答应我跟随他做博士后！那一刻的兴奋无以言表，乃至于樊老师的回信我至今保存："桂平：来信收到。作为一个年轻学者，你取得这么多成绩很不容易。我可以收你做博士后，在毕业后规定的时间就可以。东大为博士后提供的条件不错，但一般要求是脱产。如果脱产，学校好像在博士后研究期间还有一套房可住，津贴大概是每月三千多元。如果决定申请……"高兴的缘由不只在于樊老师是国内本领域最一流学者，更在于终于有机会跟随梦寐以求的导师学习！实际上，2009年偶然读过樊老师的《中国伦理精神的历史建构》，因当时正在阅读中国哲学方面著作。然而，诸版本的结构雷同、史料烦琐总使人不得中国哲学的要领。而樊老师的《中国伦理精神的历史建构》一书最大的特点就在于用"精神"之绳统率历史事实，历史因有了精神而高贵，精神因有了历史而丰满。行文清新自然，让人有茅塞顿开之感！由此一发不可收，先后拜读樊老师的《道德形而上学的精神哲学基础》《伦理精神的价值生态》以及《文化与安身立命》等"樊氏经典"。不断吸收樊老师理论的精华同时，也总能体悟到樊老师作为新时代一流学者的学术担当与使命感！

跟随樊老师学习近三年，最大的学术感悟在于：樊老师的话，不是要而是必须像牛吃草一样回味，才能有所悟！因而，我也常常告诫小师弟们，如果觉得没有从樊老师课堂上有所获，那只存在一种可能，就是没有认真回味、体悟樊老师的"话中话"。记得第一次与樊老师见面，樊老师"死读一本书，读懂一切书"这句话就让我回味了很久！看似"平常"话语中却蕴含樊老师严谨的治学态度与作为现代学人的精神担当，让人受益匪浅。这种"樊氏逻辑"在随后的学习中常有所体悟。这就是樊老师作为一流学者呈现给学生们的"学问自觉"！这种自觉首先体现为"理论自觉"，坚持用自己的逻辑说自己的话，写出伦理精神三部曲。其次是"践行自觉"，坚持知行合一，做顶天立地的学者！在樊老师身上让人真切感觉到"知之真切笃实处即是行，行之明觉精察处即是知"的"知行合一"境界，这也恰恰是学者最应有的境界！

在东大伦理的持续启蒙中，我的理论建构也开始由当初的"被动"转换为"主动"，自己理论建构尝试则主要基于两大领域开始：一是人的品质与行为的道德哲学研究，开始写作《"人—品质—行为"的伦理价值生态》。二是进行公共精神的伦理学阐发，尝试"用自己的逻辑说自己的话"。立足以往研究基础，试着把公共精神定义为"基于伦理同一性的道德主体性",并对"公共"一词进行了伦理学阐发。"学问自觉"尝试的初步成果是:2014年获江苏省博士后科研基金二等资助;2015年获国家社科基金一般项目;2016年获中国博士后基金哲学类一等资助(同年哲学立项的博士后基金一等资助仅四人)。最有趣的莫过于论文《刍议公共精神的伦理意蕴》在《云南社会科学》2016年第1期作为重点文章推出后,随即有国内知名学校相关领域学者来电商讨!这就是对"思考自觉"最大的奖赏!显而易见,如上成绩取得离不开导师樊和平教授的学术启蒙与学术指引。

从"用别人的逻辑说别人的话"到"用别人的逻辑说自己的话"再到"用自己的逻辑说自己的话",自我三大学术历程跨域近20年,而当我与同人或学生聊天时,总会告诫他们,学术追求不仅要勤奋,能否领悟名师教导则可看作成败关键!没有东大博士后的求学经历,没有樊老师的伦理启蒙,必将不存在我今日之成绩!中国博士后科学基金会、江苏省博管办、东南大学博管办对我的研究予以大力支持!师弟海涛、一帆等同学在我求学期间给予热情帮助,在此一并表示诚挚的谢意!

《诗经》云:"投我以木桃,报之以琼瑶。"今后,一定秉持东大精神,以"报之以琼瑶"的决心,勇攀高峰,做出更好的学术成绩!

卞桂平

2017年3月9日

南昌瑶湖"文禅阁"